꿈꾸는 부모,
꿈 찾는 아이

꿈꾸는 부모, 꿈 찾는 아이

초판 1쇄 인쇄일 2022년 04월 06일
초판 1쇄 발행일 2022년 04월 15일

지은이 조효정
펴낸이 양옥매
디자인 표지혜
교   정 조준경

펴낸곳 도서출판 책과나무
출판등록 제2012-000376
주소 서울특별시 마포구 방울내로 79 이노빌딩 302호
대표전화 02.372.1537   **팩스** 02.372.1538
이메일 booknamu2007@naver.com
홈페이지 www.booknamu.com
ISBN 979-11-6752-140-8 (03370)

자녀의 미래를 바꾸는 진로 특강

꿈꾸는 부모,
꿈 찾는 아이

조효정 · 지음

책과나무

우리가 오늘 함께 아름다운 꿈을 꾼다면

아이들은 수동적 존재가 아닌 주체라고 우리는 말한다. 하지만 대학 입시라는 목표 아래 많은 교실 속 학생들은 자신을 찾고 돌아볼 시간이 부족한 현실이다. 저자 조효정 선생님은 목표만 있고 꿈이 없는 삶이 아닌 꿈에 맞춰 세상을 살아가라는 메시지를 전하며 따듯하게 응원한다.

자녀 인생의 주인은 당연히 부모가 될 수 없다. 자녀 모두가 행복한 꿈을 꾸면서 미래를 살아가길 바란다면, 아이들이 가진 결대로 살 수 있도록 해 행복한 사회로 만들어 나가는 노력이 필요하다.

이 책에는 생활 속 작은 관심과 실천으로 아이들이 꿈을 찾고 어른들이 적절한 안내로 도움을 줄 수 있는 여러 방법이 제시되어 있다. 오랜 기간 교실에서 아이들과 섬세하게 소통하며 아이들의 꿈을 키워 온 열정 가득하고 올곧은 교사의 전언임을 알기에 든든하고 미덥다. 자녀가 꿈을 찾아가는 과정은 내면의 모습을 살필 수 있는 마음을 살찌우는 소중한 시간이며 부모의 격려와 지지는 세상을 바꾸어 갈 수 있을 것이다.

우리가 오늘 함께 아름다운 꿈을 꾼다면 꿈이 펼쳐질 내일은 더 건강한 사회가 되리라 믿는다.

– 문현식 | 《팝콘교실》의 저자, 성남정자초 교감

진로 교육의 혜안을 찾다!

진로 교육에 대해 깊이 고민한 저자가, 학교 현장에서 건져 올린 해답들을 이 책에 담았다. 부모의 생각, 세상의 기준으로 아이의 꿈을 재단하지 말아야 하지 않을까. 자녀의 꿈 여행을 가이드해 줄 부모의 역할과 구체적인 조언이 오롯이 담겼다.

눈앞의 점수에 전전긍긍하기보다 인생의 큰 그림을 그리며 공부해 나가길 원하는가. 꿈 너머의 꿈을 위해 비교와 경쟁이 아닌 어제보다 나은 자신의 모습을 지향하며 공부해 나가길 원하는가.

바로 자녀를 위한 꿈 공부의 필요성을 느끼는 부모에게 이 책을 권한다. 알파세대를 이해하고, 진로 교육의 혜안을 찾을 수 있을 거라 확신한다.

– 김성현 | 《초등부모학교》의 저자, 싱가포르한국국제학교 교사

기존 진로 교육의 고정관념을 유쾌하게 뒤집다!

현직 교사 조효정 선생님이 가지고 있는 방대한 지식과 새로운 시각으로 꿈을 찾는 길을 새롭게 제시한 책. 기존의 진로 교육에 대한 고정관념을 유쾌하게 뒤집은 책. 아이들의 꿈을 찾는 일뿐만 아니라 모든 이들이 자신의 내면에서 들리는 진짜 꿈을 찾게 하는 책.

지금 여기, 이 글을 읽고 있는 당신께 권합니다. 거창하고 완벽하게 시작하려 하지 말고 일상 속의 작은 실천으로 사이드 프로젝트를 시작하세요! 머지않아 뒤돌아보면 당신만의 프로티언 커리어를 가지게 되리라 확신합니다.

– 박병주 | 《디자인씽킹수업》의 저자

부모가 자녀의 진정한 지원자가 될 수 있도록 돕는 책

드라마 〈나의 아저씨〉에서 온갖 상처와 실패로 어려움을 겪는 지안(아이유)에게 동훈(이선균)은 '아무것도 아니야.'라고 말하며 위로한다. 또 동훈의 동료들은 지안의 할머니가 돌아가셨을 때 장례식 자리를 지키며 지안의 옆에서 상처를 보듬어 준다.

급변하는 사회, 입시 중심의 교육, 성공을 향해 돌진하는 사회에서 고뇌하는 자녀에게 '아무것도 아니야. 네 꿈을 찾아 멋지게 살

아. 너의 꿈을 응원하는 내가 여기 있어.'라고 말해 줄 수 있는 용기를 주는 책.

부모가 꿈을 꾸고 꿈을 공부할 때 자녀의 진정한 지원자(친구)가 될 수 있도록 돕는 소중한 책입니다. '로고부모코칭' 공동대표 효정 선생님의 첫 책의 출간을 진심으로 축하합니다.

– 이재풍 | 《사소한 아이》의 저자

30대 초반 대기업 회사원이 가상화폐로 30억이 넘는 큰돈을 벌어 퇴사했다는 뉴스가 보도되고 있습니다. 좀 부럽기도 합니다. 직장 생활 스트레스가 쌓이고 사업이 힘들어진다면, 가상화폐로 돈을 벌었다는 사람들이 더 부러워질지도 모릅니다.

회사가 어떤 곳인가요? 영어 유치원부터 과외와 학원으로 온 열정을 쏟아야 들어갈 수 있는 곳입니다. 부모의 경제 능력은 기본이고 뛰어난 정보와 전략이 있어야 들어갈 수 있는 곳이죠. 그렇게 어렵게 들어간 회사를 큰돈이 생기니 그만두는 것에 대해 우리는 어떻게 해석할 수 있을까요?

우선 엄청난 시간과 노력을 들여서 들어간 회사지만 그곳에서 하는 일이 흥미롭지 않고 적성에 맞지 않을 수 있습니다. 즐겁지 않은 일을 극기 훈련을 하듯 참고 견디다 보니 너무 지쳐 버렸을지 모릅니다. 또 다른 이유는 자신의 의도와 상관없이 부모의 기대에 끌려

다니다 보니 어느덧 어른이 되어 자신의 꿈과 상관없는 곳이 회사일 수 있습니다.

30대 초반에 퇴사를 꿈꾸는 사람들은 마치 소설《꽃들에게 희망을》에 나오는 애벌레 같습니다. 어디로 가는지도 모르고 무조건 높이 올라갑니다. 꼭대기에는 무엇이 있을 거라 무조건 믿고 옆 동료들을 밟고서라도 올라갑니다. 다른 사람보다 조금이라도 더 노력해서 더 높이 올라가면 분명 황홀한 세상이 올 거라고 막연하게 기대하는 애벌레 같습니다.

좀 더 높이, 좀 더 빠르게, 좀 더 강하게 마치 올림픽 경기에 나가는 선수처럼 부모는 자신도 모르는 사이 자녀들을 경쟁 세계 속으로 보냅니다. 심지어 자기에게 맞는 종목을 선택할 틈도 주지 않고 부모 기대에 따라 대학과 회사라는 종목으로 자녀를 보냅니다. 자신이 선택하지 않은 종목에서 성공해도 기쁘지 않을뿐더러 실패하면 좌절감은 정말 클 수밖에 없습니다. 부모의 기대가 자녀를 열등감의 세계로 밀어 넣고 있는 셈입니다.

아이들의 꿈을 응원하기 위해서는 부모에게 용기와 믿음이 필요합니다. 무조건 믿어 주는 한 명의 어른이 위대한 위인을 만듭니다. 자녀에게 실패하더라도 존재의 고귀함에는 변함이 없음을 알려 줘야 합니다. 동료와 함께 꿈꾸는 가치를 알려 주고, 실패한 친구를 격려하고 응원하며 도와주는 것도 배워야 합니다. 현실의 벽 앞에 무기력하게 무너지지 말고, 있는 모습 그대로 자신을 사랑하며 조금씩 세상을 변화시키는 기쁨을 나눠야 합니다.

자녀만큼은 큰돈이 생기더라도 흔들림 없이 일을 사랑하고 삶의 현장에서 가치와 보람을 찾도록 도울 수 있으면 좋겠습니다. 살아가면서 우리가 하는 일은 우리의 존재를 말해 줍니다. 우리가 소중하기 때문에 일이 가치가 있고, 하는 일이 고귀하기에 우리도 소중합니다.

지금부터 꿈 공부를 통해 자녀에게 아름다운 세상을 보는 눈을 키워 주려고 합니다. 지금까지 한쪽 눈으로 세상을 봤다면, 이제 다른 눈도 열어 온전하게 자녀의 진로를 펼치는 방법을 안내하고자 합니다.

2022년 4월 어느 날

조효정

차 례

· 1장 ·
꿈꾸는 부모가 그리는 세상

모두가 '예스'라고 할 때 '노'라고 대답하기 위해서는 용기가 필요합니다. 입시 중심으로 자녀의 진로를 탐색해야 한다고 말하는 사람들 속에서 자녀의 흥미와 적성을 고려해야 한다고 말하기 위해서는 도전 정신이 필요합니다. 나의 인생도 아니고 자녀의 인생을 두고 모험하기란 정말 어렵습니다. 뚜렷한 해결책이 보이지 않으니 우선 공부부터 열심히 하라고 말합니다. 그래서 대한민국 청소년들의 공부 시간은 어마어마합니다.

꿈꾸는 부모가
그리는 세상

꿈꾸는 시간
속으로 여행

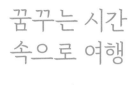

꿈꾸는 경험이 부족한 아이들

오후 10시, 늦은 저녁을 먹고 주말조차도 영어와 수학 학원으로 시간을 보내는 자녀를 보면 마음이 아픕니다. 현재를 이렇게 보내야 미래가 꼭 행복할 수 있을까 고민하게 됩니다. 대한민국 입시 제도를 생각할 때 특별한 해결책이 보이지 않습니다. 사교육 없이 독서와 글쓰기로 자녀를 훌륭하게 키웠다는 지인도 있지만, 내 자녀에게 적용하자니 두렵습니다. 부부가 함께 교육철학과 교육 방법을 통일하는 것도 쉬운 일이 아닙니다.

모두가 '예스'라고 할 때 '노'라고 대답하기 위해서는 용기가 필요합니다. 입시 중심으로 자녀의 진로를 탐색해야 한다고 말하는 사람들 속에서 자녀의 흥미와 적성을 고려해야 한다고 말하기 위해서는 도전 정신이 필요합니다. 나의 인생도 아니고 자녀의 인생을 두고 모험하기란 정말 어렵습니다. 뚜렷한 해결책이 보이지 않으니 우선 공부부터 열심히 하라고 말합니다. 그래서 대한민국 청소년들의 공부 시간은 어마어마합니다.

EBS 다큐프라임 〈학교의 기적〉에서 밝힌 하루 평균 공부 시간은 초등학생 5시간 23분, 중학생 7시간 16분, 고등학생 8시간 28분입니다. 이를 토대로 아이들이 학교를 졸업할 때까지 얼마만큼 공부하는지 계산해 보면 대략 초등학생은 6,000시간, 중학생은 4,200시간, 고등학생은 4,800시간으로 고등학교를 졸업할 때까지 약 15,000시간을 공부합니다.

15,000시간! 실로 대단한 시간입니다. 어떤 일이든 10,000시간을 투자하면 그 분야에서 성공한다는 1만 시간의 법칙이 있습니다. 이 법칙에 따르면 우리 아이들은 이미 중학교 때 성공을 경험하고, 고등학교 때는 공부 천재가 되어 있어야 합니다. 그러나 현실에는 공부 천재가 거의 보이지 않습니다. 입시를 위한 단편적인 공부 때문인지, 특별한 영역에 전문성을 보이는 학생이 드뭅니다. 그렇게 오래 공부하였는데도 공부 효과는 별로 좋지 않아 보입니다.

그렇게 공부는 오래했지만 정작 자신에 대한 이해는 부족합니다. 자신에 대한 이해를 바탕으로 꿈을 꾸어 본 경험도 부족합니다. 초등학교부터 고등학교 졸업할 때까지 입시와 진학에 온 정신을 쏟기 때문에 자신이 무엇을 좋아하고 잘할 수 있는지 생각할 틈이 없습니다. 심지어 꿈을 찾기 위해 투자한 시간에 관한 통계 자료도 없어 문제를 제기하지도 않습니다. 어느 정도 시간을 투자해야 자신의 흥미와 적성을 고려해 꿈을 찾을 수 있는지에 대한 정보가 없습니다.

PISA에서 발표하는 나라별 수학 및 과학 성취도 통계 자료는 전 세계가 수학과 과학을 중요한 교과로 인식하고 있음을 알 수 있습니다. 최근에는 긍정심리학의 영향으로 아이들의 행복에 대한 통계 자료가 점점 많이 생겨나고 있고, 이를 통해 우리 사회에서 아이들의 행복에 관한 관심도 높아지고 있음을 알 수 있습니다. 이렇듯 사회가 중요하게 생각되는 영역이 생기면 그에 따른 연구와 통계 자료도 함께 따라오게 마련입니다.

그러나 꿈을 찾는 데 필요한 시간과 정성에 대한 연구 보고서와 통계 자료는 찾기 힘듭니다. 꿈을 찾기 위한 시간과 정성에 관한 연구나 통계 자료를 찾기 힘들다는 것은 꿈을 찾는 시간과 정성을 그만큼 중요하게 여기지 않고 있음을 뜻합니다.

아이의 꿈은 소중하다고, 지켜 줘야 한다고, 또 이를 위해 우리가 노력해야 한다고 어른들은 말합니다. 하지만 어른들에 의해 움직이고 있는 세상을 자세히 들여다보면, 아이들이 꿈을 찾는 것에 큰 관심이 없어 보입니다. 더 높이 올라가야 하고, 좀 더 편하고 안정적으로 살아야 한다고 말합니다. **경쟁에서 이기기는 힘들고 안정적으로 편하게 살아야 하기에 아이들은 돈 많은 백수를 꿈꾸겠다고 말합니다.** 부모 입장에서 참 속상한 말이지만 현실이 아이를 그렇게 만들고 있습니다.

도서관에 가서 현재 시중에 나와 있는 꿈 관련 책을 찾아보면, 4차 산업혁명에 대한 언급이 시작된 2016년부터 현재까지 나온 책 대부분은 미래 사회의 변화와 미래 유망 직업에 대해 말합니다. 아이들을 위한 책도 별반 다르지 않습니다. 입시의 중요성을 강조하며 대학 진학을 위한 입시 방법을 다룬 책이 대부분입니다. 이런 책들은 미래 사회에 대한 정보를 제공해 줄 수 있고, 경각심을 가질 수 있게 해 준다는 점에서 의미가 있습니다. 하지만 그보다 더 중요한 것을 놓치고 있습니다.

아이들이 직업 관련 책 몇 권을 읽어도 미래 사회를 대비하기는 어렵습니다. 미래의 기술과 유망 직업이 무엇인지 안다면 아이들은 자신의 꿈을 찾을 수 있을까요? 현재까지 꿈에 관련된 수많은 책이 출판되고 있음에도 불구하고 여전히 자녀들은 자신의 꿈을 찾기 위해 방황하고, 힘들게 입학한 대학을 중도 포기합니다. 대학 졸업 후 자신의 전공과 상관없는 직업을 선택하는 사람도 수없이 많고, 그나마 찾은 직업의 이직률도 높습니다.

꿈에 대해 다룬 수많은 책이 출판되었는데도 왜 아이들은 꿈을 찾기 어려울까요? **이는 기존의 책이 꿈을 찾는 데 필요한 시간과 정성에 대해 다루지 않았기 때문입니다.** 입시를 준비하는 방법만 다루고 꿈을 찾기 위해 시간을 쓰고 정성을 들이라는 책은 없습니다. 꿈에 관한 책 대부분이 '미래에는 이런 직업이 유망할 겁니다.', '이렇게 하면 대학에 입학할 수 있습니다.'처럼 정보나 입시 수단으로서의 방법만 제공합니다.

직업과 입시에 대한 정보를 제공하고 미래 사회 변화에 관해 다룬 책은 많지만, 그 변화 속에서 자신의 꿈을 찾기 위해 시간과 정성이 얼마나 필요한지, 어떻게 준비해야 하는지, 왜 필요한지에 대해 다룬 책은 별로 없습니다. **꿈을 이룬 사람들의 성공담을 다룬 책들은 많지만, 자신이 하고 싶은 일을 찾기 위해, 나 자신을 이해하기 위해 어떻게 시간과 정성을 쏟아야 하는지를 다룬 책은 별로 없는 게 현실입니다.**

자녀들에게 꿈을 찾아 주기 위해서는 몇 가지 고려할 사항이 있습니다. **우선 자기 자신을 이해하는 것의 중요성을 진정성 있게 말해 주어야 합니다. 또 나 자신을 이해하기 위해 어디에 어떻게 시간과 정성을 쏟아야 하는지 그 방법을 말해 주어야 합니다.** 그리고 이 모든 것은 자신의 꿈을 찾는 데 필요한 시간과 정성을 들여야만 가능하다는 사실을 깨우쳐 주어야 합니다. 자신의 삶의 주체로서 자녀가 성장하기 바란다면 이런 이야기를 해 주어야 합니다.

모든 일의 성과는 자신이 들인 시간과 노력만큼 비례하여 이루어집니다. 세상의 당연한 이치입니다. 꿈을 찾아 행복하게 사는 사람은 하루아침에 갑자기 생겨나지 않습니다. 한두 권의 책을 읽는다고 하여, 하루 이틀 자신의 꿈에 대해 고민한다고 하여, 한두 번의 진학 진로 특강을 듣는다고 하여 자신의 꿈을 온전히 찾을 수 없습니다. **아무리 훌륭한 책이나 강의도 꿈을 찾기 위해 들인 시간과 정성을 대신할 수 없기 때문입니다.**

엄청난 시간과 정성이 필요하다고 해서 먼저 걱정할 필요는 없습니다. 자녀가 좋아하고 기뻐하는 일을 통해 정성을 쏟는 것이기에 학업에 별로 지장이 없고 오히려 도움이 되는 방법을 안내할 것이니, 걱정하지 않아도 됩니다.

자신의 꿈을 찾는 데 필요한 시간은?

그렇다면 자신의 꿈을 찾는 데 얼마만큼 시간과 정성이 필요할까요? 1,000시간이면 충분할까요? 10,000시간이면 충분할까요? 결론부터 말하자면, 아무도 알 수 없습니다. 배움에도 속도와 방법이 저마다 다르듯 자기를 이해하는 것도 사람마다 속도와 방법이 다르기 때문입니다. 속도와 방법이 개인마다 다르니 꿈을 찾는 데 걸리는 시간과 정성도 정확하게 결론짓기 어렵습니다.

명확한 기준을 제시할 수 없음에도 불구하고 이 질문을 던지는 이유는 우리가 가진 꿈에 대한 고정관념을 깨기 위해서입니다. **지금 우리는 꿈은 시간이 지나면 저절로 찾아진다고 믿고 있습니다.** 세상 사람 대부분은 꿈은 시간이 지나면 저절로 찾아온다고 믿습니다. 그래서 꿈을 찾는 데 시간과 정성이 필요함을 깨닫지 못합니다. 그래서 학업에는 어마어마한 시간과 정성을 쏟으면서도 자신이 하고 싶은 일, 좋아하는 일을 찾기 위해서는 학업에 쏟는 노력의 10분의 1도 들이지 않고 있습니다.

꿈을 찾기 위한 정확한 시간과 정성에 대한 명확한 기준을 제시할 순 없지만 한 가지 분명히 말할 수 있는 것이 있습니다. **꿈을 찾기 위해 쏟았던 시간과 정성만큼 자신의 원하는 꿈을 찾을 확률이 높아진다는 것입니다.** 또 자신이 들인 시간과 노력에 비례하여 행복의 크기도 커질 것입니다. 자신이 오랫동안 시간과 정성을 들여 고민한 만큼 그 꿈에는 흥미, 성격, 가치, 행복, 적성 등 자신이 바라는 것을 많이 담을 수 있기 때문입니다. 그래서 시간과 정성에 비례하여 행복은 커질 수밖에 없습니다.

어떤 어른들은 우리 사회가 꿈을 찾아 주기 위해 많이 노력하고 있다고 말합니다. 꿈을 찾아 주기 위해 어린 시절부터 다양한 심리검사도 하고, 직업 체험도 하고, 다양한 진로 독서와 활동의 기회를 준다고 말합니다. 미래 직업에 대한 전망을 함께 이야기하고, 관련 전공과 학과에 대한 정보도 제공한다고 말합니다. 어쩌면 맞는 말인지도 모릅니다. 지금 이 시대에는 그 어느 시대보다 아이의 꿈을 찾아 주기 위해 노력하고 있을지도 모릅니다.

하지만 지금 들이고 있는 그 시간과 노력도 학업에 들이는 시간과 노력과 비교하면 여전히 터무니없이 부족하며, 단편적이고 피상적인 경험을 추구하는 데 쏟고 있음을 우리는 깨달아야 합니다.

그렇다면 꿈을 찾기 위한 학교와 가정의 노력은 어느 정도일까요? 학업에 투자하는 시간의 10분의 1 정도는 쏟고 있을까요? 고등학교 졸업 때까지 쏟는 공부 시간을 약 15,000시간이라 가정하면 10분의 1은 1,500시간 정도입니다. 이를 초 · 중 · 고 12년으로 나눈 125시간은 매년 꿈을 찾기 위해 사용하고 있어야 합니다. 그러나 현실 교육 과정에 125시간을 진로 교육으로 배정하기는 어렵습니다.

초등학교에서 진로 교육을 배당하는 시간은 3학년부터입니다. 연간 102시간으로 배정받은 창의적 체험활동 영역에서 일부 시간을 꿈을 찾는 교육인 진로 교육으로 활용하고 있습니다. 학교마다 조금씩 다르겠지만, 진로 교육만을 위해 연간 20시간 이상을 사용하는 초등학교는 거의 없습니다. 20시간 모두를 진로 교육에 쏟고 있다 해도 학업에 쏟는 시간의 60분의 1에 지나지 않습니다.

중학생, 고등학생이 되면 더 많은 시간을 자신을 꿈을 찾는 데 사용할까요? 우리나라 입시 현실에서는 불가능합니다. 자유학기제 혹은 자유학년제를 운영하는 중1은 가능할지 모르겠습니다. 하지만 그 외에는 힘듭니다. 학업과 진학 때문에 상담 시간이 일부 늘겠지만, 이는 성적에 맞춰 대학을 선택하는 진학 교육에 초점이 맞추어져 있어 자신이 좋아하는 일을 찾는 시간은 아닙니다. 학년이 올라갈수록 자신을 이해하는 데 고민하는 시간은 오히려 더 줄어듭니다.

꿈도 시간과 정성이 필요한가요?

꿈을 찾는 일을 정말 중요하다 여긴다면, 학업에 쏟는 정성만큼 꿈을 찾는 일에도 시간과 노력을 기울여야 합니다. 꿈은 살다 보면 저절로 얻어지는 '나이' 같은 것이 아닙니다. 꿈은 시간과 애정을 쏟아야 피어나는 '꽃'과 같습니다. 그렇다면 꿈을 찾는 것에 시간과 정성을 쏟으면 어떤 점이 좋을까요?

첫째, 후회하는 삶을 줄일 수 있습니다.

사람은 누구나 살면서 후회를 합니다. 후회는 분노와 자책의 감정으로 스스로 힘들게 합니다. 꼬리에 꼬리를 무는 자책과 분노가 끊임없이 돌고 돕니다. '그때 이렇게 했더라면', '그때 이렇게 하지 않았더라면'과 같은 마음이 끊임없이 우리를 괴롭힙니다. 그래서 후회는 아무리 빨라도 늦습니다. 그럼 언제 하는 후회에 가장 진심이 담겨 있을까요? 사람마다 상황마다 다르겠지만 누구나 인정하는 순간이 하나 있습니다. 바로 죽기 전에 하는 후회입니다. 자신에 삶에 대해 마지막으로 고민하며 되돌아볼 수 있는 귀한 시간이기 때문입니다.

사람들의 진심이 담긴 후회를 지켜본 의사와 간호사가 있습니다. 1,000명의 죽음을 지켜본 호스피스 전문의 오츠 슈이치, 그리고 호주의 한 노인 병원에 근무하며 죽음을 앞둔 노인들과 나누었던 대화를 책으로 펴낸 간호사 브로니 웨어가 바로 그들입니다. 그들은 각각 책《죽을 때 후회하는 스물다섯 가지》,《내가 원하는 삶을 살았더라면》을 통해 인생의 후회에 대해 다루었습니다. 이들 책에 공통으로 나온 4가지 후회는 다음과 같습니다.

죽을 때 하는 후회

1. 남들의 기대에 부응하기 위해 진정한 '나 자신'으로서 살지 못했다.
2. 직장 일을 위해 몸 바쳐 일했던 과거를 후회한다.
3. 진심을 솔직하게 표현할 용기를 내지 못했다.
4. 자신을 더 행복하게 만들지 못했다.

죽을 때 하는 4가지의 후회의 원인은 첫 번째 '진정한 나 자신으로 서 살지 못했다.'는 것입니다. 남들의 기대에 부응하기 위해 자신이 하고 싶은 진짜 꿈이 무엇인지조차 깨닫지 못하며 살아온 것을 후회 합니다. 안타깝게도 사람들 대부분은 자신이 하고 싶은 진짜 일을 모른 채 하루하루를 살아갑니다. 그래서 일이 주는 행복과 기쁨을 알지 못한 채 생을 마감합니다.

두 번째 '직장 일에 몸 바쳐 일했던 과거를 후회한다.'는 것입니다. 직장의 일이 너무 바빠 자녀들이 커 가는 것을 지켜보지 못하고, 사 랑하는 배우자와 충분한 시간을 보내지 못한 삶을 후회합니다.

세 번째 '진심을 솔직하게 표현할 용기를 내지 못했다.'는 것입니 다. 원만한 사회생활을 위해 자신의 목소리를 내지 못했던 과거를 후회합니다. 억울하고 답답한 상황 속에서도 자신의 감정을 숨긴 채 살아왔던 결과로 병까지 얻게 된 것에 대한 후회입니다.

네 번째 '자신을 더 행복하게 만들지 못했다.'는 것입니다. 행복을 만드는 것이 자기 자신이라는 것을 깨닫지 못한 것을 후회합니다. 다른 사람을 탓하며 행복을 멀리 있는 것으로 인식하며 살아온 자신 의 삶에 대해 후회한다고 말합니다.

사람들이 죽기 전에 하는 후회는 모두 남들의 기대에 부응하며 살 아가다 생긴 후회들입니다. 다른 사람에 의해 주어진 꿈을 꾸며 살 아가고 타인의 감정을 존중하기 위해 자신의 감정에 상처를 내며 살 아가다 생긴 후회입니다. 타인의 삶을 자신의 삶이라 착각하며 살아가다 자신의 행복에 귀 기울이지 못해 생긴 결과입니다.

이 모든 후회는 자기 자신을 이해하기 위한 시간과 정성이 부족했기 때문에 생긴 것입니다. 자신이 하고 싶은 일이 무엇인지, 자신이 생각하는 일과 가정의 균형은 어느 정도인지, 솔직한 자신의 감정은 무엇인지, 그리고 이 모든 것은 자기 자신의 손에 달려 있음을 깨닫지 못해 생긴 결과입니다.

우리 아이들은 후회하는 일이 적었으면 좋겠습니다. 후회 없는 삶을 살 수 있도록 스스로에 대해 꾸준히 탐색할 수 있도록 도와야 합니다. 아이들이 자신의 관심, 적성, 가치, 행복이 무엇인지 오랫동안 고민할 기회를 주어야 합니다. **이를 위해서는 부모의 시간과 정성도 필요합니다.** 우리 아이들이 자기 인생의 행복을 찾으며 후회 없는 삶을 살기 위해서는 아이가 스스로 생각을 가지고 자신의 삶을 살기 전까지 옆에서 고민과 방황을 함께 나눌 부모가 필요합니다.

둘째, 자신이 어떤 삶을 살고 싶은지 분명히 이해할 수 있습니다.

〈지식채널e〉는 5분짜리 짧은 영상으로 2005년부터 현재까지 제작되고 있는 EBS의 장수 콘텐츠입니다. 지식을 단순한 정보로 받아들이던 교육계에 관점과 가치관에 따라 다르게 해석할 수 있음을 보여 주는 혁신적인 콘텐츠입니다. 〈지식채널e〉를 처음으로 기획한 김진혁 PD가 지식을 어떻게 바라보아야 하는가에 대해 자기 생각을 밝힌 문장이 있습니다.

"지식은 가치관에 따라 방향성이 달라진다."

지식 그 자체는 우리에게 이롭거나 해롭지 않습니다. 주어진 지식을 누가 어떻게 활용하느냐에 따라 지식을 긍정적 혹은 부정적으로 평가합니다. 사람의 생각과 주관에 따라 지식이 방향성을 갖게되고 가치가 매겨진다는 뜻입니다.

한 예로 아인슈타인의 특수 상대성이론은 그 자체로 유용하거나위험한 지식이 아닙니다. 이 이론을 통해 만들어진 원자력발전소는 2016년 기준으로 우리나라 전체 전기 공급량의 30%가 넘는 전기를공급하고 있습니다. 적은 자원으로 많은 전기를 생산하여 현재까지도 우리나라에서 최고의 효율성을 자랑하는 발전소입니다. 반면 이이론을 통해 만들어진 또 다른 발명품, 원자폭탄은 수백만 명의 사상자를 낸 인류 최악 발명품으로 불렸고, 지금도 국제 평화를 위협하는 가장 큰 무기로 인식되고 있습니다.

아인슈타인이 특수 상대성이론을 정립했을 때, 그 이론이 어떻게쓰일지 알았을까요? 긍정적이든 부정적이든 이런 엄청난 결과를 가져올 것을 알고 있었을까요? 공익을 위한 발전용이냐 평화를 위협하는 전쟁용이냐를 결정하는 것은 지식 자체가 아니라 이를 활용하는 사람들의 의도와 가치관에 달려 있습니다.

'꿈도 가치관에 따라 방향성이 달라집니다.'

'돈'과 '여가'라는 가치 사이에서 고민하는 사람이 직업 선택의 순간 둘 중 어느 것을 선택하느냐에 따라 삶의 모습이 달라질 수 있습니다. '돈'을 더 중요하게 여긴다면 경제적으로 풍요로운 삶은 살 수 있지만, 일의 강도가 세고 항상 분주하게 살 듯합니다. 반면 '여가'를 더 중요하게 여긴다면 경제적으로 풍요로운 삶을 살지는 못하더라도, 충분한 자기 시간을 통해 여유로운 삶을 살아갈 수 있습니다. 물론 시간 여유도 있고 돈도 많이 버는 일을 찾을 수 있으면 더 좋겠죠. 하지만 현실은 어디 하나에 중점을 두면 하나는 분명 잃어버리는 경우가 많습니다.

'가치'란 개인이 어떤 판단이나 선택을 할 때 우선으로 작용하는 기준입니다. 꿈에 대해 깊게 탐구하면 삶의 우선순위가 그대로 나올 수밖에 없습니다. 우선순위에 대해 스스로 점검하고 또래 친구들과 비교하면서 삶의 방향을 정할 수 있어야 합니다. 꿈에 대한 우선순위는 자신이 어떻게 살아가는 것이 좋을지에 대한 방향성을 제시하며, 어떤 삶을 살고 싶은지 분명하게 이해할 수 있게 도와줍니다.

이러한 가치관은 하루아침에 길러질 수 없습니다. 몇 번의 기회나 몇 시간의 수업만으로 길러질 만큼 가치 판단은 단순하지 않습니다. 가치관은 수많은 갈등 상황 속에서 끊임없이 선택하고 성찰하는 과정을 반복해야 길러질 수 있습니다. 단순히 선택만으로 끝나는 것이 아니라, 반드시 당시의 기억이나 생각을 떠올려 보고 다른 선택을 했다면 어땠을지 고민하고 성찰하는 시간이 필요합니다. 그래서 자신이 어떤 삶을 살고 싶은지 분명히 이해하고 싶다면 가치를 이해하기 위한 시간과 노력을 들여야 합니다.

가치관은 꿈을 피우기 위한 뿌리 역할을 합니다. 뿌리가 튼튼해야 바람에 흔들리지 않고 곧게 자라날 수 있듯, **가치관이 분명해야 외부의 다양한 갈등 상황 속에서 자신의 중심을 지킬 수 있습니다.** 자신의 가치가 무엇인지, 무엇을 중요하게 여기는지 고민하는 시간을 충분히 가진다면 꿈의 뿌리를 튼튼하게 만들 수 있습니다.

셋째, 실패의 기회비용을 줄여 줍니다.

자녀 1명당 양육비용이 혹시 어느 정도인지 알고 있나요? 2012년 한국보건사회연구원에서 발표한 대학 졸업까지 자녀 1인당 전체 양육비용은 약 3.1억이었습니다. 2019년 동아일보가 만든 인터렉티브 사이트 〈요람에서 대학까지: 2019년 대한민국 양육비 계산기〉에서 밝힌 자녀 1인을 대학 졸업시킬 때까지 필요한 돈은 약 3.8억으로 집계됐습니다. 7년 사이에 자녀 1명을 키우는 데 칠천만 원이 더 필요해졌습니다.

엄청난 비용을 들여 대학에 입학한 나의 자녀가 갑자기 자신이 하고 싶은 일을 찾겠다며 대학을 중퇴하거나 다른 대학을 준비한다면 어떤 마음이 들까요? 이런 엄청난 비용의 발생을 막으려면 어떻게 해야 할까요?

[자녀 1인당 전체 양육비용]

(단위: 만 원)

자녀의 연령	2012년(한국보건사회연구원)	2019년(동아일보)
미취학 양육비	6,750	6,860
초등학교	7,596	9,250
중학교	4,122	5,401
고등학교	4,719	8,047
대학교	7,709	8,640
총합	30,896	38,198

대학 알리미 사이트를 통해 매년 공시하는 대학 정보 중에는 '중도탈락률'이라는 척도가 있습니다. '중도탈락률'은 학교의 학적을 가진 학생 중 자퇴하거나 등록·복학하지 않는 학생의 비율을 뜻하는데, 일반적으로 학생들이 대학에 대한 만족도가 높으면 비율이 낮고, 만족도가 낮으면 비율은 높아집니다. 유일하게 학생의 눈으로 대학 교육을 평가하는 항목으로서 대학에 대한 학생 만족도를 간접적으로 가늠할 수 있는 척도입니다.

2016년 대학 알리미 사이트 공시된 전국 4년제 대학 250여 곳을 집계한 결과, 재적 학생 247만 명 중 18만 명(7.4%)이 학업을 중단했습니다. 100명 중 7명이 대학을 그만두는 것입니다. 대학이나 지역, 국공립이냐 사립이냐에 따라 차이가 있지만 중요한 것은 '왜 그만두느냐'입니다. 대학 알리미 사이트에서는 그 이유에 대해 밝히고 있지 않지만, 지방대 중 유일하게 '중도탈락률'이 낮은 대학 10위 내에 든 한동대를 연구한 사례를 통해 이를 대략으로 유추할 수 있습니다. 한동대(1.3%)는 서울대(1.1%) 다음으로 '중도탈락률'이 낮아 2위를 차지했습니다.

고려대 고등교육 정책연구소 변기용 교수는 교육부의 의뢰로 한동대에 관해 연구했습니다. 2015년에 발간된 보고서를 보면 한동대의 핵심적인 제도로 '무전공제'를 꼽았습니다. 한동대 신입생은 전공을 정하지 않은 상태로 입학해 1년간 기초 교양과 여러 전공의 기초과목을 배우며 다양한 전공과 진로를 탐색합니다. 2학년부터 본인의 적성과 판단에 따라 학부를 선택하고, 1학년에 배우지 못했던 전공 수업까지 더해진 엄청난 학업량을 소화합니다. 엄청난 학업량에도 불구하고 만족스러운 대학 생활을 하기에 '중도탈락률'이 낮습니다.

'무전공제'가 의미하는 바는 크게 2가지입니다. 첫째, 대학에 입학할 때까지도 학생들은 자신의 진로를 정하지 못했다고 봅니다. 둘째, 자신이 원하는 전공이나 진로가 정해지면 뛰어난 성취동기가 발생하고, 이를 통해 만족감을 느끼며 생활할 수 있다고 믿습니다.

다른 말로 바꾸어 보면, 대학 입학 전 자신의 진로를 정하면 자신의 꿈을 펼치며 대학 생활을 할 수 있다는 것입니다. 이는 아이들이 자신이 하고 싶은 일을 찾으면 대학을 중도에 포기하지 않아 이와 관련하여 발생하는 기회비용을 줄일 수 있다는 의미이기도 합니다.

한때, 대학을 졸업한 후 취업이 되지 않아 다시 전문대학으로 취업한다는 뉴스 기사를 접한 적이 있습니다. 하지만 학생들이 4년제 대학 졸업 후에도 전문대학으로 가는 이유가 취업 때문만은 아닙니다.

2010년 한국직업능력개발원의 《대학졸업자의 직업 관련 재교육 실태와 과제》에서 기존 대학을 졸업한 졸업자들이 폴리텍 또는 전문대학에 재입학한 사례에 관한 연구를 진행했습니다. 연구 결과, 폴리텍과 전문대학을 선택하고 새로운 학과 정하는 데 가장 큰 영향을 준 것은 취업 전망뿐 아니라 본인의 적성과 희망이었습니다. 폴리텍 대학의 경우 54.5%가 본인의 적성과 희망이라고 답했고, 전문대학의 경우 적성과 희망 65.6%, 취업 전망이 58.8%를 차지해 오히려 본인의 적성과 희망을 더욱 중요하게 여기는 것으로 나타났습니다(복수 응답). 즉, 전문대학으로의 재입학은 자신이 좋아하는 일과 잘하는 일을 찾기 위해 이루어진 것이었습니다.

꿈을 다시 찾는 과정은 엄청난 시간과 노력을 다시 들여야 합니다. 꿈을 다시 찾는 과정에 쏟아부어야 할 기회비용을 줄이기 위해서는 아이들이 어릴 때부터 자신의 꿈을 찾을 수 있도록 도와주어야 합니다. **학교와 가정이라는 안전한 울타리 속에서 자신이 관심 있는 일에 마음껏 도전할 수 있어야 합니다.** 많은 도전 속에서 실패하고, 깨닫고, 성찰하는 시간을 가져야 합니다. 어린 시절의 도전과 실패가 나이가 든 후 겪는 도전과 실패보다 훨씬 경제적이고 효과적이기 때문입니다.

　수많은 책이 '꿈을 찾는 것이 중요하다.'라고 말하지만, 꿈을 찾는 데 중요한 시간과 정성을 다루지 않았습니다. 수많은 전문가가 꿈을 찾는 방법에 대해 말하지만 많은 시간과 노력이 필요하다는 점을 강조하지 않습니다. 그 이유는 무엇일까요? **세상은 학업을 위해 들이는 시간과 정성을, 꿈을 찾기 위한 시간과 노력으로 착각하고 있기 때문입니다.** 그래서 아이들은 여전히 꿈을 찾기 위해 방황하고 있습니다. 세상은 우리 아이의 꿈에 대해 관심이 없기에 우리 부모가 관심을 가져야 합니다. 우리의 시간과 정성을 들여서 말입니다.

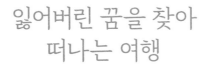

제 2 화

잃어버린 꿈을 찾아
떠나는 여행

성공하는 인생 전략?

인터넷 서점에서 '진로 교육'을 키워드로 검색하면 진학과 입시에 관한 책과 함께 동기부여를 자극하는 자기계발서가 나옵니다. 하루에도 수십 권씩 아이들의 꿈에 관한 책이 쏟아지지만 열의 여덟아홉은 대학 입시와 자기계발과 관련된 책입니다. 이런 책은 대부분 아이들이 성공한 삶을 살길 바라는 마음으로 쓰였습니다. 어른의 관점에서 특별한 삶을 추구하라는 책입니다. **어른의 시각에서 진로 문제를 해결하려는 입시에 관해 조언하는 책입니다.**

진로에 관한 책에서 어른은 '우리가 말하는 대로 하면 원하는 대학에 합격할 수 있어.', '책에 적힌 충고를 잘 따르면 안정적이고 높은 소득의 직업을 가질 수 있어.', '우리의 조언대로 하면 인생을 성공적으로 살 수 있어.'라고 말합니다. 어른들은 저마다의 성공 경험을 거울삼아 아이들에게 자신을 길을 따라오라 말합니다. 이는 꿈을 찾는 과정을 좋은 직업을 갖기 위해 거쳐야 하는 교육 과정 정도로 생각하기 때문입니다.

학원과 과외 수업, 명문 중·고등학교 입학, SKY 대학 진학, 좋은 학점과 높은 공인 외국어 평가 점수, 자격증, 어학연수, 인턴십 등이 바로 그 과정입니다. 꿈을 찾는 과정에 대한 우리의 생각은 성공하는 인생 전략을 통해 더 잘 이해할 수 있습니다. 다음은 JTBC 〈차이나는 클라스〉에서 나왔던 이른바 어른이 생각하는 '성공하는 인생 전략'입니다.

성공하는 인생 전략

5살 서울로 이사, 6살 영어 조기 교육 시작

17살 명문 고등학교로 진학, 20살 명문대학교 입학

20대 중반 ○○고시 통과 혹은 대기업 입사

30대 연봉 ○천만 원

성공하는 인생 전략은 직업을 통해 사회적 지위와 부를 얻길 바라는 어른에 의해 만들어졌습니다. 공부를 통해 사회적 지위와 부를 얻은 어른이 '내가 공부를 좀 해 봐서 아는데 이런 방식으로 공부해서 좋은 직업을 가지면 성공한 인생을 사는 거야.'라고 말합니다.

자신이 성공하지 못했다고 여기는 어른도 마찬가지입니다. 공부를 잘하지 못했던 어른 또한 '내가 저렇게 공부했으면 지금쯤 내 인생은 달라져 있을 거야, ○○대학만 나왔어도 지금보다 훨씬 더 많은 돈을 벌었을 거야.'라며 그들의 자식에게는 성공하는 인생 전략대로 살아야 한다고 강조합니다.

서로 다른 삶을 살았지만 같은 주장을 합니다. 다른 삶을 살았지만 깨달은 교훈은 같습니다. 둘 다 자신들이 겪은 삶으로부터 얻은 교훈과 방식을 다음 세대에 알려 주기 위해 노력합니다. 인생을 먼저 살아온 경험으로 어른들이 아이들을 위해 해 줄 수 있는 나름의 배려와 조언이기 때문입니다.

우리 어른들이 살았던 시대에 꿈과 성공은 좋은 대학과 직업을 의미했고, 그것이 풍요로운 삶을 약속했습니다. 아이들이 사회적 성공을 누리고, 풍요로운 삶을 사는 것은 어른의 큰 행복이며 기쁨입니다. 나의 자녀가 자신보다 더 나은 삶을 살길 바라는 어른의 마음은 시대가 달라져도 변치 않습니다. 부모란 자녀들을 위해, 자녀들 덕분에, 자녀들 때문에 살아가는 존재이기 때문입니다.

그러나 부모가 제시한 인생이 정말 아이에게 행복을 줄지는 사실 아무도 모릅니다. 자신의 삶에 대한 고민 없이는 어른의 배려와 조언대로 산다고 해서 행복하지는 않습니다. 미래 사회는 자신의 삶을 스스로 개척하며 삶의 가치를 찾아갈 수 있어야 행복할 수 있습니다.

미래학자 앨빈 토플러는 《부의 미래》에서 미래 사회는 지식의 정보와 양이 폭발적으로 증가하는 동시에 지식의 수명과 변화의 주기가 매우 짧아질 것이라고 예견했습니다. 6개월이 지난 지식과 정보는 쓸모없어질 것이고, 2020년에는 약 70일을 주기로 지식 정보가 배 이상 증가하고 있다고 합니다. 2050년에는 현재 지식의 1%만이 유용한 지식이 될 것이라 보고 있습니다. 앞선 시대를 살아가며 배운 지식과 정보 대부분은 아이 세대에 전혀 유용하지 않게 될 것입니다.

하버드대학교 정량사회과학연구소의 새뮤얼 아브스만은 자연 상태에서 방사성 붕괴가 일어나는 것처럼 지금 알고 있는 지식이 수년 후에는 무용지물이 된다고 말합니다. 경제학, 수학, 종교학, 심리학, 역사학 등 모든 학문 분야에서 우리가 배운 지식은 10년이 지날 때마다 절반은 쓸모없어진다 밝혔습니다. 과거의 지식과 경험으로 얻은 어른들의 인생 성공 전략은 이제 쓸모없어진다는 뜻입니다.

아이들을 생각하는 어른의 따뜻한 마음은 그대로여야겠지만, 아이들이 자신의 인생을 사는 방식은 바뀌어야 할 시대가 오는 것을 우리 부모는 깨달아야 합니다.

'직업'만 남는 꿈 교육

진로 교육! 나아갈 진(進), 길 로(路) '앞으로 나아가는 길'을 의미하는 진로 교육은 꿈을 찾는 교육을 뜻합니다. 진로 교육의 시작은 분업이었습니다. 분업이 되기 전, 인간은 생존에 필요한 모든 지식과 기술을 혼자 익혀야 했습니다. 채집, 사냥, 도구 만드는 기술 등 생존에 필요한 지식과 기술이 개개인에게 모두 필요했습니다.

하지만 공동생활을 시작하고 사회가 점점 커지자 일을 나누기 시작했습니다. 역할 분담은 일에 따른 전문성을 신장시켰고, 전문성은 하나의 직업이 되었습니다. 전문성에 따라 직업이 정해지자 이제는 거꾸로 그 직업에 필요한 지식과 기술을 배워야 할 과목으로 만들기 시작했습니다. 이것이 발전하여 지금의 대학과 직업 중심의 진로 교육이 되었습니다.

심리검사는 뛰어난 군인의 자질과 적성을 검증하기 위해 군에서 최초로 개발되었습니다. 교육 현장에서도 학생의 적성과 흥미를 파악하는 심리검사의 필요성이 대두되어 지금의 다양한 검사가 개발되었습니다. 현재 학교에서는 DISK, MBTI와 같은 성격검사, 홀랜드 직업 흥미 검사, 다중지능을 활용한 적성검사 등 다양한 심리검사를 통해 학생 개개인의 성격, 흥미, 적성을 찾기 위해 노력합니다. 하지만 이러한 심리검사는 아이들에게 어울리는 직업을 찾아

주는 직업 매칭 교육이 주를 이루고 있습니다.

'나는 예술형이야, 디자이너와 웹툰 작가가 어울린대', '나는 현실형이야, 경찰이나 소방관이 나랑 맞대' 심리검사를 하고 검사지를 받아 든 아이들은 저마다 직업 흥미 유형을 확인하며 자신에게 잘 어울리는 직업에 관해 이야기를 나눕니다. 진로 심리검사 수업은 검사하는 데 2시간, 검사 결과를 확인하는 데 1시간, 최소 3시간이 걸립니다. 3시간 수업 후, 아이들의 머릿속에 남는 것은 자신에게 어울리는 직업 유형과 이름뿐입니다. 다양한 방법과 더 많은 시간을 진로 수업에 할애해도 결국 아이들의 마음속 마지막으로 남는 것은 직업 이름뿐입니다.

10년 후에는 지금 직업의 80%가 사라진다고 합니다. 미래 사회에는 어떤 영역의 직업이 사라질지, 얼마만큼 다양한 직업이 생겨날지 예측하기 힘들다고 합니다. 2016년 4차 산업혁명 시대란 용어가 등장하고, 2020년 코로나가 등장했습니다. 학자, 교육자, 기업인 모두가 입을 모아 미래 사회는 지금과는 다를 것이라 말합니다. 현재보다 더욱 변화무쌍하여 다양한 삶의 방식과 일이 필요해진다고 주장합니다. 이런 미래 사회에 아이를 유형화하고 특정 직업을 연결하는 현재의 직업 매칭 교육이 우리 아이의 앞날을 환하게 비춰 줄 수는 없습니다.

직업이 없는 직장인

'직업이 있는 직장인'이라는 말을 들어 본 적이 있나요? 우리는 처음 사람을 만나게 되면, 서로의 명함을 교환하며 서로의 직업을 묻습니다. 이때 삼성전자, 현대자동차와 같은 직장의 이름을 대는 사람과 변호사, 회계사, 의사와 같이 직업을 말하는 사람으로 나누어집니다. 직장보다 직업을 먼저 말하는 사람, 직장보다 직업으로 먼저 불리는 사람, 이들을 '직업이 있는 직장인'이라 부르며 사람들은 이들을 전문가로 인식합니다. 인사부 직원, 홍보부의 직원이 아니라 전문성을 갖춘 전문가로 불리는 것, 그것을 '직업이 있는 직장인'이라 표현합니다.

그렇다면 '직업이 없는 직장인'은 어떤 뜻일까요? '직업이 있는 직장인'의 반대 개념으로 전문 영역 없이 수동적 · 기계적으로 일하는 사람을 말합니다. 남에게 자신을 소개할 때 회사명과 부서를 먼저 말하는 경우로, 직업을 생계유지의 수단으로만 바라보는 사람을 뜻합니다. 단순히 직업으로 불리는 것만으로 구분하는 것은 아닙니다. 의사와 회계사와 같이 직업 이름으로 불리는 사람도 일을 생계를 유지하는 수단으로만 바라보고 수동적 · 기계적으로 일한다면 이들도 모두 '직업이 없는 직장인'이 됩니다.

혹시 우리도 이렇게 살고 있진 않은가요? 영혼 없이 일을 생계유지를 위한 수단쯤으로 생각하며 살고 있진 않은가요? 우리 아이는 어떨까요? 어른의 뒷모습을 보며 자라는 우리 아이도 어른과 같은 생각을 가지며 삶을 살게 되진 않을까 걱정입니다. 우리가 살아온 그대로를 보고 느끼며 자라고 있다면, 아이들 또한 우리와 비슷한 삶을 살게 될 것입니다. 아이들의 생각을 바꿀 새로운 계기가 없다면, 우리 아이들도 자기 일을 생계유지를 위한 수단쯤으로 생각하며 살아갈 수 있습니다. 그래서 부모에게 자신의 경험을 넘어서는 자녀의 꿈을 키워 주는 교육이 필요합니다.

우리 아이에게 다른 꿈을 선물해 주고 싶진 않은가요? 하루하루를 버티며 살아가는 하루살이 같은 삶 대신, 가슴이 뛰고 벅차서 해도 해도 또 하고 싶은 그런 일을 선물해 주고 싶진 않은가요? 우리 아이들에게 가슴 뜨거운 일을 선물해 주고 싶다면, 어떻게 그런 일을 찾을 수 있는지, 그런 일을 찾기 위해 무엇을 해야 하는지 알려 주어야 합니다. **부모가 먼저 우리 자녀의 꿈에 사랑과 관심을 표현해야 합니다.** 바로 지금, 여기서 아이를 위한 어른의 꿈 공부를 시작해야 합니다. 우리 아이만은 멋진 삶을 살 수 있도록 도와야 합니다.

어른의 꿈 공부가 필요한 이유

우리는 아이들에게 꿈에 관해 이야기할 때 보통 다음과 같이 질문합니다.

"현정이는 커서 뭐가 되고 싶어?"

"민교는 과학을 좋아하고 논리적이니깐 과학자가 어울릴 것 같아, 어때?"

"진원이는 친구들을 잘 가르치고 성적도 괜찮으니 교대에 진학해보는 것이 어때?"

모두 '무엇이 되는 것'에 초점을 맞춘 질문입니다. 아이에게 '어떤 직업'이 어울릴 것인지에 초점이 맞추어져 있습니다. 부모는 자신도 모르는 사이 자신이 어릴 때 받아 왔던 질문을 아이에게 합니다. 혹시 이 질문들 외에 자신이 받았던 다른 질문이 있나요? 특별히 새로운 질문이 있다면 부모님께서 훌륭하셨기에 그럴 수 있습니다. 직업이 아닌 좋아하는 일, 세상을 변화시키는 일, 불쌍한 사람을 돕는 삶에 대해 토의했다면 분명 시대를 앞서가신 부모입니다.

요즘 아이들은 꿈에 대해 다양하게 질문합니다. 내가 어릴 때, 상상하지 못했던 당돌한 질문도 있습니다. 다음은 교직 생활 중 5, 6학년 담임을 할 때 아이들에게 받았던 다소 황당하고 씁쓸했던 질문입니다.

"저는 꿈 없이 살아도 별로 상관없는데, 꿈은 꼭 있어야 하는 거예요?"

"꼭 직업을 가져야 하나요? 그냥 돈만 많이 있으면 되는 거 아니에요?"

"부모님이 반대하시면 그거 안 하면 되죠. 부모님이 하라는 대로 하면 편해요. 꿈을 이루기 위해 힘들게 살아야 하나요?"

아이들의 질문이 어떤가요? 아이들의 질문에 우리는 어떻게 답하면 좋을까요? 꿈에 대한 아이들의 당돌한 질문에 쉽게 답하지 못하는 이유는 우리 어른도 꿈을 키우는 방법에 대해 배운 경험이 없기 때문입니다. 또 꿈을 찾는 교육을 어떻게 해야 하는지 제대로 배워 본 적도 없습니다. 그래서 무엇을 어떻게 해야 할지 잘 모른 채, 자신의 경험 속에서 그 답을 끄집어내려 합니다. 자신의 경험 속에서는 답을 찾을 수 없는데도 계속 그 속에서 끄집어내려 합니다.

아이들을 위한 꿈 교육은 우리의 경험의 한계를 인정하는 것에서 부터 시작되어야 합니다. 아이들이 살아갈 세상은 우리가 살아왔던 시대보다 더욱 예측하기 힘들 것입니다. SF 영화처럼 우리 아이가 AI와 로봇의 경쟁 상대가 될지도 모릅니다. AI와 로봇의 경쟁 상대가 아닌 인간 자체로 존엄한 존재로 아이를 키우기 위해서는 어른의 꿈 공부가 필요합니다.

꿈을 키우는 공부를 한 경험이 없기에, 아이의 꿈을 어떻게 찾아야 하는지 제대로 배워 본 적이 없기에 지금부터 공부해야 합니다. 아이가 꿈을 꾸고, 꿈을 이루며, 꿈을 통해 행복을 찾는 데 가장 큰 영향을 미치는 존재인 부모가 시작해야 합니다. 부모가 아이의 꿈을 깊게 이해할 수 있다면 지금보다 아이들의 삶은 더욱 행복하고 풍성해질 수 있습니다.

대통령 루스벨트는 이렇게 말했습니다.

"지금 있는 자리에서, 가지고 있는 것으로, 할 수 있는 것을 하라.
사람에게 가장 파괴적인 단어는 나중이고, 가장 생산적인 단어는
지금이다."

아이의 행복한 삶을 위한 어른의 꿈 공부가 바로 지금 시작되어야 하는 이유입니다.

제 3화

나를 찾아
떠나는 여행

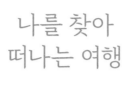

진로 결정의 비선 실세

사실 진로의 세계에는 어둠 속에 숨어 학생의 미래를 결정하는 비밀의 존재가 있습니다. 이 존재는 학생들의 대학 결정에 중대한 영향을 미쳐 대학 경쟁률을 좌지우지하기도 합니다. 2016년 이 존재는 육군사관학교 경쟁률 31:1, 공군사관학교 39:1, 국군간호사관학교 51:1 등 군인과 관련 학과 경쟁률을 모두 역대 최고로 갱신시켰습니다.

또 이 존재는 프로파일러를 검색하면 '프로파일러 되는 법'이 연관 검색어로 등장하게 할 정도로 학생들의 직업 선택에 영향을 미쳤습니다. 2000년대 K대 한의예과를 최고 경쟁률로 만들고, 1994년 A 의대의 경쟁률을 53:1로 만드는 등 이 존재의 영향력은 과거부터 꾸준히 이어져 오고 있습니다. 이 존재는 무엇일까요?

바로 '드라마'입니다.

몇 년 전 TV 한 예능 프로그램에서 〈진로 결정에는 비선 실세가 있다〉는 주제로 드라마가 학생들의 진로 결정에 중대한 영향을 미친다는 내용의 방송을 했습니다. 그해 인기 있는 드라마 속 직업이 관련 대학 학과의 경쟁률을 높인다고 합니다.

방송에서는 2016년 최고의 시청률 38.8%를 기록한 〈태양의 후예〉가 그해 사관학교 경쟁률에 영향을 미쳤고, 드라마 〈시그널〉이 인기리에 방영될 때 주인공의 직업인 프로파일러를 검색하면 '프로파일러가 되는 법'이 연관 검색어로 등장할 만큼 드라마가 학생들의 직업 선택에 영향을 미쳤다고 말합니다. 2000년대 화제 드라마 〈허준〉이 불러온 K대 한의예과 최고 경쟁률과 1994년 메디컬 드라마 〈종합병원〉의 배경이 되는 A의대의 경쟁률 53:1의 사례를 보면, 이러한 경향을 결코 최근에 나타난 단순한 일이 아님을 알 수 있습니다.

드라마가 학생들의 진로에 엄청나게 영향을 끼치는 것을 보면서 두 가지 의문이 생겼습니다.

"평생 살아가야 할 길이 될 수도 있는데 어떻게 드라마를 보고 단순하게 꿈을 결정할 수 있을까요?"

"진로를 결정함에 드라마가 결정적으로 영향을 끼친다는 프로그램이 나온 배경은 무엇일까요?"

드라마 속 주인공이 자신이 좋아하는 배우라서, 드라마 속 등장인물이 매력적인 캐릭터라서, 드라마 속에 나온 직업이 정말 멋지고 근사하게 느껴서 영향을 깊게 받았는지 모릅니다. **하지만 저는 드라마 속 화려한 이미지만 보고 진로를 선택할 만큼 자기 자신에 대한 충분한 이해가 없어서라고 생각됩니다.** 자기 자신에 대한 충분한 이해가 없기에 멋있는 외모와 현실 속 존재하지 않는 드라마 속 인물에 손쉽게 마음을 빼앗겼다고 생각합니다.

드라마에 손쉽게 마음을 빼앗겨 버릴 만큼 아이들 대부분은 자기 자신을 잘 모릅니다. 가끔 자신에 대해 잘 알고 있는 척하기도 하지만, 그건 대부분 사회나 부모가 바라는 생각을 그대로 말하는 경우입니다. 아이들에게 자신을 조금 깊게 바라볼 수 있는 질문을 하면 스스로 자신에 대한 이해가 부족함을 깨닫도록 도울 수 있습니다. 아이들은 자신이 하고 싶은 일, 꿈꾸는 미래에 대해 잘 모르고 있으며, 살고 싶은 삶에 대한 분명한 이해도 부족합니다.

이처럼 자신에 대한 이해가 부족하기에 드라마 PD가 만들어 놓은 화려한 이미지를 좇으며, 다른 사람이 만들어 놓은 환상을 자신이 좋아하는 삶이라고 착각합니다. **이런 아이들에게 지금 필요한 것은 자신의 마음을 들여다보며 스스로에 대해 이해하고 생각할 수 있게 하는 깊이 있는 고민의 시간입니다.**

다른 사람들의 시선에 나를 가두다

세계 최고의 팬층을 가지고 있는 K팝 스타, BTS는 자신들의 이야기를 담은 노래를 부릅니다. 한국 청년의 이야기가 세계 청소년의 마음을 뜨겁게 만듭니다. BTS는 당당하게 자신의 목소리를 내며 사람들을 감동시킵니다. 2018년 미국 UN 본부에서 BTS의 리더 RM은 〈Love Yourself〉라는 주제로 다음의 연설을 했습니다.

저희 최근 앨범의 인트로 트랙 중에 아홉 살쯤 제 심장이 멈췄다는 가사가 있습니다. 돌이켜 보니 그때가 다른 사람들이 저를 어떻게 보는지 인식하고, 그들의 눈을 통해 저 자신을 보기 시작했던 때였던 것 같습니다. 밤하늘의 별을 바라보는 것을 멈췄고, 꿈꾸는 것을 멈췄습니다. 대신에 다른 사람들이 만드는 시선에 저 스스로 가뒀습니다. 이어 저는 자신의 목소리를 내는 것을 멈췄고, 다른 사람들의 목소리를 듣기 시작했습니다. 누구도 저의 이름을 불러 주지 않았고, 저조차도 저의 이름을 부르지 않았습니다.

저의 심장은 멈췄고, 저의 눈은 감겼습니다. 이런 것들이 우리와 다른 사람들에게 일어나고 있습니다.[1]

아홉 살, 자신의 목소리를 내는 것을 멈춰 버렸다는 RM의 어릴 적 모습은 지금 우리 아이들의 모습과 많이 닮아 있습니다. 우리 아이들은 부모나 사회의 기대, 시선, 평판에 부응하기 위해 자신의 목소리 내기를 멈췄습니다. 아무도 불러 주지 않는 자기 이름을 부르기 위해 애써 보지만 그 역시 주변의 기대와 의견을 만나면 쉽게 변해 버립니다. 자신이 상상하고 그리던 꿈을 이루는 대신 다른 사람의 기대에 맞춰 살려고 합니다. **다른 사람의 기대와 시선에 맞춰 살아가는 아이는 주어진 공부, 다른 사람이 살아간 길을 따라가기만 합니다.**

다른 사람의 길만 따라가니 직업을 얻어도 그 후에 어떻게 해야 하는지에 대한 자신만의 기준이나 방향성이 없습니다. 어렵게 얻은 직장도 가치를 모르니 쉽게 그만두기도 합니다. 취업플랫폼 회사 '사람인'이 2018년 300여 개의 기업을 대상으로 신입사원 평균 근속 연수를 조사한 결과, 평균 2.8년이라고 합니다. 2019년 통계청의 청년층 부가조사에서도 첫 직장 평균 근속기간은 1.5년에 불과했습

---

1 〈서울경제〉, 방탄소년단 유엔(UN)연설 데뷔··· RM, 7분간 뭉클한 메시지 전해, 2018.09.25.

니다. '자신의 목소리'를 낼 수 있을 때 가치와 방향성이 생기는데, 그런 경험을 해 보지 못한 아이들은 취업에 성공해도 다시 방황할 수밖에 없습니다.

자신의 목소리를 충분히 낼 수 있도록, 미래를 스스로 결정할 수 있도록 기회를 주어야 합니다. 자신은 어떤 사람인지, 자신의 가치는 무엇인지 스스로 질문을 던지며 생각할 수 있도록 옆에서 응원하고 격려해야 합니다. 다른 누군가가 바라는 일이 아닌, 자신이 하고 싶은 일이 무엇인지 알 수 있게, 마음을 들여다볼 수 있도록 도와야 합니다.

다음은 팀 페리스의 《타이탄의 도구들》에 나오는 문장입니다.

아이디어는 왜 필요한가요?
아이디어가 없으면 타인의 아이디어가 내 아이디어가 되기 때문입니다.
아이디어가 없으면 타인의 사명이 내 사명이 되고 말기 때문입니다.

아이디어를 '내 생각'으로 바꾸어서 다시 읽어 보겠습니다. 그리고 사명은 너무 거창하니 '삶'으로 바꾸어서 읽어 보겠습니다.

내 생각은 왜 필요한가요?
내 생각이 없으면 **타인의 생각**이 **내 생각**이 되기 때문입니다.

내 생각이 없으면 **타인이 추구하는 삶**이 **내가 추구하는 삶**이 되고 말기 때문입니다.

단어를 바꿔 읽어 보니 분명한 하나의 메시지가 보입니다. 자기 생각이 없는 사람은 다른 사람이 추구하는 삶을 자신이 추구하는 삶인 것처럼 착각하며 살아가게 된다고 말합니다. 우리 아이의 삶을 한번 떠올려 보면 좋겠습니다. 아이가 살고 싶은 삶은 정말 아이 자신이 원하는 삶일까요?

바쁜 일상 속에서 사람들은 생각할 시간이 부족합니다. 우리 자녀들은 학교 수업과 학원 일정으로 정신없이 지냅니다. 친구랑 맘껏 놀 수도 없고 공상과 상상에 빠질 시간도 없습니다. 바쁘게 살아가다 보니 시간이 부족하고 자신에 대해 온전히 생각할 기회도 없습니다. 자신이 무엇을 좋아하는지 고민해 볼 시간도, 자신이 어떤 일을 하며 살아가고 싶은지 생각할 시간도 없습니다.

'생각할 시간과 기회'가 없다면 누구도 자신을 온전하게 바라볼 수 없습니다. 바쁜 일상 속에서는 깊은 내면을 바라볼 수 없습니다. 자신에 대한 이해가 없으면 꿈꾸는 힘이 사라집니다. 다른 사람이 만든 길을 걸어갈 뿐입니다. 자신에 대한 고민 없이 선택한 진로 결정은 자녀가 선택한 길이 아닙니다. 주변 사람들의 말과 생각을 물려받은 다른 사람들이 선호하고 원하는 삶입니다.

아이 자신이 좋아하는 꿈을 찾기 위해서는 자기 생각을 가져야 합

니다. 그래야 드라마와 같은 주변의 유혹에 흔들리지 않고 자신의
길을 걸을 수 있습니다.

바로 지금, 내면의 소리에 귀 기울여 봐

초등학생에게 '자신이 좋아하는 꿈을 찾기 위해서 자기 생각을 가
져야 할 시간과 기회가 필요하다.'라고 말하면 이렇게 이야기하는
어른들이 있습니다.

"아직 어린데 뭘, 시간도 많고 기회도 많으니 걱정하지 마."

"벌써 그러면 아이가 너무 힘들어해, 그러니 그냥 내버려 둬."

얼핏 들으면 맞는 말 같기도 합니다. 그런 어른들에게 다시 물어
보고 싶습니다.

"그럼 자기 생각을 가져야 할 때는 언제일까요?"

분명한 시기를 말하는 사람도 있을 수 있고, 지금은 아니고 적당
한 때가 있다고 말하는 사람도 있을 수 있습니다. 그럼 다시 질문해
보겠습니다.

"그 시기가 오면 아이들에게 정말 생각할 시간과 기회가 생길까

요? 시간이 지나면 저절로 자신을 이해하는 힘과 능력이 길러질
까요?"

초등학생을 지나 중학생, 고등학생이 되면 지금보다 자기 생각을
가질 수 있는 시간과 기회가 늘어날까요? 대한민국 교육 구조상 중
학생, 고등학생이 될수록 입시를 준비하는 비중이 커지기 때문에
온전히 자기 자신에게 집중할 수 있는 시간은 없습니다. 중고생이
되면 입시로 인한 학업만으로도 무척 힘들고 바쁜 시기를 보내야 합
니다.

그렇다면 대학생이 되면 가능할까요? 각종 스펙과 어학연수, 취
업을 준비해야 하는 대학생도 자신의 눈앞에 펼쳐진 문제를 해결하
느라 여념이 없습니다. 취업이 당장 문제로 다가올 때 스스로 하고
싶은 일을 깊게 생각할 여유는 사라집니다.

시간이 문제를 해결해 주지는 못합니다. 시간이 지나면 스스로
꿈을 찾고 자기 생각으로 살아갈 거라는 믿음은 착각입니다. 삶의
여유와 특별한 기회가 있어야 자신을 볼 수 있습니다. 부모는 자녀
에게 시간과 기회를 제공할 의무가 있습니다.

자기 생각은 자신에 대한 깊이 있는 이해에서 비롯됩니다. 지금
부터 자녀가 생각하는 힘을 키우고 자신을 온전히 바라볼 수 있도록
도와야 합니다. 자신이 언제 행복한지, 무엇을 좋아하는지, 중요하

게 생각하는 것은 무엇인지 자기 인식의 시간을 줘야 합니다. 현재가 행복해야 미래도 행복할 수 있습니다. 현재 행복하게 느끼는 힘으로 미래를 펼쳐 갈 수 있습니다. 자신을 온전하게 바라봐야 다른 사람을 온전하게 바라봅니다. 자신에 대한 이해를 바탕으로 꿈을 꾸고, 그 꿈은 자신도 살리고 다른 사람도 살릴 수 있습니다.

내면의 소리에 귀 기울여야 하는 시기는 바로 지금입니다. 자기 이해는 자신의 마음에 대해 오랜 시간 관심을 가지고 관찰할 때 비로소 가능합니다. 수학 점수를 높이기 위해 좋은 학원을 찾아 주고, 원어민처럼 능숙하게 영어를 사용하기 위해 조기 영어교육에 관심을 가지는 만큼, 자녀가 온전히 자신의 내면을 바라볼 수 있도록 돕는 것도 중요합니다.

아이들이 자신이 언제 행복한지, 어떤 사람인지, 어떤 일을 좋아하는지, 무엇을 잘하는지에 대해 알아보는 시간을 가져야 합니다. 깊이 몰입했던 경험, 생각만으로 가슴 떨리는 일, 누가 시키지 않아도 마냥 좋아서 열심히 했던 일을 깨닫도록 도와야 합니다. 이러한 마음 상태는 한두 번의 짧은 수업이나 1박 2일 진로캠프로 이루어질 수 있는 것이 아닙니다. **지속적이고 끊임없는 자기 인식의 시간과 어른의 진심 어린 관심이 만나야 가능합니다.**

아이가 자신의 흥미와 적성, 행복, 가치에 대해 분명히 이해할 수 있도록 안내해 줄 사람이 필요합니다. 자기 생각을 가지고 주체적으로 삶을 살아 나가기 위해 아이들 곁에서 따뜻한 시선으로 바라보고 도와줄 든든한 지원군이 필요합니다. 무조건 믿어 주고 지지해 주는 한 명의 어른이 필요합니다. 부모가 제일 먼저 그 한 명이 되어야 합니다.

제 4 화

가슴 뛰는 꿈을 찾아 떠나는 여행

제로섬게임, 명사형 꿈의 함정

나의 꿈 '모델'

나는 모델이 되고 싶다. 예쁜 옷을 잔뜩 입고 사람들 앞에서 당당하게 걷고 싶다. 원래 옷에 관심이 많아 인터넷 쇼핑몰에서 예쁜 옷들을 많이 구경한다. 어느 날, 입고 있는 옷이랑 정말 잘 어울리는 예쁘고 마른 모델을 봤다. 그 모델을 보고 '나도 이 사람처럼 모델이 되고 싶다.' 라고 생각했다.

이후 모델이라는 직업에 관심이 생겨 모델에 대한 이것저것을 찾아봤다. 그러다 런웨이 영상을 보게 됐다. 워킹하는 장면이 너무 인상 깊었다. 나도 저런 옷을 입고 워킹하고 싶었다. TV 광고를 보면 상품보다는 모델한테 시선이 간다. 특히 표정을 많이 본다. 광고 모델을 따라한 적도 있다. 하고 난 뒤에 너무 웃겼지만 재미있었다.

나는 꼭 카메라 앞에서 예쁜 옷을 입고 활짝 웃고 싶다. 내가 옷을 입고 찍은 사진이 쇼핑몰에 올라가서 많은 사람이 옷을 사 주면 좋겠다. 모델이 된 나의 모습이 어떨지 궁금하다.

– 수현이(가명)의 일기

수현이(가명)의 일기입니다. 수현이는 친구들과 함께 있을 때 빛이 나는 아이입니다. 다른 친구의 부탁을 거절하지 못해 쩔쩔맬 정도로 착한 아이이고, 긍정적이고 재미있는 행동으로 친구들을 즐겁게 하는 아이입니다. 흥이 많아 음악이 나오면 항상 몸이 먼저 움직였고, 예상을 깨는 신기한 댄스로 친구들의 눈과 마음을 사로잡았습니다. 친한 친구들과 만든 '여자 4총사' 사이에서도 수현이는 항상 인기 있는 아이입니다.

수현이의 꿈은 모델입니다. 왜 모델이 되고 싶은지 이유도 분명했고, 자신이 어디에 관심이 있는지도 명확히 알고 있습니다. 모델이라는 직업에 단순히 호기심만 느낀 것이 아니라, 관심을 가지고 꾸준히 관련 영상을 찾아보며 자신이 하고 싶은 일에 대해 알아보는 실천력도 가지고 있습니다. 지금처럼 노력한다면 수현이는 자신의 꿈을 이룰 듯합니다.

큰 키와 날씬한 체형, 자신만의 워킹, 매력적인 표정, 패션 감각 등 모델이 되기 위해서는 여러 조건이 필요합니다. 미래에는 모델이 어떤 조건이 갖추어야 할지 잘 모르겠지만, 현재 수현이가 꿈꾸는 모델은 큰 키와 날씬한 체형이 필수 조건입니다. 다른 조건은 시간을 들여 노력하다 보면 나아질 가능성이 큽니다. 하지만 키와 체형은 생물학적 영향이 커 노력으로 이루어지기 힘들 수도 있습니다.

만약 수현이가 지금 이대로 성장이 멈추게 되면 어떻게 될까요? 현재 수현이는 성장이 더딘 상태입니다. 작년보다 올해는 많이 크지 않았습니다. 동생보다 키가 작은 것이 수현이의 가장 큰 스트레스일 정도입니다. 작은 키는 아니더라도 모델이 되기에는 부족해 보입니다. 성장이 멈춰 버린 수현이가 모델이라는 꿈을 앞으로도 계속 가질 수 있을까요?

수현이의 꿈은 '무엇인가가 되는 것'입니다. 그래서 그 끝은 꿈을 이루어 모델이 되거나 실패해 모델이 되지 못하는 두 가지 결과뿐입니다. 아이들이 꾸는 꿈이 성공 아니면 실패로 끝나 버리는 것이라면, 한정된 자리에서 누구는 성취하고 누구는 놓쳐 버리는 제로섬 게임이 될 수밖에 없습니다.

꿈을 이루기 위해 최선을 다해 노력하고 운이 좋아 적절한 신체 조건까지 갖추게 된다면 수현이는 원하던 모델이 될지도 모릅니다. 하지만 현재와 같이 꿈을 방해하는 장애물이 생겨나고 이를 극복하지 못한다면 모델이 될 수 없습니다. 만약 수현이가 모델로서의 꿈을 이루지 못하게 된다면, 자신의 꿈을 위해 얼마나 고민하며 노력했는지 사람들이 알아주지 않을지도 모릅니다. 아마도 꿈을 이루지 못했다는 실망과 허무함만 남은 채, 그동안 기울인 시간과 노력은 물거품처럼 사라져 버릴 것입니다.

꿈이란 성공하면 기쁘지만 실패하면 허망한, 그런 것이어야 하는 걸까요?

꿈 = 직업 이름?

돌잔치의 하이라이트는 돌잡이입니다. 돌잡이 상에는 여러 물건을 놓아둡니다. 첫째 아이 돌잔치의 경우, 마이크, 청진기, 돈, 판사봉 등을 놓아두었습니다. 돌잡이 물건의 대부분은 어른들이 선호하는 직업을 상징하는 물건입니다. 마이크는 연예인, 청진기는 의사, 돈은 부자, 판사봉은 법조인을 의미합니다. 첫째 아이는 돌잡이 때 판사봉을 잡았습니다. 사실 판사봉을 잡았다기보다는 너무 오래 물건을 잡지 못해 억지로 잡게 했습니다. 판사봉을 잡은 첫째 아이를 보며 우리 부부도 다른 부모들처럼 흐뭇해했습니다.

돌잔치부터 부모는 무의식적으로 아이가 무엇이 되기를 기대합니다. 건강하게 1년 동안 자라 줘서 고맙지만 조금씩 부모 욕심이 올라오기 시작하는 시점입니다. 자녀가 무엇이 될지 궁금하기도 합니다. 그래서 연예인, 의사, 자산가, 법조인 등 어른이 선호하는 직업을 미리 정해 놓고 그 안에서 아이가 선택하기를 기다립니다. 이때부터 우리 부모는 자녀의 꿈을 직업으로 생각하기 시작합니다.

돌잡이에는 부모로서 아이가 안정되고 행복한 삶을 살길 바라는 마음이 담겨 있습니다. 사회적으로 지위가 있고 존경받는 사람이 되기를 바라기도 합니다. 또 지금 우리 세대보다 더 나은 삶을 살길 바라는 애정 어린 마음이 담겨 있습니다. 자녀의 미래를 축복하고 기대하는 부모의 소중하고 고마운 마음이 담겨 있습니다.

하지만 아이의 꿈을 무의식적으로 직업으로 생각하고 있는 우리의 인식에 대해서는 한 번쯤 돌아보아야 합니다. 돌잡이부터 우리 부모는 아이들에게 '커서 무엇이 되어라!'라고 요구합니다. 부모의 무의식적인 요구에 자녀들은 꿈을 '내가 되고 싶은 것'으로 자연스럽게 받아들이게 됩니다.

교육부는 초등학교 6학년, 중학교 3학년, 고등학교 2학년을 대상으로 〈초·중등 진로 교육 현황조사〉를 매년 실시합니다. 시기나 대상에 따라 질문이 조금씩 차이가 나긴 하지만, 묻고자 하는 핵심 질문은 같습니다.

"희망하는 직업은 무엇입니까?"

학교, 청소년 교육기관, 대학, 심지어 교육부와 한국직업능력개발원과 같은 진로를 전문으로 연구하고 운영하는 국가기관까지 모두 꿈 교육을 직업 찾기로 바라봅니다. **꿈은 장래 희망이며, 희망 직업이라 생각합니다. 교사, 의사, 변호사와 같은 구체적인 직업 이름, 이렇게 직업으로 꿈을 표현하는 것을 '명사형 꿈'이라 합니다.** 미래에 이루고 싶은 이상이나 희망을 자신이 원하는 하나의 직업으로 표현하는 것입니다.

현재 초등 진로 교육은 심리검사 중심의 자기 이해, 직업 정보 제공, 간단한 진로 체험을 바탕으로 합니다. 개인에게 어울리는 직업을 찾아 주는 직업 매칭 방식이 주를 이룹니다. 전문가 특강, 1박 2일 꿈 캠프, 직업인 인터뷰, 창업 프로젝트 등 다양한 진로 프로그램들 모두 결국 학생들에게 어울리는 직업을 찾아 주려고 노력합니다.

대안이 없는 명사형 꿈

〈초·중·고등 진로 교육 현황조사〉에서는 초·중·고등학생의 진로 희망 TOP 10도 매년 공개합니다. 초·중·고등학생을 가리지 않고 항상 상위권을 차지하는 직업은 교사입니다. 교사라는 직업이 왜 매년 상위권을 차지할까요? 안정과 여유라는 가치를 중시하는 부모들의 영향, 아이들이 오랜 시간 옆에서 지켜볼 수 있는 친숙한 직업이기에 선호하지 않을까 추측해 봅니다.

우리나라에서 초등교사가 되기 위해서는 교원자격증이 필요합니다. 자격증은 전국의 교육대학이나 한국교원대, 이화여대, 제주대 초등교육과에서 교직과정을 이수하면 발급받을 수 있습니다. 만약 위의 방법으로 대학에서 교원자격증을 취득하지 못했다면 교육대학원에 진학하여 자격증을 취득할 수 있습니다.

교원자격증을 취득하고 나면 임용고시를 통과해야 합니다. 도시의 경우 경쟁률이 높아 쉬운 과정이 아닙니다. 초등 교원자격증을 취득한 임용고시 준비생들은 공립학교 교사 외의 특별한 다른 진로가 없어 대부분 시험에 응시합니다. 초등교사가 되는 길은 정해져 있습니다. 앞에서 설명하는 길 외에 다른 방법은 없습니다.

초등 교사뿐만 아니라 직업을 자신의 꿈으로 품고 사는 사람들은 모두 자신이 되고자 하는 길이 이미 정해져 있습니다. 자신이 원하는 직업을 위해 필요한 교육 과정과 관련 자격증도 정해져 있습니다. 다른 길은 없습니다.

경기대학교 청소년학과 이광호 교수는 '명사형 꿈'은 꿈을 원인과 결과로 보는 생각 때문에 만들어졌다고 말합니다. 직업을 얻기 위해 노력하는 과정을 원인, 직업을 갖게 된 것을 결과로 단순하게 바라본 결과입니다.

교사가 되는 것을 목표로 삼았다면 이는 자신이 이루고 싶은 최종 결과를 목표로 삼은 것이고, 교육대학 입학이나 교원자격증 취득, 임용고시 합격 등 교사가 되기 위해 준비하는 과정을 원인으로 볼 수 있습니다. 이 모든 것은 장래 희망이라는 한 가지 직업을 찾는 것에 초점이 맞추어져 있습니다. 이는 명사형 꿈을 찾는 과정입니다.

현재 진로 교육은 꿈을 원인과 결과로 단순하게 바라봅니다. 직업을 선택하는 것부터 진로 교육이 시작되는 것이 현실입니다. 직업을 선택하면 직업을 얻기 위한 목표 대학을 결정합니다. 대학에 입학하기 위해 성적과 다양한 비교과 활동을 준비합니다. 목표가 정해져 있으니 다른 길, 다른 생각, 다른 방향에 대해서는 고민하지 않습니다. 직업을 얻으면 꿈을 이룬 것이고, 직업을 얻지 못하면 꿈을 이루지 못했다고 단순하게 바라봅니다.

다른 길, 다른 방향에 대해 고민하지 않았기에 꿈을 이루지 못하면 앞으로 무엇을 해야 할지 생각할 수 없습니다. **한번 목표가 정해지면 바꿀 수 없는 꿈, 가야 할 길이 하나밖에 없는 외길인 꿈, 우리 아이에게 이런 꿈을 꾸게 하는 것이 과연 옳을까요?**

명사형 꿈, 이제는 벗어나야 할 때

수업하다 보면 여러 가지 이유로 수업 시간에 진도를 다 나가지 못하는 경우가 발생합니다. 이때는 정해진 성취 기준과 수업 목표에 도달하기 위해 정신없이 내 설명만 하다 보니 아이들이 수업 내용을 이해했는지, 어려워하는 부분은 어디인지, 힘들어하는 아이는 누구인지 볼 여유가 없습니다.

꿈도 마찬가지입니다. **하나의 직업을 목표로 정하고 이를 이루기 위해 정신없이 달려가다 보면 '생각이 바뀐 나', '좋아하는 것이 달라진 나', '가치관이 변한 나'에 대해 돌아볼 여유 없이 그냥 지나쳐 버립니다.** 처음에 세웠던 목표를 다시 돌아볼 여유 없이 성공을 향해 달려갑니다.

〈초 · 중 · 고등 진로 교육 현황조사〉에서 매년 조사하는 초 · 중 · 고등학생의 진로 희망 TOP 10안에 교사, 공무원, 경찰, 군인과 같은 전통적인 선호 직업이 오랫동안 차지하고 있습니다. 또 입시와 진학에 매진하며 학교생활을 하다 보니 생각이나 가치관, 흥미가 달라진 자신을 마주할 여유가 없습니다. 여유가 없기에 옆을 볼 자유도 없고 숨겨진 잠재력을 발휘하지 못합니다. OECD 교육국장 안드레아스 슐라이허도 2020년 세계경제포럼에서 다음과 같이 우려를 표하였습니다.

"10대가 디지털화의 결과로 떠오르는 새로운 유형의 일자리를 무시하거나 알지 못한다. 이전보다 더 많은 아이가 교사, 변호사 또는 비즈니스 관리자와 같이 현재 가장 인기 있고 전통적인 직업의 범위에서 직업을 선택하는 것처럼 보여 우려스럽다. 자신의 삶에서 마주할 많은 문을 너무 일찍 닫고 있다."[2]

스포츠 브랜드 나이키의 최대 경쟁사는 어디일까요? 같은 스포츠 브랜드 회사인 아디다스일까요? 아닙니다. 게임회사 닌텐도라고 합니다. 과거 컴퓨터 게임이 없던 시절, 아이들 최고의 놀이는 축구와 농구와 같은 운동이었습니다. 지금은 어떠한가요? 운동하지 않는 아이는 있어도 게임하지 않는 아이는 찾아보기 힘들 정도입니다. 게임으로 인해 운동하는 아이들이 과거보다 많이 줄었고, 이에 나이키의 최대 경쟁상대는 동종업계인 아디다스가 아니라 닌텐도라는 게임회사가 되었습니다.

그럼 세계 최고의 호텔로 유명한 힐튼 호텔의 경쟁 상대는 어디일까요? 세계 유수의 다른 체인 호텔일까요? 아닙니다. 힐튼 호텔의 최대 경쟁 상대는 바로 에어비엔비(Airbnb)라고 합니다. 정확하게 말하면 에어비엔비에 숙소를 제공하는 전 세계 사람이 힐튼 호텔의 경쟁 상대라고 말할 수 있습니다.

우리나라 택시 업계의 경쟁 상대는 누구일까요? 처음에는 기술플랫폼 회사 우버, 그다음은 IT 회사인 카카오(택시), 마지막은 모빌리티 플랫폼 회사 '타다'였습니다. 앞으로 누가 누구의 경쟁 상대가 될

---

2 이광호, 《아이에게 동사형 꿈을 꾸게 하라》, 보랏빛소, 30쪽.

수 있는지 예측하기 점점 어려워집니다.

　명사형 꿈은 변화의 속도가 느린 시대에는 괜찮았습니다. 원인과 결과의 관계를 분석하여 미래를 예측할 수 있던 시대에도 괜찮습니다. 미래를 예측할 수 있다면 직업을 목표로 삼아 꿈을 이루기 위해 계획을 세우고 실천하여 성취하는 것도 좋은 방법이 될 수 있습니다. 목표를 정하고 계획을 세우고 실천하는 방식은 무언가가 되기에는 가장 효율적인 방법입니다.

　그러나 미래는 누가 경쟁 상대가 될지 예측할 수가 없는 사회입니다. 원인과 결과의 관계를 분명하게 밝힐 수도 없고, 변화의 속도와 정도도 가늠할 수 없습니다. 하나의 직업을 꿈꾸며 미래 사회를 준비하는 것은 이제 어리석은 행동입니다. 명사형 꿈으로는 자녀의 미래를 이끌 수 없습니다.

제5화

대학 넘어 세계를 찾아
떠나는 여행

'대학 이름'만 남는 아이들

'○○이는 연세대, □□이는 서울대, 근데 ◇◇이는 고려대 떨어
짐' 입시가 끝난 후 고3 교실에서 흔히 볼 수 있는 대화 모습입니다.

'너 어느 대학 들어갔어?', '저 이번에 한양대 합격했어요.'

대학 발표가 끝난 다음 해 설날, 가정에서 흔히 볼 수 있는 풍경
이기도 합니다. 이런 풍경이 어떻게 느껴지나요?

초등 6년, 중·고등학교 6년, 모두 합해 12년의 교육 활동을 마
칠 때쯤 아이들은 대학의 최종 관문인 수능을 봅니다. 수능이 끝나

고 학교와 가정에서 나누는 아이들의 대화 속에서 '아이'는 '대학 이름'으로 불립니다. 자연스럽고 당연한 모습입니다.

십수 년의 긴 배움의 과정을 거친 후, 교실이나 가정에서 누가 어느 대학에 갔는지에 대해 얘기합니다. 대학에 떨어진 아이들과 이름을 밝히기 힘든 대학에 들어간 아이들도 있습니다. 이런 아이들과 그들의 부모는 남들에게 내세울 만한 대학에 들어가지 못했다는 이유로 주눅 들고 부끄러워합니다. 학생이 대학 이름으로 불리고, 대학에 들어가지 못한 상황을 부끄러워해야 하는 상황을 자연스럽게 여기는 것이 정말 당연한 모습일까요?

대학 입시가 끝나면 유명 입시학원 입구에는 학생 이름과 함께 그 학생의 진학한 대학 이름이 적힌 현수막이 내걸립니다. 특목고, 자사고, 국제고도 예외는 아니며 심지어 일반 국공립 고등학교의 정문에도 현수막이 걸려 있습니다. 이런 모습은 정말 당연한가요? 12년간의 교육 이후 아이들과 가장 먼저 나누는 대화가 대학 이름이라면 우리 교육 현실이 너무 안타깝진 않은가요? 학교에서 하는 일이 대학 이름이 적힌 현수막을 거는 일이라면 우리 교육은 너무 허망하게 느껴지기도 합니다.

명문 대학 출신이 돈을 많이 버는 사회 구조 속에서는 대학은 여전히 중요할 수밖에 없습니다. 하지만 그것을 전부처럼 바라보는 현실은 받아들이기 어렵습니다. 대학이 중요하지만 12년 교육의 결과를 대학 이름으로 단순히 바라보는 현실은 안타깝습니다.

아이들의 삶을 온전히 바라보기 위해서 아이들이 어떻게 성장해 왔고, 무엇을 좋아하며, 앞으로 하고 싶은 일은 무엇인지에 대한 이야기를 나누는 것이 필요합니다. 하지만 그런 대화는 현실에서 거의 존재하지 않습니다. 명문 대학의 이름을 갖기 위해 치열하게 살아가는 아이들의 삶을 보며, 대학 이름이 아이들의 삶과 미래를 결정하게 될 것이라 믿는 사회의 모습이 너무 안타깝습니다.

진로 교육은 대학 입시 교육이다?

우리나라 교육 환경 속에서 진로 교육은 어떻게 받아들여지고 있을까요? 학생, 교사, 학부모 모두가 입시를 준비하는 중·고등학생을 대상으로 하는 진학 지도라 믿는 듯합니다. 대한민국의 교육을 책임지고 준비하는 교육부, 그리고 시·도의 공교육을 총괄하고 있는 시·도교육청은 어떨까요?

우리나라 교육의 전체적인 틀을 관장하는 교육부와 민선으로 뽑은 교육감이 이끄는 시·도 단위의 교육청은 진로 교육에 있어 진로와 관련된 교육 목표를 설정하고, 정책을 만드는 일을 합니다. 그리고 이러한 교육 목표와 정책은 시·군·구 단위의 교육지원청으로 전달, 관련 정책을 실행합니다. 따라서 현장 교육에 영향을 주는 교육지원청의 업무 조직도만 보아도 진로를 어떻게 바라보는지 분명히 알 수 있습니다.

시·군·구 단위의 지역교육청에서 진로 교육을 담당하고 있는 부서는 대부분 '중등지원교육과'이며, 중등 교사 출신의 장학사가 관련 업무를 맡고 있습니다. 또 한 학기 또는 두 학기 동안 아이의 소질과 적성을 키울 수 있는 체험 활동 중심의 교육 과정을 운영하는 '자유학기제'도 중학교에서 시행하고 있습니다. '자유학기제'는 기존의 지식·경쟁 중심에서 벗어나고 학생 참여형 수업을 통해 학생들의 끼와 꿈을 찾는다는 점에서 의미 있는 제도이지만, 그 대상은 중학생 한 학년으로 한정되고 있고, 다양한 체험 활동을 특정 직업이나 대학과 연계하여 진학 중심으로 이루어지고 있습니다.

초등에도 자유학기제의 좋은 취지를 담은 '진로 교육 집중 학년·학기제'[3]를 도입하기도 했습니다. 하지만 일부 연구학교와 시범학교에서만 이루어지고 있을 뿐 일선 현장에서는 거의 찾아보기 힘듭니다. 이런 진학 지도 중심의 진로 교육은 교육의 주체인 아이, 학부모, 교사뿐만 아니라 사회 전체가 '진로 교육 = 대학 입시 교육'이라는 좁고 얕은 생각을 가지게 합니다. **아이의 꿈을 찾는 진로 교육**

---

[3] 진로 교육 집중 학년·학기제는 초·중등 학생들에게 실질적인 진로 교육 및 진로 체험의 기회를 제공하기 위해 특정 학년 혹은 학기를 정하여 진로 체험 교육 과정을 집중적으로 운영하는 제도이다.

이 상급 학교를 잘 진학하기 위한 수단으로 사용되는 현실이 안타깝습니다.

꿈과 대학, 수단과 목표가 뒤바뀐 현실

2019년까지 초등학교 학생생활기록부에는 '진로 희망'을 의무적으로 기록해야 했습니다. 한때는 과학자가 아닌 물리학과 교수, 디자이너가 아닌 패션디자이너, 교사가 아닌 국어 교사로 진로 희망을 구체적으로 적어야 한다는 지침까지 있었습니다. 아직 무엇이 될지 깊게 생각도 해 보지 못한 아이들에게 진로 희망을 명확하고 구체적으로 정하는 일은 무척이나 힘들고 어려운 일입니다.

진로 희망 때문에 더욱 곤란한 일을 겪는 곳은 고등학교입니다. 현 대입에서 수시의 비중은 70%가 넘는다고 합니다. 수시에서도 학교생활기록부 종합전형이 20% 넘게 차지합니다. 이 전형은 학교생활기록부에 적힌 창의적 체험 활동, 교과학습 발달 상황, 행동 특성 및 종합 의견 등을 종합적으로 평가하여 학생을 선발하는 방식입니다.

이때 진로 희망이 중요한 역할을 합니다. 원하는 대학과 학과에 관심 있는 지원자로 보이기 위해서는 자신이 그 전공을 위해 얼마나 오랫동안 준비했었는지 보여 주어야 하기 때문입니다. 그래서 진로 희망이 중간에 바뀌거나 '진로 희망이 없다.'라고 쓰면 입시에 불리하게 작용합니다. 이 때문에 진로 희망은 아이들에게 희망이 아닌 고통이 되기도 합니다.

이러한 점을 잘 파고드는 것이 입시 컨설팅 회사업체입니다. 입시 컨설팅 회사가 잘 알려진 것은 2019년에 방영된 드라마 〈스카이캐슬〉 때문입니다. 우리나라 대학 입시와 사교육의 현실, 자녀를 명문 대학에 보내고자 하는 상류층의 욕망이 잘 드러나 있습니다. 그 당시 사람들은 만나면 〈스카이캐슬〉에 대해 이야기했고, 교사와 학부모는 더욱더 이 드라마에 주목했습니다. 일부 과장된 부분을 제외한다면 입시의 치열한 경쟁 모습을 잘 담아냈다며 사교육과 입시컨설팅 회사도 현실을 담은 드라마의 내용을 인정했습니다.

"고등학교 3년간 적어 낸 진로 희망이 모두 다르면 어떻게 하나요?"라는 한 학생의 질문에 어떤 입시 컨설팅 회사업체는 진로 희망은 3년 내내 같아야 한다고 말하고, 또 다른 업체는 꿈이 바뀌는 과정이 설득력만 있다면 오히려 가산점을 받을 수 있다고 말합니다. 만약 서로 다른 컨설팅 결과를 받게 된다면 부모님은 어떤 선택을 하시겠습니까? 아마도 서로 다른 조언에 혼란스럽기만 할 것입니다. 컨설팅을 받았는데도 명확한 해결책으로 느껴지지 않을 것입니다.

같은 질문에 다른 해결책을 제시하지만 두 업체 모두 입시를 위해 꿈을 이용한다는 공통점이 있습니다. 이들에게 아이의 꿈은 입시를 위한 수단이고 도구일 뿐입니다. **꿈을 이루기 위해 공부하고 대학을 준비하는 것이 아니라, 대학에 가기 위해 꿈을 이용합니다.** 꿈은 단지 대학을 위해 필요한 수단일 뿐입니다.

꿈이 입시 수단으로 받아들여지고 있는 현실 속에서 아이들에게 진짜 꿈을 찾아 주기 위해 부모는 어떻게 해야 할까요?

꿈 찾는 자녀가
그리는 세상

제 1 화

일상을 관찰해서
행복 찾기

어른과 아이가 생각하는 행복의 개념

상쾌한 바람이 부는 아침에, 한껏 여유 부릴 때

유난히 안색이 좋아 뭘 입어도, 다 잘 어울리고 다 예뻐 보일 때

좋아하는 노랠 들으며 걸어갈 때, 시간 맞춰 버스를 탈 때

유난히 사람이 많은 출근길, 딱 내 앞에서 자리 났을 때

예상대로 일이 술술 풀려 갈 때, 이제부터 뭐든 내 멋대로 맘먹을 때

아주 맛있는 걸 먹었을 때, 세상에나~! 힘도 안 줬는데 쾌변

오! 보너스 휴가 떠날 때, 사랑하는 그대도 함께

모두 상상만 해도 정말 기분 좋아,

잊지 말고 Happy Happy Things!

– 제이레빗의 〈Happy Things〉 1절 가사

아이들과 행복에 관한 이야기를 나눌 때 듣는 노래입니다. 아직 들어 보지 못했다면 먼저 노래부터 들어 보세요. 일상의 소소한 행복을 담은 노래입니다. 이 노래는 신나고 가볍고 경쾌합니다. 그래서 이 노래를 들으면 행복이란 신나고 가볍고 경쾌한 것처럼 느껴집니다.

행복에 대해 질문할 때 보통 '언제 행복하세요?'라고 묻습니다. 왜 '언제?'라고 물을까요? 〈Happy Things〉에서도 '~때'가 많이 등장합니다. '사랑하는 그대도 함께'라는 문장을 제외하면 모두 행복한 순간을 가사에 담았습니다. 질문으로부터 생각해 보면 행복은 시간과 관련이 높은 듯합니다.

그렇다면 행복은 무엇일까요? 가볍고 경쾌한 것 같은 느낌일까요? 아니면 순간과 때를 나타내는 시간의 개념일까요?

◆ 행복(幸福) 1. 복된 좋은 운수 ◆

사전에 제시된 행복에 대한 첫 번째 뜻은 '우연히 찾아오는 복'입니다. 행복(幸福)은 '우연'에 해당하는 행과 '복' 복 자가 합쳐진 말입니다. 한마디로 운수가 좋은 일이라 할 수 있습니다. 제이레빗의 노래에서도 '유난히 사람이 많은 출근길, 딱 내 앞자리에서 자리가 날 때'처럼 사소한 행운 덕분에 행복을 느낀다고 표현합니다.

서울대학교 행복연구센터 센터장 최인철 교수의 저서《굿 라이프》는 행복이 '우연이 찾아오는 행운'으로 해석될 수 있는지 알려 줍니다. 30개 국가의 사전을 분석하여 행복이 행운의 요소를 포함하고 있다는 것을 설명해 줍니다. 예를 들어 독일어 Glück, 프랑스어 Bonheur, 이란어 Khoshali 등이 모두 행운의 요소를 담고 있다고 말합니다.

행복이 행운을 포함하고 있는 이유는 옛날에는 자연재해로 언제 불행해질지 몰라 평안하게 사는 것을 행복이라고 보았기 때문이라고 합니다. 가뭄, 홍수, 지진 등과 같은 자연재해와 천연두, 홍역, 콜레라와 같은 전염병이 언제 닥칠지 몰라 항상 불안한 삶을 살았다고 합니다.

◆ 행복(幸福) 2. 생활의 만족과 삶의 보람을 느끼는 흐뭇한 상태 ◆

사전에 제시된 행복의 두 번째 뜻은 생활과 삶에 대한 만족과 보람, 이를 느끼는 흐뭇한 상태라고 말합니다. 소소하지만 확실한 행복을 뜻하는 '소확행'을 떠올리면 이해가 쉽겠습니다. 행복을 연구

하는 심리학자들은 행복 대신 '주관적 안녕감(subjective well-being)'
이라 부르기도 합니다. 어려운 용어 같지만 사실 간단합니다. 사
전적 의미 그대로 개인의 주관적인 만족을 뜻합니다. 〈Happy
Things〉의 가사 중 '유난히 안색이 좋아 뭘 입어도, 다 잘 어울리고
다 예뻐 보일 때', '예상대로 일이 술술 풀려 갈 때, 아주 맛있는 걸
먹었을 때'를 떠올려 보면 생활의 만족을 느끼는 상태가 행복임을
알 수 있습니다.

그렇다면 아이들이 생각하는 행복은 무엇일까요? 행복의 첫 번째
정의와 두 번째 정의 중 어느 쪽이 더 아이들이 생각하는 행복일까
요?
행복에 대해 그린 한 아이의 마인드맵입니다. 아이는 행복을 먹
고 싶은 거 먹을 때, 여행 갈 때, 핸드폰 할 때, 숙제 안 할 때 등 **자
신의 삶에서 만족스러운 순간, 상태를 행복으로 생각하고 있음을
알 수 있습니다.** 만족스러운 순간과 상태를 나타내지 않은 것은 단
한 가지 '가족'밖에 없습니다. 행복과 가족이 어떤 연관이 있는지 물
어보니 함께 있으면 즐겁다고 말합니다. 아이들 대부분 즐겁고 만
족스러운 상태를 행복이라고 생각했습니다. 아이들은 두 번째 정의
인 즐거운 경험, 그 순간과 상태를 행복이라 생각했습니다.

서울대 행복연구센터에서는 매년 교사들을 대상으로 '행복 수업'

[행복 마인드맵]

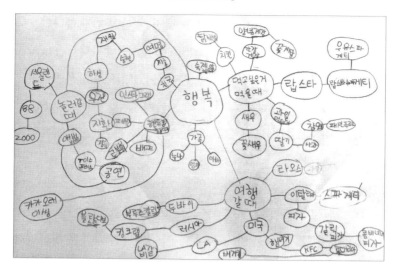

이라는 연수프로그램을 운영하기도 합니다. 학교에서 행복에 대해 정식으로 배우지 못하는 아이들에게 '행복 교과서'를 만들어 '행복'이 무엇인지 체계적으로 가르쳐 주고자 만든 교사 연수 프로그램입니다. 이때 성인인 교사를 대상으로 언제 행복한지 묻는 과정이 있습니다. 교사 대부분은 나와 가족이 건강한 것, 남편 사업이 잘되는 것, 돈을 많이 버는 것, 좋은 사람과 결혼하는 것, 갖고 싶은 옷과 물건을 사는 것 등을 이야기합니다.

교사의 대답을 자세히 살펴보면 아이들 대답과는 좀 다르다는 것을 알 수 있습니다. 어른인 교사는 특정 조건이 갖추어질 때 행복을 느낀다는 것을 알 수 있습니다. 나와 가족이 건강해야 행복하고, 남편 사업이 잘되어 돈을 많이 벌어야 행복하다고 말합니다. 좋은 사람과 결혼해야 행복하고, 갖고 싶은 옷과 물건을 사야 행복하다고 말합니다. 즉, 어른이 생각하는 행복은 일정 조건을 갖춰야 한다고 볼 수 있습니다.

어른들은 '좋은 성적을 얻을 때', '좋은 대학에 갈 때', '안정적인 직장을 가질 때' 행복하다고 생각합니다. 반면에 아이들은 '맛있는 것 먹을 때', '친구들이랑 축구 할 때', '재미있는 영화 볼 때' 행복합니다. 어른들이 행복을 생각할 때엔 조건과 미래를 생각하지만, 아이들은 현재의 삶과 지금 이 순간을 생각합니다. 행복에 대한 개념부터 다르기에 서로 공감하며 대화하기 어렵습니다.

누가 더 지혜롭다고 말할 수 있을까요? 노자는 미래를 살면 항상 불안하고, 현재를 살면 평안하다고 했습니다. 옛 고전을 찾아 읽고 지혜를 얻으면 얻을수록 아이들이 생각하는 행복의 개념이 더욱 현명하다는 것을 깨달을 수 있습니다.

행복에 대한 오해: 행복은 하나의 감정이다?

행복을 단순히 하나의 감정이라고 생각하면 오해가 생길 수 있습니다. 기쁨, 즐거움, 신남, 재미 등과 같이 행복을 별개의 감정이라 생각하기도 합니다. 아이들은 '재미있어요, 즐거워요, 신나요.'라는 표현을 자주 말하지만 '행복해요'라는 표현을 거의 사용하지 않습니다. '행복하다'라는 표현보다는 다른 감정 단어를 사용합니다.

행복은 홀로 따로 존재하는 개별적인 감정이 아닙니다. 기분 좋게 하는 모든 감정을 행복이라 할 수 있습니다. '생활의 만족과 삶의 보람을 느끼는 흐뭇한 상태'인 행복의 정의로 비추어 볼 때, 행복은 생활의 만족이나 삶의 보람을 가질 때 느끼는 다양한 감정이라 말할 수 있습니다. 부모에게 칭찬받아 기쁠 때도 기분이 좋고, 새로운 현장체험학습 가서 신이 날 때도 기분이 좋고, 수업이 즐겁고 재미있어서 기분이 좋을 수 있습니다. 기분 좋은 감정이 여러 가지인 것처럼 행복을 나타내는 감정도 여러 가지로 표현할 수 있습니다.

심리학에서 행복을 측정할 때 가장 빈번하게 사용하는 방법으로 PANAS(positive and negative affect schedule)가 있습니다. PANAS는 일정 기간 동안 한 개인이 경험한 긍정 감정과 부정 감정의 정도를 측정하는 방법입니다. 여기에 포함되는 긍정 감정과 부정 감정은 10가지는 다음과 같습니다.

PANAS의 감정 목록에는 '행복'이란 감정이 없습니다. 더욱 놀라운 것은 행복을 측정할 때 긍정 감정뿐만 아니라 부정 감정까지 조사한다는 사실입니다. 긍정적인 감정으로 가득할 거라 여겼던 행복은 사실 부정적인 감정도 포함합니다. 행복은 단순히 단 하나의 감

[PANAS 감정 목록]⁴

긍정 감정	부정 감정
관심 있는 신나는 강인한 열정적인 자랑스러운 정신이 맑게 깨어 있는 영감받은 단호한 집중하는 활기찬	괴로운 화난 죄책감이 드는 겁에 질린 적대적인 짜증 난 부끄러운 두려운 조바심 나는 불안한

정이 아니라 긍정 감정과 부정 감정에 종합적으로 영향을 받는다고 할 수 있습니다. 부정적인 감정보다 긍정적인 감정이 삶에 더 영향을 끼칠 때 행복을 느낀다고 말할 수 있습니다.

행복에 대한 감정이 단일 감정이 아니라는 것을 알고 나면 행복에 대한 오해를 풀 수 있습니다. 재미, 즐거움, 신남과 같은 단편적인 감정뿐 아니라 좋아하는 수업에 집중하는 것, 호기심이 생기는 어떤 프로젝트에 관심 가지는 것, 주어진 과제를 열정적으로 수행하는 것 등에서 느끼는 몰입, 열정, 호기심도 모두 행복으로 해석할 수 있습니다.

---

4 최인철, 《굿라이프》, 21세기북스, 36쪽.

자녀가 행복을 누리지 못한다면 '행복에 이르는 길은 정해져 있다'라고 생각하기 때문일 수도 있습니다. 사실 우리 부모도 행복에 영향을 끼치는 감정과 다양한 길을 잘 모릅니다. 그래서 자신이 행복하다 여기는 몇 가지 방법을 유일한 길로 정해 놓고 자녀도 그 길을 따르라고 말합니다. 부모도 찾지 못한 행복의 길을 자녀에게 안내해 주니 함께 길을 헤매게 될 뿐입니다.

행복은 일상에서 벗어난 특별하고 우연적인 것이 아닙니다. 좋은 기분과 만족을 나타내는 감정이 행복이라면 행복은 우리 일상 속에서 무수히 느낄 수 있습니다. 자녀와 함께 행복을 경험하고 편견과 오해를 깨고 긍정 경험을 나눠야 합니다. 행복에 대한 다양한 감정을 인정하고, 부정적인 경험보다 긍정적인 경험을 나눠야 합니다. 일상 속에서 경험할 수 있는 다양한 행복의 감정부터 공유해 봅시다.

관심과 행복의 상관관계

부모들은 자녀가 느끼는 행복은 순간적이고 깊지 않을 거라 오해합니다. 아이는 아이스크림을 먹을 때, 좋아하는 영화를 볼 때, 현장체험학습을 갈 때 행복을 느낄 수 있습니다. 아이에게 언제 행복하냐고 물으면 대부분 이런 소소한 순간을 말합니다. 그래서 부모는 자녀가 순간적이고 깊이가 얕은 행복만 느낄 수 있을 거라 오해합니다.

매년 학교에서 학급 아이들과 사회적 가치를 실천하는 다양한 프로젝트를 추진합니다. 프로젝트를 진행하는 동안 아이들이 성취감과 자랑스러움, 신남과 열정 같은 긍정 감정을 느끼는 것을 목격했습니다. 어려운 계층을 돕기 위해 마라톤에 참여하고, 편식 문제를 해결하여 학교 급식문화를 바꾸었습니다. 잃어버린 마을의 이야기를 찾아 영화로 만들어 마을 사람들에게 알리는 공익적 활동에도 아이들은 행복을 느꼈습니다. 순간적이고 단편적인 개인적 감정이 아닌 다른 사람을 위해 오랜 시간 자신을 희생하고 노력해야 하는 상황에서도 아이는 행복을 느꼈습니다.

어린이는 순간적이고 얕은 감정만 느낄 거라 믿는 것은 편견입니다. 아이들에게도 기회만 주어진다면 배움의 즐거움, 성취의 뿌듯함, 다른 사람의 행복을 위해 배려하고 봉사하며 얻는 깊이 있는 행복도 느낄 수 있습니다. **아이가 지속적이고 깊이 있는 행복을 느끼지 못했던 이유는 특별한 교육 경험이 없었기 때문입니다.**

'관심 있는(interested)'

PANAS의 감정 목록에서 가장 주목하는 단어입니다. 특정 대상에 관한 관심으로 그 이외 다른 대상이 눈과 귀에 들어오지 않을 때, 우리는 흔히 '뭐 하나에 꽂혀 있다.'라고 합니다. 무엇인가에 꽂혀 있는 사람은 다른 사람의 시선을 신경 쓰지 않습니다. 무엇인가에 관한 관심으로 몸과 마음이 가득 차 있어 다른 대상이 들어올 틈이 없습니다. 대상에 관한 관심으로 머릿속이 가득할 때, 이들은 행복하다고 말합니다. 아이가 무엇인가에 '꽂혀 있다'는 것, 아이에게 관심을 가질 대상이 있다는 것, 무엇에 관심을 가지고 오랜 시간 몰입할 수 있다는 것은 멋진 일입니다. **관심이 있는 대상을 찾는다는 것은 자신이 하고 싶은 일을 하며 사는 것과 연결되기 때문입니다.**

'나는 행복한가?'에 대한 질문은 '나는 무엇인가에 관심이 있는가?'라는 질문과 같습니다. 자녀가 하나쯤 관심 있는 것이 있다면 행복한 삶을 살고 있다고 말할 수 있습니다. 무엇에 관심 있는지도 모르는 아이는 불행할 확률이 높습니다. **'아이는 행복한가?'**라는 질문은 **'아이는 관심 있는 무엇이 있는가?'**라는 질문으로 바꿀 수 있습니다.

내 아이의 행복 찾기 첫걸음, 관찰

"껍질이 주황색 점과 노란색 점들의 무수한 결합으로 이루어져 있다. 꼭지 부분은 초록빛 별 모양이다. 아래쪽은 비교적 평평하고 위쪽은 동그스름하다. 손으로 까면 껍질과 알맹이를 분리할 수 있지만, 하얀 실 같은 것이 알맹이에 많이 붙어 있다. 이것의 정체는 무엇일까?"

국어 시간에 했던 '말로만 설명해요' 놀이할 때 아이들이 냈던 문제입니다. '말로만 설명해요'는 대상의 실제 모습이나 사진에 대한 설명을 듣고 그 대상이 무엇인지 맞히는 놀이입니다. 우선 설명을 할 아이가 한 명 나와 교사가 보여 주는 그림을 보고, 말로만 자세히 설명합니다. 친구들은 그 설명을 듣고, 그 대상이 무엇인지 맞히는 놀이입니다. 5학년 국어 시간, 설명하는 것을 잘 이해하게 하려면 어떻게 해야 할지 고민하다 만든 놀이입니다.

이 문제에 대한 답은 무엇일까요? 정답은 귤입니다. 그 당시 아이가 귤의 색과 모양, 껍질과 알맹이까지 분리하는 상황까지 가정하여 자세하고 구체적으로 묘사해서 무척 놀랐습니다. 아이가 자세히 묘사한 '귤'은 국어 시간 좋은 설명 소재도 되기도 하지만, 잘만 활용한다면 자신의 행복을 찾을 수 있는 훌륭한 도구가 되기도 합니다. 행복을 찾을 수 있는 도구, 귤을 가지고 다음과 같이 한번 해 보세요.

나의 행복 찾기

1. 귤 상자에서 귤을 하나 선택합니다.
2. 선택한 귤 바닥에 자신을 행복하게 하는 단어 1가지를 적습니다.
   (귤을 꼭지가 있는 부분으로 놓았을 때 바닥에 적힌 글씨가 보이지 않도록 합니다. 나를 행복하게 하는 것이 떠오르지 않으면 '행복'이라고 써도 됩니다.)
3. 단어가 적힌 귤을 상자에 다시 넣고 자유롭게 섞은 후, 그 귤을 찾아봅니다.

행복하게 하는 단어를 적은 귤을 찾을 수 있을까요? 당연히 어렵습니다. 수십 개의 귤 사이로 섞여 들어간 자신의 귤을 찾는 건 사실상 불가능한 일입니다. 이 경우 아이들 대부분은 자신의 귤을 찾지 못합니다. 그럼 다음 과정을 하나만 추가해 다시 한번 귤을 찾아보도록 합니다.

> 단어가 적힌 귤을 상자에 넣기 전, 1분 동안 단어가 적힌 귤을 자세히 관찰하도록 합니다. 손으로 만지거나, 특별한 표시를 하지 않도록 합니다. 오로지 눈으로 관찰하도록 합니다. 모양, 색깔, 특정 무늬, 꼭지 모양, 상처 난 부분 등을 살펴보도록 합니다.

단순히 1분 동안 귤을 관찰하도록 하는 것만 추가했습니다. 결과는 어땠을까요? 9년 동안 학급의 아이들을 대상으로 적용해 본 결과, 귤을 1분 동안 관찰한 첫 번째 시도에서는 3분의 2 이상이 자신의 귤을 찾았고, 시도가 거듭될수록 100%에 가깝게 아이들이 자신의 귤을 찾았습니다. 단지 1분만 관찰했을 뿐인데, 결과는 하늘과 땅 차이입니다. 자녀와 꼭 한번 해 보길 바랍니다. 실제 해 보면 '이게 정말 될까?'에서 '이게 정말 되네!'로 바뀝니다. 한번 경험하고 나면 이를 다른 사람과도 함께 나누고 싶어집니다.

귤을 만지지도, 특별한 표시를 해 둔 것도 아닙니다. 단지 1분 동안 귤을 바라보기만 했습니다. 도대체 무엇이 이런 차이를 발생시키는 걸까요? 자신의 귤을 찾을 수 있었던 것은 무관심했던 귤에 관심을 주고 관찰한 덕분입니다. **일상 속에서 그냥 지나치던 것에 관심을 주고 관찰하면, 그동안 보지 못했던 새로운 것을 볼 수 있게 됩니다.** '나의 행복 찾기'는 새로운 것을 발견하게 하는 힘, 바로 관찰의 힘을 느끼게 해 주는 활동입니다.

　관찰에 힘에 대해 좀 더 알아보겠습니다. 다음은 안도현 시인의 〈스며드는 것〉이라는 시입니다.

스며드는 것 (안도현)

　꽃게가 간장 속에
　반쯤 몸을 담그고 엎드려 있다
　등판에 간장이 울컥울컥 쏟아질 때
　꽃게는 뱃속의 알을 껴안으려고
　꿈틀거리다가 더 낮게
　더 바닥 쪽으로 웅크렸으리라
　버둥거렸으리라 버둥거리다가
　어찌할 수 없어서
　살 속에 스며드는 것을
　한때의 어스름을
　꽃게는 천천히 받아들였으리라

껍질이 먹먹해지기 전에
가만히 알들에게 말했으리라

저녁이야
불 끄고 잘 시간이야

간장 게장을 담그는 모습을 관찰한 안도현 시인이 쓴 시입니다. 이 시를 읽으면 어떤 느낌이 드나요? 글자를 따라 연과 행을 천천히 걷다 보면, 어느새 꽃게가 알들에게 말하는 구절에 도착하게 됩니다.

'저녁이야, 불 끄고 잘 시간이야'

시의 이 마지막 구절까지 읽고 나면 자신도 모르게 울컥하게 됩니다. 왜 그럴까요?

간장 게장을 담글 때 살아 있는 꽃게를 씁니다. 살아 있는 게를 써야 살도 통통하고 게장이 더 맛있어지기 때문입니다. 시인은 간장 게장을 담그는 모습을 바라보며, 그 속에서 우리가 보지 못한 다른 것을 찾아냈습니다. 자식을 생각하는 부모의 마음입니다. '꽃게는 뱃속의 알을 껴안으려고 꿈틀거리다가 더 낮게 더 바닥 쪽으로 웅크렸으리라'라는 시구를 통해 자식을 안전하게 보호하고 싶은 부모의 마음을 먹먹하게 담아냈습니다.

살기 위해 이리저리 버둥거리던 꽃게가 아무리 노력해도 죽음을 피할 수 없다는 것을 깨닫게 되었을 때, 알들에게 하는 마지막 거짓말은 가슴에 오랜 여운을 남깁니다. 기회가 된다면 자녀에게 이 시를 들려주었으면 좋겠습니다. 감동의 여운을 자녀와 함께 나누면 좋겠습니다.

이 시를 읽기 전에도 간장 게장과 꽃게에 대해 알고 있었지요. 하지만 시를 읽고 난 후 간장 게장과 꽃게에 다른 감정을 느낄 수 있습니다. **똑같은 꽃게를 보고도 새로운 관점으로 바라보기 위해서는 관찰의 힘이 필요합니다.**

관찰의 힘은 광범위하고 놀랍습니다. 성공한 사람들의 이유를 찾아내 벤치마킹할 수 있도록 해 주기도 하고, 무심코 지나쳤던 문제를 해결하는 인사이트를 제공하기도 합니다. 평소에는 알지 못했던 자신의 속마음을 알아차리는 데 큰 역할을 하기도 합니다.

월트 디즈니는 관찰을 잘하기로 유명한 사람입니다. 다람쥐에 관한 기록영화인 〈페리〉를 촬영할 때, 자신의 촬영팀과 함께 미국 북부 원시림에서 3년간 다람쥐만 관찰했을 정도입니다. 디즈니는 할리우드의 성공한 감독, 배우, 제작자들을 관찰하고 그들의 행동과 말을 관찰하며 자신에게 적용했습니다. 관찰한 결과를 자기도 똑같이 할 수 있다고 자기암시를 활용했습니다. 디즈니는 자신의 회사 직원들에게 '우리의 상상력이 우리의 현실을 만들어 낸다. 우리가 만드는 영화는 세계 최고의 영화다.'고 외치며 자기암시를 걸도록

하였습니다. 그리고 다수의 걸작을 탄생시켰습니다.[5]

　김수영 작가는 꿈 전문작가입니다. 꿈에 관한 책만 벌써 여러 권 집필했습니다. 30만 권이나 팔린 베스트셀러 《멈추지 마, 다시 꿈부터 써 봐》는 꿈에 대한 그녀의 경험을 써 내려간 책입니다. 한때 가난, 가정불화, 왕따로 인해 방황했던 그녀는 꿈을 찾은 후 변했다고 합니다. 꿈이 생긴 후 〈KBS 도전! 골든벨〉에 출연해 골든벨을 울렸고, 명문대를 졸업한 후, 꿈의 직장이라는 골드만 삭스에 입사했다고 합니다. 이제 슬픔은 없을 것 같았던 그녀의 인생에 암 선고가 내려졌습니다. 암 수술을 받고 힘들고 긴 투병 생활 중 정말 하고 싶은 일은 무엇인지 언제 행복한지 다시 한번 자신을 뒤돌아보았다고 합니다.

　그 후 자신이 죽기 전 이루고 싶은 꿈 목록을 쓰고, 꿈을 이루기 위해 세계를 돌아다닙니다. 해외 취업하기, 부모님 집 사 드리기, 다큐멘터리 만들기, 발리우드(인도 영화) 출연하기 등등 자신의 목록에 있는 수많은 꿈을 이루었고, 이를 통해 진짜 행복을 찾게 됩니다. 그녀는 이러한 기적 같은 삶의 변화는 자신이 원하는 삶, 행복한 삶이 무엇인지 이해하는 것부터 시작되었다고 말합니다. 무엇을 하고 싶은지, 언제 행복한지 꾸준히 마음을 관찰함으로써 인생의

---

5 이지성, 《꿈꾸는 다락방》, 차이정원, 47–48쪽.

터닝포인트를 찾았다고 말합니다.

자신의 마음을 관찰하는 것은 중요합니다. 어디에서, 무엇을 할 때 행복한지 자신의 마음을 관찰해야 합니다. 행복이 어디 있는지, 무엇을 할 때 행복한지 깨닫게 되면 인생의 목적지가 생깁니다. 자신이 무엇을 하며 살아야 하는지, 어떤 삶을 살아야 하는지 분명한 길이 보이고, 이 순간부터 인생이 즐거워지고 행복해질 수 있습니다.

행복을 기억하는 앨범: 기록하고 대화하라

자녀들과 '나의 행복 찾기'를 한 후, 자신의 행복을 써 보게 하세요. 관찰의 힘을 경험한 아이들은 자신의 행복을 찾기 위해 노력합니다. 마인드맵을 그려도 좋고, 줄글로 행복 리스트를 작성해도 좋습니다. 1년을 돌아보며 행복을 찾아도 좋고, 아침에 일어나서 저녁에 잠들 때까지 자신이 행복했던 사소한 순간에서부터 찾도록 해도 좋습니다. 어느 곳에서 누구와 함께 있을 때 행복한지, 언제 어떤 일을 하고 있을 때 행복한지 떠올려 보도록 합니다. 완성된 마인드맵이나 행복 리스트는 책상이나 벽에 붙여 두고 아이와 함께 보도록 합니다. 자녀들이 행복했던 순간을 떠올리며 기쁘게 대화하기 바랍니다.

마인드맵이나 행복 리스트를 자세히 살펴보면 아이가 하고 싶어

하는 일을 종종 발견할 수 있습니다. 축구나 농구와 같은 운동이 될 때도 있고, 그리기와 만들기 같은 예술 활동이 될 때도 있습니다. 때로는 계획을 세워 여행 가는 일을 좋아하기도 하고, 다양한 음식을 음미하며 먹는 일을 좋아하기도 합니다. 코딩을 통해 간단한 게임을 만들거나 프라모델 조립을 좋아하기도 합니다.

하고 싶어 하는 일이 있다는 것은 '관심 있는' 무엇이 있다는 의미입니다. 관심 가질 대상이 있다는 것은 아이가 자신이 좋아하는 일을 찾았다는 뜻이기도 합니다. 꿈과 관련하여 자신이 좋아하는 일을 하며 평생을 살 수 있다는 것은 인생을 살며 누릴 수 있는 가장 큰 행복 중 하나입니다. 행복해지기 위해서 '관심 있는 일'을 찾는 것은 중요합니다.

매일 하지 않아도 괜찮습니다. 1달에 1번, 2달에 한 번 하는 것도 좋습니다. 상황이 여의치 않는다면 새해 시작 혹은 한 해를 마무리하며 일 년에 한두 번 해도 괜찮습니다. 대신 꾸준히 해야 합니다. 작년의 행복과 올해의 행복, 내년의 행복이 어떻게 다른지를 살피며 꾸준히 자신의 행복이 어디 있는지 찾아야 하기 때문입니다. 자신의 마음을 들여다보는 과정을 반복하여 자기 인식의 힘을 키워야 합니다.

행복에 관한 내용을 마인드맵이나 행복 리스트로 작성했다면 꾸준히 포트폴리오 파일로 정리하면 좋습니다. 포트폴리오 파일이 불편하다면 사진으로 찍어 연도별도 컴퓨터에 저장하여 관리해도 좋습니다. 행복을 꾸준히 기록만 해도 행복을 만끽할 수 있습니다. 행복을 기록하면서 변화하고 성장하는 자신을 만날 수 있습니다.

아이에게 관찰의 힘을 보여 주고, 자신의 행복을 관찰하게 해 주세요. 무관심했던 자신에게 관심을 기울이게 해 주세요. 일상생활 속 자신의 행복에 대해 돌아보는 시간을 갖도록 도와주세요. 관찰이 쌓이고 쌓여 행복한 삶이 무엇인지 보이게 됩니다. 자신의 행복을 찾을 수 있는 능력이 생긴다면, 그때부터 자녀는 이미 행복의 길을 걷고 있다고 말할 수 있습니다.

'누구나 할 수 있는 일, 행복한 삶을 원한다면~'

〈Happy Things〉의 마지막 가사처럼 **행복한 삶을 원한다면 누구나 할 수 있는 일, 아니 해야 하는 일은 자신을 관찰하는 일입니다.**

행복한 아이를 만드는 삶의 기술[6]

> 1. 잘하는 일보다 좋아하는 일을 찾게 합니다.
> 2. 되어야 하는 아이보다 되고 싶은 아이를 봅니다.

---

6 최인철, 《굿 라이프》, 21세기 북스. '행복한 사람들의 삶의 기술' 참고.

3. 비교하지 않습니다.

4. 좋아하는 사람들과 보내는 시간의 힘을 믿게 합니다.

5. 소유보다 경험을 사게 합니다.

6. 다양한 경험으로 이야깃거리를 만들게 합니다.

7. 아이와 함께 걷고 명상하고 여행합니다.

8. 소소한 즐거움을 자주 발견합니다.

9. 나눔으로 채우는 법을 알게 합니다.

물론 관찰을 시작했다고 해서 하루아침에 아이를 이해할 수 있는 것은 아닙니다. 그동안 해 보지 않은 일이어서 당장은 답답하고 불편할 수 있습니다. 열심히 노력하는데도 진전이 없어 답답하고 막막할 수도 있습니다.

하지만 아이의 가능성을 믿고, 묵묵히 끈기를 가지고 관찰하다 보면 어느 순간 그 모든 과정이 시너지를 발휘하는 날이 옵니다. 아이의 행복이 눈에 보이기 시작하고, 아이가 좋아하는 일이 느껴지는 순간이 올 수 있습니다.

처음에는 자녀의 말과 행동을 관찰하다가 익숙해지면 자녀의 마음을 관찰합니다. 오랫동안 관찰하다 보면 자녀의 말과 행동은 마음과 연결됨을 알 수 있습니다. 포기도 습관입니다. 후회가 남지 않을 정도로 지금 여기서 최선을 다해야 합니다. 관찰하는 것이 힘들어 포기하면 변하는 것은 없습니다.

제 2 화

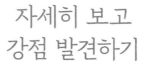

자세히 보고
강점 발견하기

시간의 힘이 필요해

선생님의 성격

선생님이랑 다섯 달 정도 지내보니 전보다는 선생님의 성격을 조금 알
겠다. 재미있을 때는 재미있고, 무서울 때는 정말 무서우시다. 예를
들어서 우리가 잘못을 크게 했을 때는 큰 소리로 혼내신다. 작은 실수
는 넘어가 주시기도 하지만 실수가 심각해지면, 학급 회의를 해서 우
리들의 잘못을 직접 고치게 하신다. 그리고 평상시에는 재미있게 농담
도 잘하시고 재미있는 이야기도 많이 하신다. 3교시에 잘못해도 점심

시간에는 아주 친절하게 답해 준다. (잘못하면 꾸중하지만, 그 일을 마음에 담아 두지 않는다는 의미로 말했다.)

- 승현이(가명)의 일기

담임이 되면 해마다 이렇게 교사의 성격을 평가하는 아이가 있습니다. 선생님은 어떤 사람이고 이러이러해서 '좋다' 혹은 저러저러해서 '싫다'며 평가의 글을 씁니다. 내가 자신의 글을 읽고 있다는 사실을 알면서도 꼭 평가해 줍니다. 마치 소크라테스라도 된 것처럼 '너 자신을 알라'며 나에게 일기로 말해 줍니다. 가끔은 아이들의 평가가 정확해 뜨끔하기도 하고, 때로는 생각지도 못한 나의 모습을 발견한 아이들의 관찰력에 놀라기도 합니다.

승현이(가명)는 선생인 나를 파악하는 데 다섯 달 걸렸다고 했습니다. 승현이가 다섯 달 동안 함께 생활하며 파악한 나의 성격은 '재미있다' 그리고 '무섭다'였습니다. 단 두 단어밖에 되지 않는 나의 성격을 평가하는 데 승현이는 왜 5개월이나 걸린 걸까요?

몇 년 전에 배드민턴을 배운 적이 있습니다. 여러 가지 화려한 기술과 박진감 넘치는 속도가 매력적인 운동이었습니다. 경기에 완전히 몰입한 한 명의 동호회 회원님에게 어느 정도 시간을 들여야 경기를 즐길 수 있는지 물어봤습니다. 짧게는 한 달, 길게는 2~3년 등 사람마다 달랐습니다. 특별히 승패에 연연하지 않고 배드민턴

종목 자체를 즐길 때 몰입이 가능하다고 했습니다. 배드민턴을 즐길 수 있게 된 시기는 모두 달랐지만, 배드민턴이 주는 즐거움과 묘미는 시간이 지날수록 더욱 깊어졌다고 했습니다.

나무로 서랍이나 장을 만드는 목공을 오랜 취미로 하는 지인에게도 똑같은 질문을 했습니다. 30년 이상 도자기 만드는 일에 몸담으며 본교 도예 수업을 하고 계신 도예 작가님도 점점 일에 빠져든다고 했습니다. 도예도 목공도 알면 알수록 그 세계가 달라 보인다고 말합니다. 모두 무엇인가에 대해 제대로 알기 위해서는 오랜 시간 겪어 보아야 한다고 말합니다.

사람도 마찬가지입니다. 사람을 이해하고 파악하려면 그 사람을 오랫동안 겪어 보아야 합니다. **한 사람이 어떤 사람인지 판단하기 위해서는 시간의 힘이 필요합니다.**

오감으로 관찰하라

오랫동안 함께 시간을 보냈다고 그 사람에 대해 잘 아는 것은 아닙니다. 함께하는 시간도 충분해야 하지만 세밀하고 꾸준한 관심도 필요합니다. 서로의 공통된 관심거리에 대해 얘기도 나누고, 그 사람이 하는 행동도 오랫동안 지켜봐야 합니다. 관심과 사랑으로 오랫동안 한 사람을 지켜보면 그 사람이 어떤 사람인지 조금은 파악할 수 있게 됩니다. '관심을 바탕으로 한 끊임없는 관찰'이 사람을 이해하게 합니다.

이창동 감독의 영화 〈시〉에는 '관심을 가지고 보는 법'에 대해 나옵니다. 영화 속 여주인공은 다른 할머니들과 함께 문화센터에서 시 창작 강의를 듣는데, 이때 실제 김용택 시인이 시인 역으로 출연합니다. 다음은 김용택 시인이 할머니들에게 시에 대해 수업할 때 나오는 대사입니다.[7]

> "여러분, 사과를 몇 번이나 봤어요? 백 번? 천 번? 백만 번? 여러분들은 사과를 한 번도 본 적 없어요. 사과라는 것을 정말 알고 싶어서, 관심을 바탕으로 이해하고, 대화하고 싶어서 보는 것이 진짜로 보는 거예요. 오래오래 바라보면서, 사과의 그림자도 관찰하고, 이리저리 만져도 보고 뒤집어도 보고, 한입 베어 물어도 보고, 사과에 스민 햇볕도 상상해 보고, 그렇게 보는 게 진짜로 보는 거예요."

김용택 시인이 말하는 '보다'는 단순히 눈으로 본다는 의미가 아닙니다. **대상에 대해 알고 싶다는 마음을 가지고 신체의 모든 감각을 동원해 관찰하라는 의미입니다.**

---

7 박웅현, 《여덟 단어》, 북하우스, 116쪽.

다양한 감각으로 대상을 보는 법은 〈Kids describe color to a Blind Person〉이라는 영상에도 잘 나와 있습니다. 이 영상은 선천적 시각장애인에게 아이들이 색을 설명해 주는 영상입니다. 태어나서 한 번도 색을 보지 못한 시각장애인에게 아이들은 색을 어떻게 설명했을까요?

처음에는 무척 어려워합니다. "파랑이 어떤 색이니?"라고 질문하자 "물과 같은 거예요. 내 베개 색과 같아요."라고 대답합니다. 한 아이가 다른 아이가 입고 있는 줄무늬 파란 셔츠를 보며 "스티브가 입고 있는 셔츠 같은 색이에요."라고 말하기도 합니다. 다른 색에 관한 질문에도 아이들은 비슷하게 대답합니다. 아이들은 색을 볼 수 없는 사람에게 시각적으로 색을 설명하려고 노력합니다.

아이들이 설명을 힘들어하면 시각장애인은 중간중간 다음과 같이 질문합니다.

"빨강은 무슨 소리 같니?"
"따뜻한 느낌이 드는 색은 무엇이니?"

시각만 활용하던 방식에서 다양한 감각기관을 활용해서 색을 설명하니 놀라운 변화가 일어납니다. 다른 감각으로 색을 표현하자 색에 대한 설명이 풍요로워졌습니다. 초록은 "행복한데, 가끔은 구역질 나요! 브로콜리처럼.", "코딱지 같아요.", "누가 방귀 뀐 것 같아요."로 설명했습니다. 노랑은 "착한데 가만히 앉아 있질 못하는 아이 같아요.", "상자가 언덕을 굴러 내려가는 느낌이에요." 등과 같이 다양한 표현으로 색을 설명합니다.

시각장애인은 시각을 잃었지만 다른 감각으로 색을 느낄 수 있었습니다. 시각장애인에게 다른 감각을 활용해서 설명했더니 태어나서 본 적이 없는 색을 이해할 수 있었습니다. 시각만으로 색을 설명하면 단순하고 단편적인 개념만 전해 줄 뿐, 색이 가지고 있는 다양한 느낌과 의미를 이해할 수는 없습니다. 하지만 색을 시각뿐만 아니라 후각, 미각, 촉각, 청각 등 다른 감각으로 설명한다면 훨씬 종합적이고 색이 가진 다양한 의미를 이해할 수 있습니다.

빨간색을 떠올려 보겠습니다. 빨강이라는 색을 이해할 때, 빨간 고추를 떠올리면 맵거나 자극적인 맛이 생각납니다. 영화 속 피로 가득한 교통사고 장면도 떠올려 보겠습니다. 심장박동이 들리듯이 빨리 뛰고 긴장감이 높아집니다. 활활 타오르는 뜨거운 불이나 열정의 꽃으로 표현되기도 합니다. 다양한 감각으로 빨강이 설명될 때, 빨강이 가진 여러 의미와 모습을 떠올릴 수 있습니다. 다양한 관점에서 빨강을 이해할 수 있습니다.

시각 장애인에게 색을 보여 주기 위해 모든 감각을 동원했던 것처럼 **아이가 가진 '진짜 모습'을 보기 위해서는 우리의 모든 감각을 동원해 아이를 보아야 합니다.** 그래야 아이를 단순하고 단편적으로 이해하는 것으로부터 벗어날 수 있습니다.

제대로 본다는 것

'제대로 본다'는 것은 '보다'라는 낱말을 통해서도 알 수 있습니다. 다음은 일상생활에서 많이 쓰이는 '보다'입니다.

> 먹어 보다. 맡아 보다. 만져 보다. 들어 보다.

음식을 먹을 때, 향기를 맡을 때, 대상을 만질 때, 음악을 감상할 때 등 다양한 일상생활 속에서 '보다'가 함께 쓰입니다. 감각을 느낄 때도 느껴 '보다[8]'라는 낱말을 씁니다. 〈무늬만 커뮤니티〉의 김월식 작가는 현대미술 시각 디자인 분야 예술가입니다. 백남준 아트센터와 아시아문화의 전당, 국립현대미술관 등 많은 미술관과 비엔날레에서 그의 작품이 전시되었습니다. 김월식 작가는 먹어 보다, 맡아 보다, 만져 보다, 들어 보다 등의 표현을 이야기하며 '보다'에 대해 다음과 같이 말합니다.

"왜 눈으로만 대상을 볼 수 있다고 생각하세요? 맛으로도 볼 수

---

8 먹어 보다. 맡아 보다. 만져 보다. 들어 보다. 느껴 보다 등에서 쓰이는 '보다'는 '어떤 행동을 시험 삼아 하다'는 의미를 타내는 보조동사로이다. 원래의 의미는 보조동사로 쓰이지만 김월식 작가의 새로운 관점을 제시하기 위해 원래의 의미와는 다르게 사용되었음을 밝힌다.

있고, 냄새로도 볼 수 있고, 촉감으로도 볼 수 있습니다. 시각적으로만 보려 하면 대상을 제대로 알 수 없습니다. 눈을 감고 사물의 냄새를 맡고, 손으로 만져 보고, 맛을 보면 대상에 대해 더 많은 것을 알게 됩니다. 관찰은 눈으로만 하는 것이 아니라 오감으로 하는 것입니다. 그리고 마음으로 느끼는 것입니다."

그가 생각하는 '보다'는 단순히 눈으로만 보는 것이 아니라 코와 입, 귀와 피부로 보는 것입니다. 관심을 바탕으로 오감을 통해 관찰하고 마음으로 느껴야 진짜 모습을 볼 수 있다고 말합니다. **무엇인가에 호기심을 가지고 제대로 보기 시작할 때 '진짜 본다'고 말할 수 있습니다.**

어쩌면 우리는 '보다'를 너무 단순하게만 생각해서 고정관념에 갇혀 버린 것은 아닐까요? 눈에 보이는 것만을 '보다'라고 생각했기 때문에 다른 감각으로도 볼 수 있다는 생각을 하지 못했습니다. 미각을 통해서도 볼 수 있고, 냄새를 통해서도 볼 수 있고, 촉각을 통해서도 볼 수 있습니다.

'보다'는 오감을 모두 포함하는 것, 더 나아가 감각을 넘어 마음으로 보는 것을 말합니다. 김용택 시인과 김월식 작가가 말하는 '진짜로 본다'는 것은 바로 그런 의미입니다.

내 아이의 '진짜' 모습

아이도 마찬가지이지 않을까요? 아이의 진짜 모습을 보기 위해서는 모든 감각을 동원해서 봐야 하지 않을까요? 아이가 어떤 성향인지 이해하기 위해서는 함께 대화하고, 옆에서 지켜보며, 생각을 나누어야 합니다. 공부할 때는 어떤 모습인지, 친구들과 뛰어놀 때는 어떤 모습인지, TV는 어떤 프로그램을 좋아하고, 연예인은 누구를 좋아하며, 어떤 일을 할 때 시간 가는 줄 모르고 집중하는지 보아야 진짜 모습을 볼 수 있습니다.

친구 관계가 어떤지 질문하고, 관심 있는 영화나 음악에 관해 대화하고, 가고 싶은 장소를 함께 여행하며 온 마음으로 보아야 합니다. **자녀의 말과 행동을 관심과 사랑으로 오래 관찰함으로써 자녀의 마음을 볼 수 있어야 합니다.** 부모의 모든 감각을 활용해서 자녀의 모습을 관찰해야 합니다. 자녀의 모습을 관찰하면 자녀의 마음이 보입니다.

부모들은 자녀를 제대로 보지 못하는 경우가 많습니다. 때로는 시간이 부족해서, 때로는 이미 잘 알고 있다는 교만이 자녀를 온전히 바라보지 못하게 합니다. 관심과 사랑으로 오랫동안 관찰하고 조심스럽게 내린 평가가 아닌 부모의 직관으로 판단하고 평가하기에 자녀는 마음을 닫기도 합니다.

초등학교 공개수업 때 가장 많이 오는 학부모님은 누구일까요? 1학년 학부모님들입니다. 학교에 따라 부모님들의 성향에 따라 조금씩 달라질 순 있지만, 대체로 1학년 학부모님들이 가장 많이 참여합니다. 맞벌이로 시간을 내기 힘든 분들도 1학년 공개수업은 되도록 참관하려고 합니다. 학교에 들어간 첫해라 적응은 잘하는지, 우리 아이가 어떻게 생활하고 있는지 보고 싶기 때문입니다.

그렇다면 초등학교 공개수업 때 가장 적게 오는 학부모님은 몇 학년일까요?

당연히 6학년입니다. 초등학교의 마지막이기도 하고, 어느 정도 학교생활은 다 경험해서 익숙해졌기 때문입니다. 상담도 6년이나 해 봐서 아이에 대해 특별히 더 궁금한 점도 없습니다. 교우 관계, 성격, 학교생활, 생활습관 등이 주를 이루던 그동안의 상담과 달리 6학년쯤 되면 부족한 교과목 공부, 학원 선택, 중학교 배정 등 학업에 대한 상담이 주를 이룹니다. 우리 아이가 어떤 아이일까에 대한 관심은 학년과 반비례하며 줄어듭니다.

그러다 갑자기 아이와의 갈등이 폭발하는 시기가 옵니다. 자신의 아이에 대해 충분히 알고 있다고 생각했는데, 유독 심각하게 부딪치는 날이 생깁니다. 시간이 지날수록 부딪치는 횟수가 많아지고, 감정의 골이 깊어집니다. 아이에 대해 잘 알고 있다는 자신감이 점점 무너지기 시작합니다.

성향에 대한 충분한 이해가 필요한 이유

자녀의 모습을 제대로 보지 못하면 필연적으로 갈등이 발생합니다. 사춘기가 아니더라도 아이의 성향과 맞지 않는 대화가 이어지면 다툼과 감정의 골이 크게 발생합니다. 이는 직업의 세계에서도 마찬가지입니다. 자신의 성격을 제대로 이해하지 못한 채 직업을 결정하면, 그 순간부터 갈등이 시작됩니다.

자신의 성향에 대한 충분한 이해가 없으면 일을 할 때 불편한 감정이 올라올 수 있습니다. 자신이 하려는 일과 성향이 자꾸 부딪쳐 마음이 자꾸 불편하고 짜증과 분노, 슬픔과 좌절의 감정이 올라올 수 있습니다. 조용한 공간에서 주어진 일을 혼자 하고 싶은데, 잦은 출장과 사람과 계속 만나야 한다면 매우 피곤하게 느낄 수 있습니다.

점점 갈등이 고조되면 결국 폭발할 수도 있습니다. 상사나 동료와 크게 부딪치거나 거래처 혹은 고객과 심하게 다투다가 결국 일을 그만두게 되거나 자포자기하는 심정으로 있는 듯 없는 듯 직장 생활을 이어 갈지도 모릅니다.

성향에 따라 자녀가 지금 하려는 일도 달라집니다. 독서와 사색을 좋아하는 자녀에게는 혼자만의 공간에서 자신만의 시간이 필요합니다. 친구 관계를 걱정하여 억지로 유소년 스포츠클럽에 가입시켜 활동시키는 것은 그 아이를 더욱 힘들게 하는 일입니다. 반면에 처음 만나는 친구를 부담 없이 대하고, 축구나 사교적인 동아리 활동을 좋아하는 아이에게는 다른 친구들과 함께 어울리는 시간과 공간을 제공해야 합니다. 이런 아이에게 독서와 사색을 강요하는 것은 세모 모양의 틀 속에 네모를 넣으려는 것과 같습니다.

자녀를 제대로 보아야 성향에 맞는 교육이 가능합니다. 오랜 시간 관찰하고 함께 대화하고 생각을 나누어야 합니다. 내성적인지 외향적인지, 적극적인지 소극적인지 관심을 가지고 오랫동안 보아야 합니다. 아이의 성격은 고정되어 있지 않고, 어느 한쪽 측면만을 가지고 있지도 않습니다. **내성적인 아이가 적극적으로 나설 때도 있고, 외향적인 아이가 소극적으로 행동할 때도 있습니다. 이때가 언제인지, 무엇을 할 때인지, 왜 그런지를 관심을 가지고 지켜보아야 합니다.**

물건을 보면 사람이 보인다

한 사람이 사용하는 물건을 보면 그 사람에 대해 알 수 있습니다. 물건을 대하는 태도를 보면 그 사람의 성향을 알 수 있습니다. 옷 하나만 봐도 그렇습니다. 옷장 속 옷이 가득한데도 끊임없이 옷을 사기도 하고, 목이 다 늘어난 티셔츠를 몇 년째 입고 다니는 사람도 있습니다. 정장을 즐겨 있는 사람이 있는 반면에 청바지 여러 벌을 일주일 동안 돌려 입는 사람도 있습니다. '저런 옷을 입는 사람들은 어떤 성향의 사람일 거야'라고 판단한다면 자신의 기준에 따라 나름의 성격 정의를 내렸다고 볼 수 있습니다.

데이터 마이닝(Data Mining)은 대용량 데이터(빅데이터)에서 체계적이고 자동적으로 상호연관성, 패턴 등을 찾아내는 기술입니다. 의료, 유통, 마케팅, 제품 A/S, 교통 및 전력 등 다양한 영역에서 활용되고 있으며, 일반적으로 고객 관련 정보를 토대로 미래의 구매 행태를 예측하는 데 많이 활용되고 있습니다.

데이터 마이닝은 사람의 구매 행태 예측뿐 아니라 사람의 성향을 분석하기도 합니다. 미국 44대 대통령으로 2009년 노벨평화상까지 수상한 버락 오바마의 선거캠프에도 이 분석기법이 사용되었습니다. 오바마 캠프는 유권자 성향 분석을 출마 2년 전부터 준비했다고 합니다. 빅데이터를 활용하여 설득 가능한 사람이 누구인지 분석하고, 그 사람이 어디에 살고 있는지까지 알아내어 선거에 활용했습니다.

한 예로 파티에 대한 정보를 활용해서 정치후원금을 높일 수 있었습니다. 오바마 선거캠프는 40대 여성이 파티에 참여해서 기부를 많이 할 것이라는 데이터를 파악했습니다. 그리고 그들에게 가장 어필할 수 있는 배우가 조지 클루니라는 분석 결과를 바탕으로 조지 클루니를 파티에 초대했습니다. 또, 오바마를 지지할 것 같은 대상에게 SNS를 통한 맞춤형 메시지를 보내 지지를 호소하기도 했습니다. 모두 데이터 마이닝 기술을 활용하여 얻은 결과입니다.

이때 사용한 빅데이터 정보는 소유 차량, 구독 신문, 선호 브랜드, 마시는 음료, 소셜 네트워크 서비스(SNS) 등이었고, 이 중 대부분은 사람들이 사용하는 물건이었습니다. 사람들이 사용하거나 선호하는 물건을 통해 사람들의 정치적 성향을 파악하고 그에 맞는 전략과 전술을 구사해 대통령 선거를 승리로 이끈 것입니다.

사람에 대해 알 수 있는 물건을 좀 더 자세히 알아보겠습니다. 1934년생인 이어령 교수는 대한민국의 문학평론가, 언론인, 교육자, 정치인, 소설가, 시인이자 초대 문화부 장관을 지낸 관료이기도 합니다. 한 가지 분야에서 전문가가 되기에도 힘든 세상에 그의 광범위한 경력과 세상에 남긴 흔적은 대단하다는 말 이외에 표현할 수 있는 말이 없습니다.

그런 그에게는 특별한 책상이 있습니다. 우선 책상이 있는 서재엔 2천 권이 넘는 책이 있습니다. 부채꼴 모양의 크고 넓은 그의 책상에는 컴퓨터가 6대나 있습니다. 그중 2대는 일본어용입니다. 일본 사이트 검색이나 일본어 글을 쓸 때 사용한다고 합니다. 컴퓨터 사이에는 이미지 스캐너가 2대 있고 무선으로 연결되어 있어 언제든 필요한 자료를 스캔하거나 프린트할 수 있다고 합니다. 책상 정면에 있는 가로와 세로 두 대의 모니터는 마우스로 양쪽을 오가며 화면을 넓게 쓸 수 있게 배치되어 있습니다. 하나의 모니터는 A4 용지와 딱 맞는 크기여서 책 한 페이지를 보기에 적당하다고 합니다.

개인 도서관이 있을 정도로 수많은 책을 보유하고 있지만, 이어령 교수는 책상 위 컴퓨터를 더 소중히 여깁니다. 수만 권의 책들보다 컴퓨터 한 대로 얻을 수 있는 지식이 더욱 크다고 생각하기 때문입니다. 컴퓨터와 관련해 가장 자랑스럽게 여기는 것은 컴퓨터를 통해 자료를 모으고, 정리하며, 검색해 주는 프로그램을 자유롭게 사용할 수 있다는 자신의 능력이라고 말합니다. 디스크키퍼(하드웨어 관리 프로그램), 'where is it'(검색 프로그램), 골든 섹션(파일자료 관리프로그램), 스마트 싱크프로(여러 대 컴퓨터 자료 동시 연결 프로그램)를 자유자재로 다룹니다.

또 그는 글을 쓰거나 원문 자료가 필요할 때 구텐베르크 홈페이지[9]에 자주 접속합니다. 쉴 때는 무선 마우스를 들고 소파에 푹 파묻혀 서라운드 음향 기능이 있는 헤드폰을 끼고 음악을 듣는다고 합니다. 때로는 좋아하는 영화를 보기도 하고, 손자 손녀들과 메신저 혹은 화상채팅을 통해 대화하기도 합니다.[10]

---

[9] '구텐베르크 프로젝트'는 인류의 자료를 모아서 전자정보로 저장하고 배포하는 프로젝트이다. 인쇄술을 대중화시킨 요하네스 구텐베르크의 이름에서 따온 것으로 인터넷에 전자화된 문서를 저장해 놓고 누구나 무료로 책을 받아 읽을 수 있는 가상 도서관을 만드는 것이 목표이다. 수많은 고전과 원문이 모여 있으며, 저작권이 만료된 도서들도 이곳에 모두 모인다. 이 사이트는 프로젝트의 결과물이다. (www.gutenberg.org)

이어령 교수에게 책상이란 어떤 의미일까요? 우리가 일반적으로 생각하는 학습용 혹은 사무용 가구일까요? 이어령 교수에게 책상은 자신이 좋아하는 글쓰기를 도와주는 도구이자 지적 호기심을 채워 주는 교사입니다. 힘들고 지칠 때 잠시 쉴 수 있는 힐링 공간이며, 가족과의 대화로 즐거운 행복이 가득한 시간이기도 합니다. 책상은 이어령 교수에게 특별한 물건입니다.

이어령 교수의 책상을 통해 바라본 그는 어떤 사람일까요? 책이 많은 것으로 보아 독서를 즐기는 사람입니다. 컴퓨터가 6대인 것으로 보아 자신이 좋아하는 일에 돈을 아끼지 않는 사람입니다. 2대는 일본어용인 것으로 보아 일본어에 능통하며 일본어로도 글쓰기가 가능한 사람입니다. 언제든지 필요한 자료를 출력할 수 있는 프린터를 2대 갖추고 있는 것으로 보아 일을 빠르고 즉각적으로 처리하는 사람으로 여겨집니다. 또 여러 대의 모니터를 활용하는 것으로 보아 효율성을 중요하게 여기는 듯합니다. 일반인에게는 생소한 자료 정리 및 검색 프로그램을 자유롭게 사용하는 것을 보아 자신이 필요하다고 생각하는 일을 배우는 것에 주저함이 없는 사람입니다. 이처럼 이어령 교수의 책상에 대해 하나씩 추측해 보면 이어령 교수가 어떤 사람인지 이해할 수 있습니다.

---

10 김정운, 《남자의 물건》, 21세기 북스, 2부 남자의 물건 – '이어령의 책상'

'나'를 나타내 주는 물건은?

유니폼이 왔다

> 오늘은 학교로 유니폼이 오는 날이었다. 한번 봤는데도 정말 궁금하고 가슴이 쿵쾅쿵쾅 뛰었다. 수학 시간 문제를 풀어야 하는데, 집중이 하나도 안 되었다. 유니폼을 받고 입어 보았을 때 기분이 너무 좋았고, 이것이 우리 얼티미트 유니폼이구나 생각하니 너무너무 옷이 소중해 보였다. 옷을 입어 보았을 때, 바지는 약간 길지만 티셔츠는 정말 이뻤다. 집에 와서 엄마에게 보여 주었을 때도 엄마가 '옷이 정말 이쁘네'라고 해 주어서 정말 기분이 좋았다. 금요일이 빨리 왔으면 좋겠다.
>
> – 혜진이(가명)의 일기

얼티미트는 혜진이(가명)가 좋아하는 뉴스포츠입니다. 원반(플라잉디스크)을 이용하여 상대방 영역에 터치다운하여 득점하는 경기로, 원반으로 하는 럭비라고 생각하면 이해하기 쉽습니다. 2013년 전교생 100명이 되지 않는 시골 학교에 얼티미트 학교스포츠클럽을 만들었습니다. 2013년에 이어 2014년에도 아이들 호응이 좋아 연속으로 운영했습니다. 6학년 24명 전원이 모두 이 뉴스포츠로 하나가 되던 시절입니다.

이 시절 아이들은 얼티미트가 좋아서 매일 아침 8시에 등교했습니다. 운동장을 5바퀴 뛰고 스트레칭을 한 후, 1교시 시작 전까지

한 사람이 200번씩 원반을 던졌습니다. 금요일마다 팀을 나눠 연습 경기를 했고, 연습 경기가 있는 날에는 특별히 유니폼을 입었습니다. 아이들이 좋아하고 열심히 한 덕분에 경기도 대회에서 우승하여 전국대회까지 진출했습니다.

얼티미트로 행복하던 시절, 혜진이에게 유니폼은 어떤 의미였을까요? 일기를 보면 알겠지만, 그 당시 혜진이의 최우선 순위는 얼티미트였습니다. 공부는 머릿속에 안 들어오고, 새 유니폼이 도착하기만을 손꼽아 기다립니다. 그날 받은 유니폼을 엄마에게 자랑하고, 연습 경기가 있는 금요일을 기다리며 행복을 만끽합니다.

이 시절 유니폼은 혜진에게 옷 이상의 무엇입니다. 원반을 던지고 받는 일은 혜진이가 가장 좋아하는 일이었고, 가장 행복한 순간입니다. 이에 유니폼은 혜진이에게 성취감과 자부심을 높여 주던 그 무엇이었고, 자신이 좋아하는 일을 하며 흘린 땀과 노력이 고스란히 배어 있는 물건입니다. 1년이란 시간 동안 가장 많이 사용한 물건이었으며, 무엇과도 바꿀 수 없을 만큼 소중한 물건이었습니다.

유니폼을 대하는 모습을 보면 혜진이는 어떤 아이일까요? 얼티미트를 보면 설레고 행복했던 아이, 자신이 좋아하는 일에 푹 빠지는 아이입니다. 무엇인가 하나에 빠지면 몰입하고 성취감과 자부심을 느끼는 아이입니다. 자신이 좋아하는 일을 하면 남자아이들도 힘든 운동장 5바퀴와 200번의 던지기를 마다하지 않는 끈기 있는 아이입니다.

이어령의 책상과 혜진이의 유니폼 모두 그들에게 특별합니다. 오랫동안 사용했으며 가장 많이 사용합니다. 이러한 특별한 물건은 자신의 삶에서 지금 무엇을 소중하게 생각하고, 어떤 것을 의미 있게 생각하는지 알려 줍니다. 하고 싶은 일과 할 수 있는 일을 보여 주며, 물건을 활용하고 난 결과물을 통해 자신이 어떤 사람인지 알려 줍니다.

자신에게 의미 없는 물건, 필요 없는 물건을 사람들은 사용하지 않습니다. 오래 간직하지도 않으며 많은 시간을 보내지도 않습니다. 오래 간직되는 물건은 그 사람이 무엇을 소중하게 여기는지 알려 줍니다. 많은 시간을 함께 보내는 물건은 무엇에 집중하고 무슨 일을 중요하게 여기는지 알려 줍니다. 그래서 많이 사용하고 오래 사용하는 물건은 그 사람이 어떤 사람인지 말해 줍니다.

누구에게나 자신을 나타내 주는 물건이 있습니다. 너무 소중해 버리지 못하고 오래 간직하고 있는 물건이 있습니다. 자기 자신과 시간을 가장 많이 보내고 특별한 경험과 감정이 남아 있는 물건이 있습니다. 자기에게 소중한 물건이 언제, 어디서, 어떻게, 누구와 함께한 물건인지 곰곰이 생각해 보세요. 어떤 심리테스트보다 자신을 더 깊게 이해하는 데 도움이 될 것입니다.

자녀의 있는 모습 그대로 이해하고 싶다면 자녀의 물건에 관심을 가지는 것부터 시작해 보세요. 자녀가 많이 사용하는 물건, 자녀가 오랫동안 간직하고 있는 물건, 친구들과 가장 많은 시간을 보내고 있는 물건은 무엇인지 그리고 어떻게 사용하고 있는지 유심히 관찰해 보세요. 아이들이 물건을 사용하는 모습에 관심을 가지고 관찰하다 보면, 어느 순간 아이의 진짜 모습을 발견할 수 있게 됩니다.

내 아이 이해하기: 물건 스크랩북킹

자녀가 자신을 이해하기 위해 자기 관찰을 통해 자기 자신의 마음을 들여다보는 것은 당연한 일입니다. 하지만 일반적으로 자녀를 이해하기 위해 이 당연한 것보다 타인에 의해 만들어진 심리검사를 많이 활용합니다.

심리검사는 과학적이고 객관적이라는 이름 아래 아이를 유형화하고 규정짓습니다. **'과학적이고 객관적이다'의 다른 이름은 '표준화'와 '정형화'입니다.** 아이들은 개개인이 모두 특별하고 다른 존재인데, 우리는 자꾸 검사 도구에 의지하여 아이를 틀에 맞추어 판단하려 합니다. 표준화 검사에 의존하면, 실제 자신을 세밀하게 관찰할 수 있는 태도를 잃어버리게 됩니다.

그래서 심리검사 대신 물건을 통해 자신이 어떤 사람인지 알아보는 한 가지 방법을 소개하려고 합니다. 바로 '물건 스크랩북킹'입니다. 물건 스크랩북킹은 스크랩 방식을 활용한 자기 이해 방법입니다. 물건을 통해 자신을 스크랩한다는 의미로 붙인 이 방법은 자신을 나타내어 주는 물건 3가지를 찾아 '이 물건들이 왜 자신을 나타내는 것일까?' 원인과 이유를 찾아보는 활동입니다.

물건 스크랩북킹 방법

1. 가지고 있는 물건 중 자신을 잘 나타내 주는 물건 3가지를 정합니다. (자신이 소중히 여기는 물건, 특별한 추억이 담겨 있는 물건, 많은 시간을 함께하는 물건, 현재 많이 사용하고 있는 물건 등)
2. 물건을 선택한 이유, 물건과 관련된 이야기, 물건이 자신에게 갖는 의미 등을 포스트잇에 써 해당하는 물건에 붙입니다.
3. 붙인 내용을 바탕으로 물건과 관련된 자신의 이야기를 다른 사람에게 설명합니다.
4. 물건과 관련된 자신의 설명에 대해 다른 사람의 의견을 듣습니다. (자기 생각에 동의하는지, 새로운 의미가 있는지, 다른 관점으로 보는지 등)
5. 다른 사람과 대화 후, 자신의 성격이나 성향에 대해 한 문장으로 정의합니다.
6. 자신을 잘 나타내 주는 물건의 사진을 찍어 자기 생각과 느낌을 메모한 후 스크랩북(클리어파일)에 끼워 둡니다.

우선 자신에게 소중한 물건, 의미 있는 물건, 오랜 시간 함께하는 물건, 현재 많이 사용하는 물건 등 자신을 나타내어 줄 수 있는 물건을 찾도록 합니다. 자신을 나타내어 줄 수 있는 물건을 선택한

후, 포스트잇에 물건을 선택한 이유, 물건과 관련된 이야기, 물건이 자신에게 갖는 의미 등을 간단히 씁니다. 그 포스트잇을 물건에 붙입니다. 다른 사람과 서로의 물건에 붙인 내용으로 대화합니다. 다른 사람과 대화 후에는 물건을 통해 발견한 자신의 성격이나 성향에 대해 한 문장으로 정의합니다. 마지막으로 자신을 잘 나타내 주는 물건의 사진을 찍어 자기 생각과 느낌을 메모한 후 스크랩북에 정리합니다.

자녀는 이 과정을 통해 자신만의 이야기를 만들 수 있습니다. **자신이 가진 물건을 다른 사람에게 이야기하는 과정을 통해 내가 어떤 사람인지 스스로 이해할 수 있습니다.** 자신만의 이야기가 담긴 특별한 물건에 관한 대화는 삶을 그대로 보여 주기에 자신의 관점에서 '나'를 이해하고 정의할 수 있습니다. 자녀가 그린 그림을 가지고 자녀를 이해하고, 자녀가 쓴 글을 보고 자녀의 생각을 알게 되듯, 특별한 의미가 있는 물건을 찾고 설명하는 과정을 통해 자녀는 내면을 들여다보는 기회를 얻게 됩니다.

스크랩북 활동에 대한 소감을 승현이가 시로 표현했습니다. 함께 읽어 보겠습니다.

나를 소개하는 3가지 물건(승현)

나를 소개하는 물건은 뭘까?

USB, 내가 만든 프로그램을 저장하는 물건
버스 카드, 나를 자유롭게 다니게 하는 물건
로봇, 내가 직접 조정하고 움직이게 할 수 있는 물건

3가지 물건은
내가 전자제품을 좋아하고,
코딩을 좋아한다는 것을 알려 준다.
또 내가 중심이 되는 것을 좋아하고,
혼자서 하는 것을 좋아한다는 것을 알려 준다.

승현이 아버지의 직업은 프로그래머입니다. 그래서 승현이는 일찍부터 코딩에 대해 배웠으며, 초등학교 5학년 때 이미 간단한 게임이나 응용프로그램을 만들 수 있습니다. 승현이에게 코딩은 즐겁고 행복한 일입니다. 가장 오랫동안 몰입할 수 있는 일이기도 합니다. 5학년 시절, 코딩 대회를 준비하는 동안 승현이는 아버지와 프로그램 구성에 대해 평소보다 많은 대화를 나누었고 저에게도 가끔 조언을 구했습니다.

승현이에게 나를 소개하는 물건 3가지는 UBS, 버스 카드, 로봇입니다. USB는 코딩한 후 프로그램을 저장하는 물건이었고, 로봇은 자신이 만든 코딩 프로그램을 활용해 작동시킬 수 있는 물건입니다. 이 두 가지는 자신이 좋아하는 일과 관련된 물건입니다. 이 물건들은 남들과 달리 승현이를 표현하고 힘을 쏟도록 도와주는 물건입니다. 다른 사람과의 협업보다는 혼자서 일하는 방식을 선호함을 알게 해 주기도 합니다. 자신을 소개하는 마지막 물건인 버스 카드는 승현이가 형식과 규칙에 얽매이기보다 선택의 폭이 크고 자유롭게 일하는 방식을 선호한다는 것을 알려 줍니다.

일상생활 속에서 꿈을 찾아야 한다고 믿는 저에게 승현이의 시는 무척 반가웠습니다. 승현이의 시에는 자신이 좋아하는 일이 무엇인지 분명히 나타나 있고, 홀로 자유롭고 편한 분위기 속에서 자신이 주도하며 일하는 방식을 좋아한다는 것도 알 수 있습니다. 이렇듯 자신을 소개하는 물건을 통해 선호하는 근무 환경이 어떤 형태인지 추측할 수 있기도 합니다.

중요한 것은 꾸준한 관심과 따뜻한 대화

아이의 말과 행동에 관심을 가지고 바라보고, 아이의 생각을 끊임없이 대화로 확인할 수 있다면, 그것은 아이를 이해하는 최고의 방법입니다. 하지만 현실적으로 그런 시간과 관심을 기울이기 쉽지 않습니다. 또 어디서 어떤 이야기로 대화를 시작해야 할지 막막하기도 합니다. 이럴 때 특별한 다른 방법이 생각나지 않는다면 자녀가 관심을 두고 있는 물건에서부터 대화를 시작해 보면 좋겠습니다.

자녀의 물건에 관한 이야기로 대화를 시작하면 아이에게 더 쉽게 다가갈 수 있습니다. 대화의 물꼬가 트이면 어느 순간부턴 많은 이야기가 오고 가게 됩니다. 대화가 많아지고 깊이를 더해 갈수록 아이를 이해하는 깊이도 더욱 깊어집니다. 깊이가 깊어질수록 대화할 수 있는 소재들도 더욱 늘어나 자녀의 여러 면을 종합적으로 바라볼 수 있게 됩니다.

초등학생이 가장 많이 사용하는 물건은 스마트폰입니다. 만약 한 아이가 스마트폰을 자신을 가장 잘 나타내어 주는 물건이라고 말한다면, 우리는 왜 그 아이가 스마트폰이라 말했는지 관심을 가져야 합니다. 스마트폰에 깔린 수많은 앱 가운데 어떤 앱을 많이 사용하는지, SNS를 사용하고 있다면 어떤 페이지를 '좋아요'라고 누르며 구독하고 있는지, 스마트폰 사진 앨범 속에는 어떤 사진이 많이 찍혀 있는지 등을 살펴봐야 합니다.

모르는 부분은 질문하고 공감 가는 부분은 맞장구치며, 아이가 좀 더 자신의 이야기를 꺼낼 수 있도록 해야 합니다. 자녀와 함께 자녀의 물건에 관해 대화하다 보면, 어느 순간 자녀의 관심사, 태도, 성향 등에 대해 이해할 수 있게 됩니다.

자녀의 물건은 매년 바뀔 수도, 그대로일 수도 있습니다. 우리가 바라봐야 하는 것은 물건이 자녀에게 주는 의미와 물건을 대하는 자녀의 태도입니다. 물건을 바꾸게 된 이유를 알면, 자녀의 마음이 변한 이유도 알 수 있습니다. 작년에는 '축구공'을 의미 있는 물건으로 선택했는데, 올해는 왜 '스마트폰'이 된 걸까? 일 년마다 자신의 나타내는 물건에 대해 생각하고 그 이유를 스크랩해 둔다면 어느 순간 스크랩되어 있는 이유 속에서 자녀의 일정한 성향을 발견해 낼 수 있습니다.

자녀가 좋아하는 물건, 소중하게 간직하는 물건, 많이 사용하는 물건에 관심을 가져야 합니다. 그 물건을 어떻게 사용하고 어떻게 생각하는지 관심을 가져야 합니다. 자녀의 물건은 아이의 취미, 선호, 성격을 알려 주는 중요한 단서입니다. 하지만 자녀의 내면의 깊은 심층까지는 알려 주지 못합니다. 그래도 우리가 자녀의 물건에 관심을 두는 이유는 아이의 깊은 마음을 이해하는 데 실제적인 도움이 되기 때문입니다. **사실 중요한 것은 물건이 아닙니다. 중요한 것은 우리 아이가 어떤 아이인지 이해하기 위해 쏟는 꾸준한 관심입**

니다. 물건은 아이에게 관심을 주는 하나의 방법일 뿐입니다. 자녀의 마음과 성향을 진정으로 이해하는 방법은 수치로 계산된 성격검사가 아니라 아이에 대한 지속적인 관심과 오랫동안 관찰할 수 있는 부모의 인내심입니다.

심리검사가 아닌 자신의 마음을 세밀하게 관찰해서 꿈을 찾은 사람이 있습니다. 감추어진 자신의 장점을 찾아 집중하니, 열정에 불이 붙었다고 말합니다. 드라마로 제작되기도 한 네이버 웹툰 〈닥터 프로스트〉의 작가 이종범이 바로 그 주인공입니다. 그는 라디오 DJ, 팟캐스트 진행자, 재즈밴드 드러머 그리고 청강대학교 만화 콘텐츠 스쿨 교수까지 겸하고 있습니다. 그는 지금의 모습은 자기 이해에서 비롯되었다고 말합니다. 20대 시절, 온통 자기 자신을 이해하는 데 관심을 쏟으며, 자신이 지닌 성향, 재능, 흥미가 무엇인지 치열하게 고민하는 시간을 보냈다고 합니다. 그 결과가 지금의 그를 만들었다고 합니다.

전 세계 인구가 약 76억 명입니다. 쉽게 이해하기 위해 조건에 따라 여러 유형을 묶고 구분하지만, 사실 개개인은 모두 다릅니다. 그렇기에 누군가가 정해 놓은 기준에 아이를 분석하고 이해하려 하지 말고, 아이마다 타고난 성향과 모습을 이해하기 위해 노력해야 합니다. **다른 사람에 의해 정해진 기준에 아이를 판단하고 규정하는 것이 아니라, 따뜻한 관심과 대화로 자녀를 이해해야 합니다.**

제3화

꿈 지도
발견하기

명언이라는 공허한 외침

잡코리아에서 20대 이상 남녀 900명을 대상으로 '하고 싶은 일이 무엇인지 분명하게 말할 수 있는가?'에 대해 조사했습니다. 전체 응답자 중 '그렇다'고 답한 응답자는 52.2%, '없다' 혹은 '모르겠다'고 답한 응답자는 47.8%였습니다. 응답자 중 절반 가까이가 하고 싶은 일이나 목표를 찾지 못했습니다.

이는 20대만의 문제가 아닙니다. 연령별로 분석한 결과 20대 응답자는 52.4%, 30대는 45.7%, 40대는 34.6%가 자신이 하고 싶은 일을 모르거나 없다고 답했습니다. 나이가 많아질수록 자신이 하고 싶은 일을 찾는 듯합니다. 그래도 여전히 40대에도 35% 가까이가 하고 싶은 일을 찾지 못한 듯합니다.

다음은 좋아하는 일에 대한 유명인들의 명언입니다. 명언은 사람들에게 동기부여를 하여 행동으로 실천할 수 있게 합니다. 자신이 좋아하는 일이 무엇인지 잘 아는 사람, 잘하는 일과 좋아하는 일 사이에서 고민하는 사람에게는 감동과 용기를 줍니다.

"좋아하는 일을 하라. 그러면 성공은 자연히 이루어진다."

— 워런 버핏

"나이 먹고 세월이 흐르면 시간이 없으니 자기가 좋아하는 일부터 먼저 하라."

— 이어령

"당신이 무엇을 좋아하는지 알고, 당신이 좋아하는 일을 해라. 당신이 좋아하는 일을 하지 않는다면, 당신은 그저 시간을 낭비하고 있는 것이다."

— 빌리 조엘

"위대한 성취를 이루기 위한 유일한 방법은 그 일을 사랑하는 것이다."

— 스티브 잡스

하지만 자신이 무엇을 좋아하는지 모르는 사람은 어떨까요? 자신이 무엇을 좋아하는지 모르는 이에게는 위의 그 어떤 명언도 가슴에 와 닿지 않습니다. 그런 이들에게는 세계 석학들의 명강연도 영향을 끼치지 못합니다. **좋아하는 일을 하라는 명언은 좋아하는 일의 소중함을 깨달은 사람에게 유효합니다.**

아이들은 어떨까요? 위의 명언에 감동할까요? 자신이 좋아하는 일을 분명히 알고 있을까요? 그런 아이들은 얼마나 될까요?

나의 진로

오늘 학교에서 나의 유형과 좋아하는 직업, 싫어하는 직업이 무엇인지 알아보았다. 난 우선 예술형이 나왔다. 최근 그림에도 관심이 많고, 기회가 된다면 작곡도 해 보고 싶다. 그런데 난 아직 내가 하고 싶은 일이 무엇인지 잘 모르겠다. 학원에 있는 고장 난 복사기를 고쳤을 때, 무언가 재미있고 보람찼다. 피아노를 칠 때, 내가 원하는 곡을 완벽하게 칠 수 있을 때도 기분이 정말 좋았다. 이런 것도 좋아하는 일이 될 수 있나? 중학교에 가면 내 꿈이 확실해질까?

중학교에 가면 좋아하는 일이 바뀔 수도 있을 것 같다. 어릴 때 직업은 그냥 내가 원하는 대로 공부하면 되는 줄 알았는데, 그게 아닌 것 같다. 내가 노력하지 않으면 안 되고, 내가 찾고 고민하지 않으면 이루어질 수 없는 것 같다. 근데 내가 가지고 싶은 직업은 무엇일까?

– 재현이(가명)의 일기

홀랜드 직업 흥미검사 실시 후, 결과지를 보며 재현이(가명)가 쓴 일기입니다. 재현이는 2014년 다른 도시에서 전학 왔습니다. 마음이 여리고 다정했으며 친구들과 함께 어울리는 것을 좋아했습니다. 개인적인 사정으로 인해 부모님과 떨어져 할머니 댁에서 지냈습니다.

홀랜드 직업 흥미검사를 실시하면 초등학생 대부분은 현실형과 예술형입니다. 축구나 피구 같은 체육 활동과 도구를 조작하는 체험 활동을 좋아하면 현실형, 그리기와 만들기, 음악 듣기와 악기 연주를 좋아하면 예술형이 나옵니다. 두 유형 모두 아이들이 좋아하는 활동이 많이 포함되어 있어 초등학생 대다수가 이 유형이 나옵니다. 현실형은 남자아이들이, 예술형은 여자아이들이 대부분입니다. 물론 남자아이인 재현이가 예술형이 나오는 건 드문 일입니다.

검사 결과지를 받아 보고도 재현이는 자신의 꿈에 대해 분명히 단정 짓지 않았습니다. 재현이는 그림에도 관심이 많고 작곡도 해 보고 싶어 했습니다. 피아노로 자신이 원하는 곡을 완벽하게 치는 것도 좋아했습니다. 이렇게 예술 분야에 마음이 가는 것을 느끼면서도 재현이는 자신이 무엇이 되고 싶은지 명확하게 확신하지 못했습니다. 중학교에 가서도 자신이 꿈이 확실해질지 몰라 갈팡질팡하는 모습입니다. 고장 난 복사기를 고쳤을 때 재미와 즐거움을 느끼는 마음을 감지할 수 있을 정도로 섬세한 재현이가 왜 자신의 꿈에 대해 확신이 없을까요?

많은 아이가 재현이와 같은 고민을 합니다. 대부분 자신이 좋아하는 일이 무엇인지 잘 모릅니다. 자신이 좋아하는 일이 무엇인지 알고 있는 아이도 장래 희망으로서 그 일이 자신에게 잘 어울리는지는 확신하지 못합니다. 그래서 아이들에게 좋아하는 일을 해라는 명언은 크게 가슴에 와 닿지 않습니다. **지금 아이들에게 필요한 것은 '좋아하는 일을 하면서 살아가라'는 공허만 명언보다 어떻게 해야 좋아하는 일을 찾을 수 있는지 그 방법을 알려 주는 것입니다.**

돈 VS 좋아하는 일

사람들 대부분은 돈을 직업 선택의 중요한 기준으로 정합니다. 처음 직업을 선택할 때도, 이직을 고려할 때도 돈이 중요한 고려 대상입니다. 물론 월급보다 여유 시간을 더 중요한 기준으로 여기는 사람도 있습니다. 하지만 이런 경우도 돈에 대한 최소한의 기준이 있습니다. 일반적으로 돈은 직업 선택 시 다른 조건들보다 우선시됩니다.

사회에서 사람들이 선호하는 직업 조건은 크게 두 가지입니다. 안정적으로 돈을 오래 벌 수 있거나 다른 회사보다 돈을 많이 버는 경우입니다. 이런 이유로 사람들은 공무원을 선호하고, 대기업을 선호하며, 전문직을 선호합니다. 사회의 이런 분위기는 아이들에게도 영향을 미칩니다. 초등학생에서 중학생, 고등학생으로 갈수록

초·중·고생 장래희망 순위			
순위	초등학생	중학생	고등학생
1	운동선수	교사	교사
2	교사	경찰관	간호사
3	의사	의사	경찰관
4	조리사(요리사)	운동선수	*뷰티 디자이너
5	*인터넷 방송 진행자 (유튜버)	조리사(요리사)	군인
6	경찰관	*뷰티 디자이너	건축가·건축 디자이너
7	법률 전문가	군인	생명·자연 과학자 및 연구원
8	가수	공무원	컴퓨터 공학자· 소프트웨어 개발자
9	프로게이머	연주가·작곡가	항공기 승무원
10	제과·제빵사	컴퓨터 공학자· 소프트웨어 개발자	공무원

*은 희망직업 10위권에 새로 올라온 직업 〈자료 : 교육부〉

아이들은 안정성과 경제적 조건을 더 중요하게 생각합니다. 시간이 지날수록 교사, 경찰관, 군인과 같은 안정성을 가진 직업과 소프트웨어 개발자, 의사, 건축디자이너와 같은 전문직을 선호합니다.

돈은 직업 선택에 중요한 요소입니다. 생계를 유지하기 위한 기본 조건이기에 선택의 필수 항목이 될 수밖에 없습니다. 문제는 직업 선택에서 '돈'이 차지하는 비중입니다. 흥미와 적성, 근무 환경과 여가, 개인적 성취와 성장 등 종합적인 고려가 필요한 직업 선택이 돈이라는 한 가지 기준에 너무 치우쳐 있습니다. 아이들이 직업 선택의 조건으로 돈을 우선시하는 것은 더 큰 문제입니다. 중학생과 고등학생은 물론이고 이제는 초등학생도 돈을 가장 중요한 조건으로 생각합니다.

"만약 정말 좋아하는 일을 찾게 된다면, 돈을 받지 않고 그 일을 할 수 있을까요?"

이 질문에 당신은 어떻게 대답했을지 궁금합니다. 좋아하는 일을 할 수 있다는 사람도 있고, 할 수 없다는 사람도 있습니다. 자신의 가치관에 따라 판단할 문제이기에 옳고 그름은 없습니다.

그렇다면 이 질문에 대해 아이들은 어떻게 답했을까요? 담임을 맡았던 초등학생 5, 6학년 아이들을 대상으로 7년 동안 물어본 결과, 80% 이상의 학생들이 '할 수 없다'고 답했습니다. 아이들도 어른처럼 경제적인 것을 중요하게 생각합니다. 어느 정도 예상 가능한 답변이기도 합니다. 충분히 돈을 벌지 않아도 살아갈 수 있는 조건이 갖춰지지 않은 상태에서 한 질문이기 때문입니다. 기본 생계가 해결되면 직업 선택에 돈의 비중이 줄어들지 모릅니다.

그럼 질문을 조금 바꾸어 보겠습니다.

"만약 나에게 충분한 돈이 있다면, 돈을 받지 않고 좋아하는 일을
  할 수 있을까요?"

'돈 VS 좋아하는 일'의 대결 구도가 아니라 돈이 충분히 있다고 가정하고, 이때 자신이 좋아하는 일을 할 수 있겠냐는 질문입니다. 사실 이전에 했던 나의 질문은 잘못되었습니다. 직업은 기본적으로 일을 하고 대가를 받는 행위입니다. 일하면서 돈을 받지 않는다는 것은 봉사 활동이지 직업이 아닙니다. 그래서 첫 번째 질문은 직업에 대한 의미를 제대로 이해하지 못한 질문입니다. 그럼 이 질문에 아이들은 어떻게 답했을까요? 이번에는 반대로 80% 이상이 '할 수 있다'고 답했습니다.

아이들이 돈을 직업 선택에 중요한 기준으로 하는 것은 누구의 영향일까요? 우리가 평소에 아이들에게 이와 관련하여 어떤 말을 했는지 곰곰이 생각해 봅시다. 아마 우리는 자신도 모르게 돈의 중요성에 대해 무의식적으로 계속 강조했을지도 모릅니다. '공무원이 안정적이니깐, 공무원 시험을 준비해.', '출신 대학이 대기업 입사에 도움이 되니 대학은 일단 좋은 곳에 가야 해.', '○○기업은 초봉이 5천이래.' 등 직업 선택에 있어 돈에 관한 우리 생각을 무의식적으로 표출했을지도 모릅니다. 이런 말을 통해 어른들의 생각이 아이들에게 고스란히 전해진 것입니다.

직업 선택에 있어 돈을 가장 중요한 기준으로 생각하는 아이들에게 어떻게 하면 돈에서 벗어나 자신이 원하는 일을 찾게 할 수 있을까요? 자신이 좋아하는 일이 무엇인지 온전히 찾게 하기 위해서는 어떤 질문을 하면 좋을까요?

"만약 너희에게 충분한 돈이 있다면, 너희가 하고 싶은 일은 무엇이니?"

아이들은 이런 질문을 받아야 합니다. 그리고 이 질문에 아이들이 선뜻 답할 수 있었으면 좋겠습니다. 돈의 중요성은 받아들이되 돈에 구속받지 않은 상태에서 자신이 하고 싶은 일을 찾도록 해야 합니다. 돈을 가장 중요한 가치로 여기는 아이가 이 질문을 통해 그 생각이 어른의 생각인지 자기 생각인지 구별하도록 하는 것도 좋습니다.

질문을 던져 주는 것은 부모의 몫입니다. 부모로서 자녀에게 자신이 좋아하는 일을 찾을 수 있는 질문을 던져 줘야 합니다. 아이는 어른의 말과 행동을 따라 배우고, 어른의 생각을 양분 삼아 자랍니다. 좋은 질문을 던져 줘야 본인 생각을 만들 수 있습니다. **부모의 생각을 자기 생각이라 착각하며 살아가는 아이를 바로잡는 것은 우리 부모의 몫입니다.**

초등 교사가 꿈이었던 아이

수진이(가명)는 초등교사가 꿈인 아이였습니다. 키가 크고 공부도 잘했으며 눈웃음이 매력적인 아이입니다. 반 친구 중 수진이를 짝사랑했던 아이들이 제법 있을 정도로 인기가 많았습니다. 교사 초임 시절 6학년 담임으로 수진이를 만났습니다. 하지만 6학년 담임 시절보다 졸업 후, 수진이와 나누었던 대화가 더 오래 기억에 남습니다.

수진이가 졸업하고 5년이 지난 어느 날, '초등교사가 되면 어떤 점이 좋아요? 방학에는 무엇을 하나요? 학생들이 힘들게 할 땐 어떻게 하세요? 교대 생활은 어때요? 모든 교대에서는 다 똑같은 것을 배우나요?' 오랜만의 대화라 어색할 법도 한데 그런 것에 아랑곳하지 않고 질문을 폭포수처럼 쏟아 냈습니다.

수진이가 나와 같은 길을 걷겠다고 진지하게 말했을 당시, 무척 기쁘고 행복했습니다. 초등학교 때 좋은 추억이 있어서 초등 교사를 꿈꾸는 것 같아 더 기뻤습니다.

그 당시 나누었던 대화 중 특히 기억에 남는 두 가지가 있습니다. 첫 번째는 교사의 삶에 관한 대화입니다. 수진이도 교사를 꿈꾸는 다른 아이들과 마찬가지로 교사라는 직업이 주는 안정과 여유라는 가치에 주목했습니다. 한번 임용되면 그 후로는 특별히 걱정하지 않아도 되었고, 방학이 되면 자신의 여가 생활을 즐길 수 있으리라 기대했습니다.

몇 년 전이었다면 수진이의 이야기에 맞장구치며 교사의 꿈을 응원했을지 모릅니다. 하지만 초임 때와 달리 시대가 변하며 사회가 교사에게 요구하는 것이 점점 늘어났습니다. 매 차시 수업 준비와 교육 과정 재구성, 다양한 프로젝트 수업 준비로 바쁘게 지내야 합니다. 생활지도와 학생 및 학부모 상담, 담당 업무 처리와 연수를 통한 자기계발, 학급에서 발생하는 학교폭력 사안 처리 등으로 매일 매일을 치열하게 살았습니다. 수업과 생활지도로 조금 지쳐 있었기에 단순히 긍정적인 면만 말할 수 없었습니다.

수진이에게 솔직해져야겠다는 이유로 교사의 긍정적인 점과 함께 부정적인 면에 대해 이야기해 주었습니다. 교사로서 힘든 부분을 수진이와 함께 지냈던 6학년 담임 시절의 경험을 예로 들며 설명해 줬습니다. 스스로 판단할 수 있기에 가능하면 객관적인 입장에서 교사의 삶에 대해 얘기해 줬습니다. 제 얘기를 듣고 스스로 판단할 수 있도록 많은 정보를 나눠 줬습니다. 여러 가지 질문으로 토의를 했는데 수진이는 교사가 되고 싶은 신념이 강했습니다.

두 번째는 교사가 되고 싶은 이유에 관한 대화입니다. 교사가 되고 싶은 이유를 물었을 때, 수진이는 본인이 추구하는 안정과 여유라는 가치라고 답했습니다. 교사가 되면 아이들과 어떤 생활을 하고 싶은지, 어떤 교사가 되고 싶은지에 대한 언급이 없었습니다.

가치는 삶의 방향성을 결정하기에 직업을 선택할 때 중요합니다. 수진이가 안정과 여유라는 가치로 직업을 선택했다 말했을 때 충분히 이해했습니다. 하지만 인생의 3분의 1 이상을 학교에서 살아가야 하는 현실 속에서 교사로의 삶에 대한 고민, 어떤 교사가 되고 싶은지에 대한 자기 생각은 분명히 있어야 합니다. 동료로서 함께 교직 생활하게 될지도 모르는 제자에게 교직은 좋아하지 않으면서 견딜 수 있는 직업이 아님을 솔직하게 알려 주고 싶었습니다.

"교사가 되고 싶은 이유는 다른 사람을 가르치는 것이 즐겁기 때문이니? 아니면 학창 시절에 너의 마음을 잘 이해해 주는 선생님을 만났기 때문이니? 교사가 되고 싶은 이유가 무엇인지 한번 생각해 봤으면 좋겠구나. 방학 때문에, 일찍 퇴근하는 것이 좋아서 선택하는 것이라면 교사라는 꿈에 대해 좀 더 생각해 보는 게 좋을 것 같아. 지금 당장 네가 교사를 하고 싶은 이유가 떠오르지 않는다면, 한 걸음 물러서서 네가 하고 싶은 일이 무엇인지 충분한 고민의 시간을 가져 보는 것은 어떨까? 또 교사가 된다면 어떤 교사가 되고 싶은지, 교사가 되면 아이들과 하고 싶은 수업은 무엇인지, 제자들에게 어떤 교사로 기억되길 바라는지에 대해 너의 생각을 정리해 보는 것이 좋을 것 같아."

수진이는 조언을 듣고 감사 인사를 하고 갔습니다.

초등교사가 꿈이었던 수진이는 지금 미술로 유명한 서울의 한 사립대학에서 즐겁게 대학 생활을 하고 있습니다. 나중에 다른 제자들을 통해 들은 이야기지만 수진이는 원래 미술을 좋아했고, 미대 진학도 하고 싶었다고 합니다. 입시를 열심히 준비하는 틈틈이 취미로 계속 그림을 그려 왔으며, 고2가 끝나 갈 무렵 미대 진학을 결심했다고 합니다.

돌이켜 생각해 보니 6학년 때 그림을 제법 잘 그렸던 것이 기억납니다. 그리는 것을 좋아했던 수진이였지만 교사라는 직업이 주는 여러 장점과 부모님의 기대로 인해 교대를 오랫동안 생각했다고 합니다. 하지만 자신이 좋아하는 일에 대해 진지하게 고민하고 선택했으며, 그로 인해 지금은 자신의 삶에 만족하여 행복하게 지내고 있다고 합니다.

저와의 대화 이후에 수진이가 그런 결정을 하게 되었는지, 다른 계기가 생겨 진로를 다르게 변경하게 되었는지는 잘 모릅니다. 수진이가 교직이라는 길을 함께하지 못해 아쉽기는 하지만, 자신이 좋아하는 일을 찾아 행복하게 지낸다는 소식이 무척 따뜻하게 느껴집니다. 원하는 대학 생활을 하며 행복해하는 수진이처럼 우리 자녀들이 좋아하는 일을 찾아 행복해한다는 따뜻한 소식이 앞으로도 들리면 좋겠습니다.

좋아하는 일로 성공하다!
하비프러너와 호큐페이션

하비프러너(Hobby-preneur)란 말을 들어 본 적이 있나요? 호큐페이션(Hoccupation)은요? 하비프러너는 취미를 발전시킨 창업이란 뜻으로 최근 창업 시장에 뜨거운 트렌드입니다. 호큐페이션은 취미(Hobby)와 직업(Occupation)을 결합한 새로운 용어입니다.

이전 시대만 해도 좋아하는 일은 취미로 하던 시대였습니다. 잘하는 일을 통해 돈을 벌면 좋아하는 일에 돈을 쓰던 시대였습니다. 그래서 좋아하는 일은 취미가 되었지요. 행복한 인생을 위해서는 자신이 좋아하는 일, 하고 싶은 일을 하며 살아야 하는데, 이런 일들은 모두 취미로 만족해야 했습니다.

그런데 이제 취미가 직업이 되는 시대로 바뀌었습니다. 좋아하는 일이 취미인 사람의 비중도 여전히 높지만, 좋아하는 일로 돈을 버는 사람도 점점 늘어나고 있습니다. 토이 아티스트 이찬우, 공연기획가 이샘, 롱보드 여신 고효주, 크리에이터 박막례 할머니, 여행가 권기봉이 그렇습니다. 모두 인터넷을 검색하면 쉽게 찾을 수 있는 유명한 호큐페이션, 하비프러너들입니다. 이유빈 작가의 《취미야 고마워》에는 취미가 직업이 된 행복한 사람들의 이야기가 담겨 있습니다. 놀고, 즐기면서, 돈도 버는 책 속 주인공들은 어떻게 하여 그런 삶을 살게 되었을까요?

화장품 회사 '코스토리'의 김한균 대표는 취미가 직업이 된 대표적인 하비프러너입니다. 그는 어렸을 때부터 화장품에 관심이 많았습니다. 까무잡잡한 피부와 여드름이 콤플렉스였던 그는 이를 극복하기 위해 노력했고, 그 과정에서 자연스럽게 메이크업과 화장품에 관심이 생겼습니다. 하나둘 화장품을 사 모으고 평가하다 보니 어느새 취미가 되었습니다. 취미로 하지만 전문성도 점점 높아졌습니다.

부모님께서 주신 학원비나 용돈, 아르바이트로 모은 돈은 화장품을 사는 데 소비했고, 수능 공부로 한창 바쁠 고3 시절, 화장품 판매원으로 아르바이트를 시작했다고 합니다. 화장품을 만들어 보고 싶어 대학도 화공과로 진학했고, 화장품에 관해 설명하고 직접 화장하는 것을 좋아해 광고 홍보학도 공부했다고 합니다.

자신이 지닌 화장품에 대한 지식이 다른 사람에게 도움이 되겠다는 생각이 들면서 블로그도 운영했습니다. 자신의 글을 좋아하는 사람이 점점 늘어 가고, 화장품에 대한 지식과 경험이 쌓여 가자 자신의 이름으로 된 브랜드가 갖고 싶어졌다고 합니다. 김한균 대표는 결국 화장품 회사 '코스토리'를 세우며 자신의 꿈을 이루었고, 진정성이 있는 이야기를 가진 친근한 화장품 회사로 알려졌습니다.

전문가 수준으로 취미 생활을 하더라도 직업으로 연결되기 어렵던 시절, 좋아하는 맥주를 통해 직업보다 더 뛰어난 성과를 인정받은 이가 있습니다. 바로 '히든트랙'의 대표 이현승입니다. 그는 오로지 맛있는 맥주를 먹고 싶다는 일념으로 맥주 만들기 동호회에 가입했고, 집에서 맥주를 손수 만들어 먹을 정도로 맥주를 좋아했습니다. 그는 맥주를 사랑하는 다른 두 친구와 함께 매일매일 맥주를 만들어 마시며 자신의 취미 생활을 즐겼습니다. 좋아하는 취미 생활을 매일매일 즐기다 보니 어느새 자신만의 양조장을 만들고 싶다는 생각을 합니다.

처음엔 초기 자본이 없어 좋은 상권에 자리 잡을 수 없었다고 합니다. 그 당시 상권이라 볼 수 없는 서울 안암 오거리에 자리를 잡게 되었고, 가게가 밖에서는 잘 보이지 않는다고 해서 가게 이름을 '히든트랙'이라 지었다고 합니다. 자가 양조 설비를 고르는 데 반년 이상이 걸렸고, 설치비를 아끼기 위해 직접 양조 탱크를 조립했다고 합니다. 맛있는 맥주 하나를 생산하기 위해 맥아의 파쇄, 맥주 보관, 보리 찌꺼기 세척, 장비 운전, 소독과 청소까지 모든 과정을 직접 해결했습니다. 실패의 연속인 상황 속에서도 그 과정을 즐기는 진정한 호큐페이션이 되었습니다.

취미가 직업이 된 또 다른 한 사람, 중학교 중퇴 후 주물공장 노동자에서 일하며 첫 소설집을 출간해 베스트셀러가 된 김동식 작가입니다.

"일은 원래 견디는 것이었다. 내가 그렇게 결론지은 까닭은 평생

한 번도 일을 좋아해 본 적이 없었기 때문이다. 내게 있어 일은 좋아하고 말고가 존재하지 않는 개념이었다. 그런데 서른두 살에 기적처럼 좋아하는 일이 찾아왔다. 2016년 5월 16일 나는 태어나서 처음으로 소설을 썼다. 당시 자주 가던 온라인 커뮤니티 '오늘의 유머' 게시판에 누구나 창작 글을 올리는 것을 보고 별다른 생각 없이 심심풀이로 써 봤다.

작가가 되고 싶다거나 글로 무엇인가를 이루고 싶은 마음은 없었지만, 10년간 벽을 보며 떠올린 망상이 있었다. '초능력이 생긴다면? 로또에 당첨되면? 돈과 양심 중 하나를 선택해야 한다면? 이런 이야기를 영화로 만든다면?' 평소 일하면서 떠올린 잡생각을 소재로 이야기를 만들어 게시판에 올리기 시작했다.

나는 좋아하는 일을 하면서 나를 찾았고, 살아가고 있다. 이전보다 수입이 안정적이지 않아도, 언젠가는 즐거움이 아닌 고통으로 느껴지는 날이 올지 몰라도, 나는 지금처럼 내가 좋아하는 일을 계속하고 싶다."[11]

김동식 작가의 말속에서 우리는 그의 진심을 느낄 수 있습니다. 자신이 좋아하는 일을 하는 사람이 얼마나 행복한지, 어떤 마음으

---

11 이유빈, 《취미야 고마워》, 스마트 비즈니스, 5-6쪽.

로 하루하루를 살아가는지 충분히 느낄 수 있습니다. 좋아하는 취미가 직업이 되는 행복한 사람들의 이야기는 듣는 것만으로 우리를 행복하게 합니다. 이렇게 듣기만 해도 행복한 이 이야기가 우리 아이의 이야기가 된다면 어떨까요? 좋아서 시작한 일이 즐거워지고, 즐겁게 하다 보니 잘하게 되어 생계 걱정 없이 지내는 삶을 우리 아이가 살 수 있다면 어떨까요? 상상만으로도 행복합니다.

처음엔 수입이 안정적이지 않더라도, 완벽함을 추구하지 않고 '이 정도만 해도 충분해'라는 마음으로 시작하면 좋겠습니다. 자신이 좋아하는 일을 해야 완벽하지 않아도 만족을 추구할 수 있습니다. 다들 그렇게 부족한 가운데 시작했고, 배움과 성장을 위해 노력했습니다. 그것이 하비프러너와 호큐페이션이 되는 첫걸음입니다. 처음에는 부족하고 불안정했던 하비프러너와 호큐페이션들이 배움과 성장 속에서 지금은 사회적으로 인정받고 안정적인 수입도 얻고 있습니다. 처음부터 완벽해지려 하지 말고 우선 좋아하는 일을 하라고 말해 주고 싶습니다.

아이들이 하비프러너나 호큐페이션이 되었으면 좋겠습니다. 좋아하는 일과 취미가 분리되지 않고, 그냥 자기 일이 취미가 되면 좋겠습니다. 좋아하는 일을 잘하기 위해 끊임없이 배우고 노력한다면 우리 자녀들도 성공한 하비프러너와 호큐페이션가 될 수 있습니다.

점점 많은 사람이 좋아하는 일을 통해 성공하고 있습니다. 그러니 아이들도 자신이 좋아하는 일을 통해 성공은 할 수 있다는 믿음을 보여 주세요. 성공한 하비프러나와 호큐페이션은 특별한 능력과 타고난 재능으로 성공한 사람이 아닌 자신의 자리에서 묵묵히 자기 일을 즐기며 살아가는 우리 주변에서 평범한 이웃입니다.

내 아이의 흥미를 찾아 주는 흥미 앨범

자녀는 자신이 좋아하는 일을 표정과 행동으로 나타냅니다. 자녀가 좋아하는 일을 찾고 싶다면 자녀가 어디에 관심이 있고, 어떤 일을 반복해서 하고 있는지 유심히 관찰해야 합니다. 부모가 자녀의 흥미를 이해할 수 있는 좋은 방법이 하나 있습니다. 바로 '흥미 앨범'입니다.

흥미 앨범은 부모가 사진이나 포스트잇을 활용하여 자녀의 흥미를 관찰하는 방법입니다. 자녀가 부모에게 특정 분야나 영역에 대해 반복해서 설명하거나 궁금해하는 것이 있다면 포스트잇으로 메모합니다. 또 아이를 유심히 관찰하다가 아이가 계속 관심을 가지고 반복하는 행동을 발견하면 사진을 찍습니다.

사진 파일명이나 포스트잇에는 '5살, 장난감을 조립하여 분해하며 노는 것을 좋아함', '7살, 곤충 백과를 10권째 사서 보고 있음' 등 약간의 설명도 덧붙입니다. 메모지가 없다면 핸드폰 메모 기능을 활용해 기록한 후 포스트잇으로 옮겨도 좋습니다.

사진이나 포스트잇을 보며 아이가 관심 있는 분야와 영역에 부모도 함께 관심을 가지고 대화합니다. 모르는 용어나 정보가 나오면 아이에게 질문하며 들어 봅니다. 함께 나눈 대화를 바탕으로 내용을 좀 더 추가하여 정리해 둡니다. 이렇게 모은 사진과 포스트잇은 하나의 앨범에 꾸준히 모아 둡니다. 1년에 1번 정도 아이와 앨범을 꺼내 아이의 흥미 변화 과정을 확인하며 이야기를 나눕니다. 이는 우리가 사진첩을 보며 감정과 추억에 되새기는 것과 같은 효과를 가집니다. 아이는 흥미 앨범으로 자신의 흥미와 관심을 되새길 수 있습니다.

자녀 스스로 자신의 흥미 앨범을 만들어도 좋습니다. 자녀가 자신의 일상 속에서 특별하게 느껴지는 것들을 하나씩 기록하여 흥미 앨범을 만들면 더욱 좋습니다. 과거에는 일기와 같은 글쓰기를 통해서만 기록했다면, 이제는 스마트폰을 활용하여 사진이나 영상과 함께 기록하게 합니다. 사진과 간단한 글로 자신의 일상을 올리는 SNS를 흥미 앨범이라 이해해도 좋습니다. 그리고 이 앨범에 'ㅇㅇ이의 흥미 앨범' 또는 '나의 관심사 사전' 등의 제목을 붙여 두고, 꾸준히 모으도록 합니다.

자녀의 흥미 앨범에 들어갈 내용은 간단합니다. 우선 자녀가 특별하게 느낀 사건이나 장면, 물건의 사진을 찍습니다. 그리고 사진

• 코딩으로 간단한 슈팅 게임 만들기 • 인공지능 관련 영화 감상문 쓰기 • 로봇 분야 관련 베스트셀러 읽기	• 좋아하는 유튜버 영상 분석하기 • 게임, 음식, 심리테스트 동영상 만들어 보기 • 자신이 만든 영상 보여 주고 피드백 받기
• 내가 만든 슈팅 게임을 동생도 좋아함. 다음에는 여러 레벨의 단계와 기술을 추가해서 만들어 보겠음 • 로봇 베스트셀러는 아직 내가 이해하기에 어려움	• 친구가 내 콘텐츠가 너무 지루하다고 함. 좀 더 빨리 영상이 전환되고 재미있는 요소를 넣어 만들어야겠음 • 영상 제작하는 법을 유튜브로 배웠는데, 너무 어려움

아래쪽에는 아래와 같이 자신이 한 행동이나 하고 싶은 행동을 간단하게 적어 봅니다. 느낌이나 생각을 추가해서 내용을 풍부하게 하면 더 좋습니다.

사진이나 영상, 행동, 그리고 느낌이나 생각 이 3가지로 이루어진 아이의 '흥미 앨범' 한 페이지는 자신의 관심사를 발견하게 해 주는 중요한 단서와 힌트가 됩니다. 앨범의 페이지가 채워질수록 아이의 흥미와 관심사를 발견할 가능성은 더욱 커집니다. 또 사진과 메모 사이에서 반복되는 행동, 생각, 느낌 등에서 아이가 중요하게 생각하는 가치도 발견됩니다. 이렇게 발견된 흥미와 가치는 앞으로도 자녀가 좋아하는 '일'이 될 가능성이 크고, 자녀가 자신이 좋아하는 일을 선택해야 할 때 판단의 중요한 근거 자료가 될 수 있습니다.

자녀들 대부분은 어떤 일에 관심을 가져도 자신이 좋아하는 일이 맞는지 정말 자신이 할 수 있는 일인지 확신하지 못합니다. 어렴풋한 느낌은 있지만 불확실하고 무서워서 잘 선택하지 못합니다. 이때 우리 부모가 격려와 응원으로 지지해야 합니다. 아이의 관심사와 행동을 관찰하고, 사진이나 메모지에 적어 두세요. 그리고 정리해 둔 사진이나 메모지에 함께 보며 이야기 나누어 보세요. **흥미 앨범에 차곡차곡 쌓인 흥미 사진과 글들이 불확실성과 두려움을 용기와 자기 확신으로 바뀔 수 있도록 이끌 것입니다.**

경향성을 발견하는 '내 관심 변천사'

좋아하는 일, 하고 싶은 일이 생기는 것에는 분명한 이유가 있습니다. 태어나면서부터 하고 싶은 일을 가지고 태어나는 것도 아니고, 아무것도 경험하지 않았는데 좋아하는 일이 불쑥 생각나는 것도 아닙니다. **좋아하는 일은 자녀가 자신의 일상 속에서 특별한 생각과 감정을 느끼는 사건을 경험했을 때 찾을 수 있습니다.**

어떤 경험은 자녀의 생각을 바꾸고, 어떤 경험은 신기함과 놀라움, 기쁨과 같은 감정을 선물합니다. 어떤 경험은 깨달음과 뉘우침을 주기도 합니다. 자녀는 살면서 이러한 경험과 마주치고, 경험 속 사건과 인물에 의해 영향을 받습니다. 좋아하는 일을 찾기 위해서는 **경험 속 사건**과 **인물**로부터 자신에게 영향을 준 원인에 대해 되돌아보는 과정이 필요합니다. 그 과정이 바로 '내 관심 변천사'입니다.

'내 관심 변천사'는 자신의 관심사가 변화된 과정을 그래프로 보여주는 것입니다. 내 관심사가 **달라진 시점**, **변화 이유** 등을 그래프로 만들고 다른 사람과 이야기를 나누어 봅니다. 자녀가 자신의 관심사가 어떻게 바뀌게 되었는지 돌아보며 관심 변화의 이유를 찾을 수 있습니다. 또 자신이 좋아하는 것들의 공통점도 파악할 수 있습니다. 이를 통해 자신의 흥미에 대해 깊이 있게 이해할 수 있게 됩니다.

내 관심 변천사

1. 1년 or 2년 단위로 자신이 즐거웠던 경험이나 관심사를 포스트잇에 적는다. 이때 즐거웠던 경험이나 관심사는 지속적이고 반복적인 행동을 의미한다.
2. A4용지에 포스트잇을 시간의 흐름과 흥미의 정도에 따라 포스트잇을 붙인다. 가로축은 '시간', 세로축은 '관심의 정도'이다. 관심이 높을수록 위쪽에 붙인다.
3. 자기 관심사의 공통점과 차이점을 찾아보고 정리한다.
4. 다른 사람들과 자신의 관심사에 대해 이야기 나눈다.

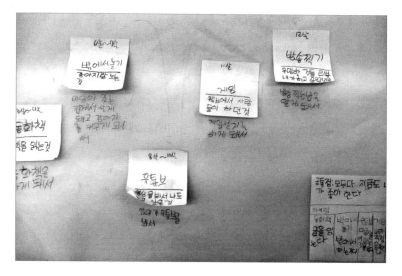

　다음은 경원이(가명)의 관심 변천사입니다. 경원이의 꿈은 크리에이터입니다. 자신의 유튜브 채널도 가지고 있고, 게임과 관련된 영상을 업로드하고 있습니다. 경원이가 유튜브를 처음 접한 건 8살 때입니다. 엄마가 유튜브 영상 보는 것을 함께 시청하다가 관심이 생겼습니다. 게임에 관심이 생긴 것은 9살 때, 집 안에 게임기가 설치되면서부터였습니다. 방송을 시작한 것은 10살에 자신이 좋아하는 유튜버 방송을 구독하다 방송 촬영하는 방법을 알게 되면서부터라고 합니다.

　시간의 흐름과 관심의 변화를 따라가 보면 경원이는 유튜브 시청, 게임, 방송 찍기 등 크리에이터와 관련 있는 여러 경험을 계속 겪어 온 것을 알 수 있습니다. 앞으로 경원이의 꿈이 어떻게 바뀔지는 모르겠지만, 관심 변천사 활동을 보면 경원이의 관심사는 방향성을 가지고 꾸준히 흐르고 있음을 알 수 있습니다. 경원이도 자신이 좋아하는 것을 분명히 아는 것처럼 보입니다.

자녀 관심사 변천사를 통해 어떤 사건이나 인물이 영향을 주는지 이해할 수 있습니다. '내 관심 변천사'로 자녀의 관심을 변하게 한 인물과 사건, 공통점과 차이점을 찾다 보면 그 속에는 자녀가 특별하게 느끼는 그 무엇을 발견할 수 있습니다. 그 무엇을 통해 우리는 자녀의 경향성을 발견할 수 있고, 이러한 경향성은 훗날 자신이 좋아하는 일을 선택하는 데 중요한 판단 근거가 됩니다.

제4화

도전하는 즐거움
경험하기

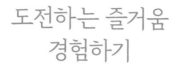

좋아하는 일 VS 잘하는 일

좋아하는 일을 할까요? 잘하는 일을 할까요? 삶의 방향성을 결정하는 중요한 질문입니다. 좋아하는 일과 잘하는 일이 일치한다면 이런 고민이 필요 없겠지만, 이 둘이 일치하기란 쉽지 않습니다. 좋아하는 일과 잘하는 것이 일치하지 않는 현실 속에서, 우리는 어떤 선택을 해야 할까요?

일을 통해 행복하려면 좋아하는 일과 잘하는 일이 일치해야 합니다. 좋아하는 일이 아니더라도 잘하는 일이 아니더라도 어떤 일이

든 있었으면 좋겠다고 말하는 이에게는 사치스러운 고민일지 모릅니다. 하지만 좋아하는 일과 잘하는 일 사이의 선택은 살아가는 동안 누구나 한 번쯤 겪게 되는 고민입니다. 만약 자녀가 잘하는 일과 좋아하는 일 사이에서 고민하는 때가 온다면 우리는 어떤 조언을 해야 할까요?

입장 1 : 잘하는 일을 해야 한다

삶에 지치고, 관계에 상처받고, 부조리한 세상에 고통받은 수많은 이들에게 인생의 길잡이가 되어 준 한 스님이 있습니다. 그는 때로는 뼈 때리는 조언으로, 때로는 따뜻한 위로의 말로 삶의 문제를 현명하게 바라보게 해 줍니다. 오랫동안 삶이 주는 진정한 의미와 깨달음을 설파해 온 그 스님은 우리에게 법륜이란 법명으로 잘 알려져 있습니다.

법륜 스님에게 어느 날 한 청년이 물었습니다.

"잘하는 일과 좋아하는 일 중에서 저는 어떤 선택을 해야 하나요?"

청년의 질문에 대해 일말의 주저함도 없이 법륜 스님은 다음과 같이 말했습니다.

"사회 첫발을 디딜 때는 세상에 필요한 일을 해야 합니다. 왜? 그래야 뭐가 생기니까요. 세상에 필요한 일을 해 줘야 사람이 돈을 주니까요. 밥 먹고 사는 게 해결하면 그때 좋아하는 것 하면 돼요. 그러니까 잘하는 거를 먼저 시작해야 해요. 그래야 밥을 먹고 사니깐. 밥 먹으면서 좋아하는 거 겸해요. 좋아하는 거 갖고도 굶지 않고 살 수 있으면 그때 옮겨 가면 돼요. 처음부터 선택하려 하지 말고요. 항상 우리의 생존은 현실이에요. 자기가 해결하면서 일을 풀어야 한다는 거예요."

　사람들이 필요로 하는 일을 잘해야 돈을 벌 수 있다는 법륜 스님의 말은 현실적인 조언입니다. 돈을 버는 일은 나 자신이 필요한 일이 아니라 다른 사람들이 필요로 하는 무엇을 제공해야 하는 일입니다. 그러니 돈을 벌기 위해서는 다른 사람이 필요로 하는 일을 잘하는 것이 먼저입니다. 자신이 하고 싶은 일을 하겠다는 것은 어쩌면 욕심일지 모릅니다. 헤어디자이너가 커트나 파마를 할 때, 고객의 마음에 드는 서비스를 제공해야 돈을 계속 벌 수 있는 것처럼 다른 사람에게 필요한 일을 해야 그에 따른 대가를 받을 수 있습니다.

　일상생활에서 즐기는 취미 한두 가지는 누구나 가지고 있습니다. 독서, 운동, 음악, 피규어, 화장품, 영화 등 다양한 영역에서 자신을 행복하게 해 주는 것을 즐깁니다. 이때 드는 비용은 모두 자신이 부담합니다. 독서가 취미인 사람은 책을, 운동을 좋아하는 사람은 운동용품을, 음악을 즐기는 사람은 음원이나 음향기기를 자신의 돈으로 구매합니다. 법륜 스님은 바로 이 부분에 주목합니다. 자신이 원하는 일을 하고 싶다면 그 비용도 자신이 내야 합니다. 그래서 자신의 원하는 일을 하면서 돈도 벌려 하는 것은 욕심일지 모릅니다.

법륜 스님은 잘하는 일과 좋아하는 일 사이에서 고민이 된다면 잘하는 일을 먼저 해야 한다고 말합니다. 어쩌면 질문한 사람에게만 이렇게 얘기하고 다른 사람이 질문하면 다르게 대답할지도 모릅니다. 법륜 스님은 겉으로 표현된 말과 행동보다는 사람의 깊은 마음을 보기 때문입니다. 어쨌든 이 질문자에게는 자신의 생계가 충분히 안정되고 돈에 대한 고민이 생겨나지 않으면 그때 자신이 좋아하는 일에 몰두해야 한다고 말합니다. **스님의 말처럼 대부분 부모가 자녀들이 세상에서 안전하고 평안하게 살기를 바라는 마음으로 이렇게 조언합니다.**

입장 2: 좋아하는 일을 해야 한다

서울대 행복연구센터에서 재미있는 실험을 했습니다. 사람들이 어떤 활동을 하면서 실제로 경험하는 행복의 정도가 그 일을 좋아하는 정도와 그 일을 잘하는 정도 중 어느 것에 의해 더 결정되는지를 알아보는 실험입니다. 하루에 몇 차례씩 연구 참가자들에게 모바일

설문조사로 지금 하는 일이 무엇인지, 그 일을 얼마나 좋아하는지, 그리고 그 일을 얼마나 잘하는지 답하게 했습니다. 그리고 그 일을 통해 느끼는 즐거움과 의미의 정도를 보고하게 했습니다.

실험 결과는 어땠을까요? 분석 결과, 회의나 대화, 운동 등 어떤 경험을 하는 순간순간의 즐거움과 의미는 그 일을 잘한다고 느끼는 정도보다는 그 일을 좋아한다고 느끼는 정도에 의해서 훨씬 좌우되는 것으로 나타났습니다. 이는 어떤 일을 하면서 경험하는 행복은 그 일을 좋아하는 정도와 강하게 관련되어 있음을 보여 줍니다.

> "사람이 어떻게 좋아하는 일만 하면서 살 수 있어? 하기 싫은 일
> 도 참아 가며 하는 거지. 요즘 애들은 참을성이 없어. 자기 하고
> 싶은 것만 하며 살려고 해."

군인 시절, 새로운 꿈이 생겨 다시 수능을 준비하고 있는 나를 보며 나이 지긋한 상관이 했던 말입니다. 진학한 학과가 적성에 맞지 않아 오랜 고민을 하며 내린 결정이었기에 상관의 그 한마디는 나의 가슴을 몹시 아프게 했습니다.

자신이 좋아하는 일을 하는 것은 정말 사치스러운 일인가요? 하고 싶은 일을 추구하는 것은 정말 세상 물정 모르는 것으로 봐야 하는 걸까요? 좋아하는 일을 하기 위해 다른 삶을 준비하는 사람을 참을성 없는 사람으로 치부하는 것이 진심 어린 조언일까요?

서울대 행복연구센터에서 위의 실험을 진행했던 최인철 교수는 한 인터뷰에서 다음과 같이 말했습니다.

"잘하는 일과 좋아하는 일 사이에서 고민된다면 잘하는 일보다는 좋아하는 일을 선택하는 게 조금 더 유리합니다. 좋아하는 일을 하면 사람들은 며칠이고 밤을 새울 수 있습니다. 그리고 엄청나게 거기에다 공을 들입니다. 그러면 잘하게 될 가능성이 있습니다. 하지만 잘한다는 이유만으로 며칠씩 밤을 새우고, 자신의 시간과 돈을 투자하진 않습니다. 이것은 좋아하는 일을 할 때보다 상대적으로 덜합니다. 좋아하는 것과 잘하는 것, 둘 다 중요하지만 약간의 차이가 있을 때 좋아하는 일을 선택하는 것이 잘하는 결과를 가져올 가능성이 큽니다."

– 최인철 교수 〈포크포크〉 인터뷰 中

사람이 한 권의 책이라면

사람의 인생을 한 권의 책에 비유하면 책 내용은 그 사람의 지식, 생각, 경험이고, 책의 두께는 살아온 삶의 밀도입니다. 나이가 들수록 책에 담을 수 있는 내용은 많아 일반적으로 나이 든 사람의 책은 두껍습니다. 그래서 예로부터 어른의 말씀은 중요했습니다. 문제가 발생했을 때, 어른이 가진 지식, 생각, 경험이 지혜로운 해결 방안을 제시했기 때문입니다.

하지만 시대가 점점 변화하면서 짧은 시간에도 자신의 삶을 밀도 있게 산 사람이 많아지기 시작합니다. 살아온 시간과 상관없이 나이가 어려도 두꺼운 책을 갖게 된 사람이 생겨났습니다. 시대의 변화에 새로운 분야가 따라가기 힘들 정도로 많이 생겼고, 각 분야에 먼저 그리고 오랫동안 일해 본 나이 어린 사람이 생겨나기 시작합니다. 이들은 새로운 분야의 전문가가 되었고 문제를 해결하는 능력도 갖추었습니다.

이제는 나이가 많다는 이유로 또는 어리다는 이유로 능력을 판단하지 않습니다. 실력을 통해 인정받습니다. 한 분야의 실력을 쌓아 능력 있는 전문가가 되기 위해서는 열정이 필요합니다. 열정을 바탕으로 그 분야에 호기심을 가지고 자신의 시간과 노력을 투자해야 전문가가 될 수 있기 때문입니다.

작심삼일은 의지 부족을 나타낼 때 자주 사용하는 사자성어입니다. 하지만 시간과 노력을 들이는 것이 얼마나 힘든지 잘 보여 주는 사자성어이기도 합니다. 자신의 시간과 노력을 들이는 일은 쉽지 않습니다. 더욱이 그것이 싫어하는 일이라면 더 말할 필요도 없습니다.

자신의 시간과 노력을 들이는 것은 좋아하는 일을 하는 것으로부터 시작됩니다. 좋아하는 일을 하지 않고서는 이런 시간과 노력은 불가능합니다. 그래서 자신이 좋아하는 일과 잘하는 일 사이에서 고민된다면 자신의 열정을 불태울 수 있는 좋아하는 일을 선택하는 것이 좋습니다. 이는 나이에 상관없이 자신의 능력과 실력을 갖추는 데 도움이 됩니다. 단순히 좋아하는 일을 하느냐 마느냐에 대한 문제가 아니라 변화무쌍하고 냉정한 미래 사회를 살아가기 위한 생존 전략입니다.

때로는 쓸데없는 일을 해도 되는 나이

김석규는 KBS 〈명견만리〉에 '학원에 안 다니면 비정상인가요?'라는 주제로 강연을 한 중학생입니다. 석규는 학원을 쫓아다니느라 바쁜 친구들과 달리 팟캐스트로 인문학을 배우고, 항공기 모형도 만들고, 관심 분야인 항공 분야를 심도 있게 공부하며 중학교 시절을 보내고 있습니다. 그런 자신의 모습을 보고 주위 어른들은 물론이고 친구들까지 쓸데없는 일을 그만하라고 충고합니다. 이 이야기를 청중에게 들려주며 석규는 질문 하나를 던집니다.

"어떻게 중학생이 쓸모 있는 일만 하나요? 열네 살은 쓸데없는 일을 해야 할 나이 아닌가요?"

석규의 말에 나는 망치로 한 대 얻어맞은 느낌이었습니다. 부모가 자녀의 행동이 이해되지 않을 때, 자녀에게 무심코 던지는 말, '쓸데없는 일 하지 마'를 석규가 다른 관점에서 되돌려주었습니다. 자녀는 쓸모 있는 일만 해야 하는 걸까요? 그전까지는 단 한 번도 그런 생각을 해 본 적 없던 나에게 석규의 질문은 그동안 무심코 했던 나의 행동을 반성하게 했습니다.

부모가 생각하는 쓸모 있는 일과 잘해야 하는 일은 모두 공부입니다. 반면 쓸데없는 일은 공부와 관련 없는 자녀가 좋아하는 대부분입니다. **좋아하는 일만 하면서 살 수 없다는 어른의 말이 존중받기 위해서는, 늘 잘하는 일만 하면서 살 수 없다는 아이의 말도 존중받아야 합니다.** 그것이 부모가 보이는 바람직한 모습이고 자녀를 대하는 우리의 자세여야 합니다.

산울림의 리더이자 배우인 김창완도 석규와 같은 고민을 했다고 합니다. 한 방송에 출연하여 자신의 중학교 시절 고민을 털어놓았습니다. 사춘기 시절 무작정 길 가는 어른들을 붙잡고 질문을 던졌다고 합니다.

"왜 사세요?"

그런데 그가 만난 어른들은 하나같이 '너도 크면 알아, 쓸데없는 소리 하지 말고, 공부나 열심히 해'라며 어느 한 명 진지하게 소년의 고민을 들어 주지 않았다고 합니다. 어린 마음에 너무도 크게 실망했다고 말하며 자신과 같은 고민을 안고 있는 청소년을 위해 마지막 한마디를 덧붙였습니다.[12]

> "어른들을 너무 믿지 마세요. 여러분 안에는 무한한 가능성과 잠재력이 있는데, 그 커다란 우주를 열어 줄 어른은 많지 않아요. 또 그런 어른이 된다는 게 얼마나 힘든 일인지를 내가 잘 알고…. 믿지 말라고 해서 세상을 부정하라는 뜻이 아니라, 어른들의 말에 갇히지 말라는 뜻이에요. 여러분은 우리보다 훨씬 큰 세상을 볼 수 있는 사람들이니까, 무작정 어른들의 말을 좇아서 따라가지 말고 여러분의 손으로 또 다른 세상을 열어 보세요."

김석규의 강연이 쓸데없는 일이 되지 않도록, 어른에 대한 김창완의 생각이 달라질 수 있도록 지금부터 우리 어른이 노력해야 합니다. 우리 자녀가 그들과 같은 마음의 상처를 입지 않기 위해서 말입니다. 만약 우리 아이가 "어떻게 우리가 쓸데 있는 일만 하나요? 아직은 쓸데없는 일을 해도 괜찮은 나이 아닌가요?"라고 묻는다면 우리는 무엇이라 답하면 좋을까요?

---

12 백다은, 《백다은의 교육상상》, 해드림출판사, 27쪽.

YOLO? YODO? Just Do It!

지금까지 잘하는 일을 해야 한다는 주장과 좋아하는 일을 해야 한다는 주장에 대해 각각 다루었습니다. 법륜 스님의 말도 맞는 것 같고, 최인철 교수의 말도 맞는 것 같습니다. 김석균의 질문도, 배우 김창완의 마음도 이해가 갑니다. 그래서 더 헷갈리고 모르겠습니다. 그래서 어떻게 하라는 말인가요? 다음의 한 문장이 내가 하고 싶은 말입니다.

'Just Do It~!'

스포츠 의류와 장비를 판매하는 회사 '나이키'의 광고 문구입니다. 나이키는 광고 속에 철학이나 신념을 담는 것으로 유명합니다. 대다수의 스포츠용품 회사들이 기능성과 내구성을 장점으로 광고했을 때, 나이키는 시대정신과 철학을 광고에 담으려 했습니다. 단순히 신제품을 홍보하거나 특정 제품 하나를 광고하기보다 운동하는 사람들에게 필요한 정신, 마음가짐을 담았습니다.

'Just Do It~!'도 그렇게 탄생한 문구입니다. 새로운 운동을 시작하려는 사람들에게, 이것저것 다양한 핑계를 대며 운동을 미루려는 사람에게 나이키가 던지는 메시지입니다.

'그냥 해 봐!'

　오랫동안 고민하는 대신 그냥 해 보라고 했습니다. 두렵고 불안한 마음으로 미래를 쳐다보지 말고 지금 자신이 서 있는 자리에서 도전해 보라 합니다. 일단 한번 시도해 보고 이 길이 아니면 포기하면 되니, 이것저것 복잡하게 생각하지 말고 그냥 해보라는 것입니다. 잘하는 일, 좋아하는 일 이런 것 따지지 말고 그냥 해 보라 합니다.

　좋아하는 일이든 잘하는 일이든 일단 해 보세요. 시작해 보고 그 길이 아니면 다른 길로 돌아가세요. 이것저것 재며 고민하는 시간 대신 이것저것 해 보고 실패하는 시간을 가지세요. 고민하며 머뭇거리는 것보다 이것저것 하다 실패하며 돌아가는 것이 어쩌면 더 빠를지도 모릅니다. 하지 못한 것을 후회하기보다 해 보고 후회하는 것을 선택하도록 하세요.

　잘하는 일을 하다 보면 주위로부터 인정받게 되고, 인정받기 시작하면 그 일이 좋아집니다. 반면 좋아하는 일을 하다 보면 열심히 하게 되고, 열심히 하다 보면 그 일을 잘하게 됩니다. 좋아하는 일을 먼저 하든, 잘하는 일을 먼저 하든, 일단 시작하세요. 어떤 일이든 후회 없이 최선을 다하다 보면 좋아하는 일과 잘하는 일이 일치하는 순간이 올 수 있습니다. 그러니 일단 시작해 보세요.

　사람들이 머뭇거리는 이유는 인생에서 자신에게 주어진 시간이

짧다고 느끼기 때문입니다. '인생을 짧고 굵게 살자.', '인생 별거 없어, 그냥 되는 대로 사는 거야.'라는 이야기는 자신에게 주어진 시간이 짧다고 생각하기 때문에 나오는 이야기입니다. YOLO(You Only Live Once)! '어차피 우리의 인생은 한 번뿐이고 인생이 그렇게 길지 않으니 즐기며 사는 거야.'라고 생각합니다.

하지만 하루하루 자신의 삶을 살다 보면 인생은 그렇게 짧은 것이 아니라고 느껴질 때가 있습니다. YODO(You Only Die Once)! 어차피 우리는 한 번 죽게 되어 있으니까 의미 있는 일을 하다 죽자는 생각을 하기도 합니다. 때로는 인생이 짧다고 느껴지겠지만 때로는 인생이 충분하다고 느껴지기도 합니다. 답은 어차피 우리 안에 있습니다. 선택도 우리의 몫이고 그에 대한 책임도 우리의 몫입니다.

시간이 충분하다고 생각하면 좋아하는 일과 잘하는 일 중 하나를 선택하는 것은 크게 중요하지 않습니다. 어느 한쪽을 선택해도 다시 돌아갈 수 있기 때문입니다. 인생을 길다고 생각하면 실패 몇 번쯤은 크게 걱정할 일이 아니고, 지나왔던 길을 다시 돌아가는 것도 괜찮습니다.

우리보다 살아갈 날이 더 많이 남은 자녀들이 이 사실을 꼭 기억하면 좋겠습니다. 어느 하나를 선택하기 위해 고민하고 머뭇거리기보다는 무엇이든 좋으니 먼저 시작하면 좋겠습니다.

모든 것에 도전해도 될 만큼 긴 인생

삶에 대한 태도를 균형 있게 추구하는 것은 중요합니다. 그래서 요즘 청소년들이 인생을 짧다고 느끼는 것이 안타깝습니다. 짧은 쾌락을 위해 순간만을 사는 것이 너무 아쉽습니다. 사회 구조의 불합리와 불확실한 시대 상황 때문에 그렇게 생각할 수밖에 없음을 인정합니다. 그래도 한쪽으로 기울어진 태도는 옳지 않습니다. 때로는 자신의 인생을 즐길 필요도 있지만, 순간적인 쾌락에만 취하지 않아야 합니다. 순간의 쾌락과 즐거움은 행복의 전부가 아니기 때문입니다.

우리의 인생은 깁니다. 지금의 자녀들은 우리 부모 때보다 훨씬 더 긴 인생을 살 것입니다. 인생의 길이가 길어졌다는 말은 단순히 생물학적인 기대수명이 늘어났다는 뜻이 아닙니다. 생물학적 기대수명을 넘어 온전히 자기 삶을 살 수 있는 시간이 늘어났다는 뜻입니다. 자신이 살아가야 할 인생에 대해 고민해 보고 생각할 기회와 환경이 과거보다 더 늘어났기에 자기 인생을 온전히 살 수 있습니다.

과거 생계유지를 위해 돈벌이 수단으로 직업을 가졌던 부모 세대는 자신이 좋아하는 일과 잘하는 일에 대해 고민할 수 있는 시간이 적었습니다. 이에 대해 고민하고 대화해 볼 자리도 없었습니다. 그래서 좋아하는 일과 잘하는 일 사이에서 방황하는 자녀들의 고민을 대수롭지 않게 여길 때도 있습니다. 자신이 그런 교육을 받아 본 적도 없고, 고민해 볼 수 있는 시간도 없었으니 자녀들의 고민에 대해 해 주고 싶은 조언과 충고도 잘 생각나지 않습니다.

자녀의 인생이 길어졌음을 인정하세요. 자녀가 좋아하는 일과 잘하는 일 사이에 고민한다면 모두 다 해 보라고 말해 주세요. 인생이 길어진 만큼 이것저것 도전해 볼 수 있음을 알게 해 주세요. 그리고 우리 부모가 그 과정을 지지하고 응원한다고 말해 주세요. 자녀가 부모라는 안전한 울타리 속에서 마음껏 도전하고, 실패할 수 있도록 해 주세요. **인생은 기니까 좀 더 아이들을 믿고 기다려 보세요.**

꿈을 이루는 길, 사다리가 아닌 정글짐

페이스북 COO(최고운영책임자) 셰릴 샌드버그는 "당신은 미래를 어떻게 계획해서 살아왔나요?"라는 사람들의 질문에 "미래는 계획한다고 해서 그대로 이루어지지 않습니다."라고 대답했습니다. 컴퓨터를 전혀 몰랐던 그녀가 IT 회사의 임원이 된 것은 그녀가 오랫동안 계획해서 이루어 낸 일이 아니기 때문입니다.

미국 재무부 장관의 비서실장으로 일했던 경험, 인도 '월드뱅크'에서 나병 환자를 돕던 경험 등 그녀가 가진 경험은 언뜻 보면 페이스북의 임원으로는 어울리지 않아 보입니다. 하지만 비서실장을 통해 얻은 협상의 기술, 나병 환자를 돌보며 얻은 공감의 경험은 아이러니하게도 실리콘밸리 엔지니어 출신이 가질 수 없는 그녀만의 차별화된 능력이 되었습니다. 그녀가 IT 관련 기술을 잘 몰랐던 것이 오히려 임원이 되는 데 도움이 되었습니다.[13]

그녀는 사람들이 꿈에 대한 계획을 세울 때, 단계별로 올라갈 사다리처럼 하나씩 계획을 세운다고 말합니다. 이 때문에 계획을 세우는 데 너무 많은 시간을 보내거나, 계획이 틀어졌을 경우 쉽게 무너지고 방향을 잃게 된다고 말합니다. 꿈을 이루는 길은 오직 한 방향만 있는 것이 아닌데, 사람들은 그것을 잘 모른다고 말합니다.

"꿈을 이루는 길은 직선형 사다리가 아닌 경력과 경험이 얽힌 정글짐이다."

그녀의 말처럼 꿈에 도달하는 길은 직선형 사다리가 아니라 정글짐과 같습니다. 각자가 생각하는 성공과 행복의 기준이 다르고, 사람마다 겪어 온 경험과 경력이 다르기에 꿈에 이르는 길은 다양합니다. 의도치 않던 경험과 경력이 서로 모이고 엮여 꿈을 향한 발판이 됩니다. 그래서 그녀는 백 번의 계획보다는 한 번의 실천이 변화의 시작이 될 수 있다고 말합니다. 지금 당장 할 수 있는 일을 실천하

---

13 앞의 책, 68-69쪽.

기를 권합니다.

우리 자녀들에게 지금 필요한 것은 당장 할 수 있는 일을 실천하는 것입니다. 그리고 실천을 통해 얻은 경험의 모으고 엮어 자신만의 정글짐을 만들도록 해야 합니다. 이것저것 재지 말고, 오랫동안 계획만 하지 말고, 일단 한번 해 보세요. 그리고 엮어 보세요. 그러면 새로운 자신만의 세상이 열릴 수 있습니다.

제 5 화

포트폴리오를 쌓는
즐거운 경험하기

무엇이 재능이 될지 모르는 세상에서

일상생활에서 이루어지는 행동 하나하나가 일이 되기 시작했습니다. 밥하기, 반찬 만들기, 청소하기, 결혼 계획, 정리 정돈하기 등 일이 아니었던 것들이 일이 되었습니다. 등하교 보조, 음식 배달, 셀프 인테리어, 업무 대행 서비스 등 일상의 모든 영역이 일이 되었습니다. 앞으로는 어떤 것이 또 일이 될 수 있을까요? 또 어디까지 일이 될 수 있을까요?

재능은 어떨까요? 어디까지가 재능이 될 수 있을까요? 재능을 사고파는 재능 공유 사이트나 24시간 라이브로 방송되는 네이버 'NOW'를 보면 연애 상담 및 조언, 수채화 잘 그리는 법, 어리게 보이는 화장법, 바탕화면의 아이콘 잘 정리하는 법 등 그동안 쓸데없는 것이라 여겨졌던 것들이 재능이 될 수 있음을 알 수 있습니다.

이제 더 이상 학생을 잘 가르치고, 피해자를 잘 변호하고, 물건을 잘 판매하는 것만이 재능이 아닌 세상이 되었습니다. 밥을 잘하고, 반찬을 맛있게 만들며, 청소를 잘하는 것이 전문성이 되었습니다. 글쓰기와 그리기만 재능이 아니라 정리를 잘하고, 계획을 잘 짜는 것도 재능이 되었습니다. **앞으로 그 어떤 것이 일이 될 수 있을지 모르는 것처럼 앞으로 그 어떤 것이 재능이 될지 모르게 되었습니다.**

제너럴리스트(Generalist)는 모든 분야에 대하여 상당한 지식과 경험을 가진 사람을 의미합니다. 반면에 스페셜리스트(Specialist)는 각각의 업무에 있어서 상당한 커리어를 가진 전문가를 뜻합니다. 로먼 크르즈나릭의 《인생학교: 일에서 충만함을 찾는 법》에서는 '르네상스 제너럴리스트'와 '연속 스페셜리스트'라는 개념이 나옵니다. 이 개념은 자신의 천직을 찾을 수 있는 2가지 방법으로 소개합니다.

'르네상스 제너럴리스트'는 르네상스 시대의 레오나르도 다빈치처럼 자신이 가진 여러 재능과 특성을 개발하여 동시에 다방면의 전문가가 되는 것을 뜻합니다. 사람은 하나의 잠재력만 가진 존재가 아니라 여러 개의 잠재력을 가지고 있는 존재이기에 화가이자, 엔지니어이자, 과학자이자, 철학자인 레오나르도 다빈치처럼 여러 분야에 동시에 도전하여 자신의 열정과 가능성을 확인해 보는 방법입니다.

반면 '연속 스페셜리스트'는 여러 직업을 차례대로 경험해 보는 것을 뜻합니다. 가수로 살다가 연기력을 인정받아 배우로 살아가는 연예인이나 스포츠 선수에서 예능인으로 데뷔하여 자신의 재능을 뽐내고 있는 운동선수들이 바로 그런 경우입니다. 하나의 전문가가 되는 데 시간이 오래 걸리기에 차근차근 도전하여 자신의 또 다른 전문 분야를 찾아보는 것입니다. 인생은 길다고 느끼고 자신 안의 열정과 잠재력을 발견하고 싶을 때 시도해 볼 수 있습니다.

동시에 여러 분야에 도전하는 르네상스 제너럴리스트로 살아가든 천천히 각 분야에 도전하는 연속 스페셜리스트로 살아가든, **모두 자신이 열정을 쏟을 수 있는 일과 자신에 대한 가능성을 발견하는 방법입니다.** 그러니 어느 하나의 방법을 선택하기 전, 여러 분야에서 열정을 쏟으며 일하고 있는 자신의 모습을 떠올려 보고, 어떤 방식으로 자신의 꿈을 찾는 것이 좋을지 스스로 고민해 보아야 합니다. 떠올린 모습이 정말 자신이 원하는 모습인지 생각해 보고, 실현 가능할지 삶으로 확인해야 합니다.

어디까지 일이 될 수 있을지, 무엇이 재능이 될 수 있을지 모르는 세상입니다. **이런 세상에서 열정을 쏟으며 할 수 있는 일을 찾기 위해서는 아이가 여러 분야에 도전해 보아야 합니다.** 동시에 도전하든, 하나씩 차근차근 도전하든 그 방법은 그리 중요하지 않습니다. 꿈을 이루는 것은 우연히 주어지는 것이 아니라 노력으로 얻는 것이라 알려 줘야 합니다. 꿈의 세계에서 찾아오는 운명은 없습니다. 차근차근 돌을 쌓아 돌탑을 만들 듯 경험을 하나하나 쌓아 올려 꿈이라는 탑을 쌓아야 합니다.

포트폴리오 커리어(Portfolio Career)

아일랜드 목사의 한 아들로 태어난 그의 어릴 적 꿈은 돈을 많이 버는 것이었습니다. 목사의 아들로 너무도 가난하고 궁핍하게 돈에 쪼들리며 살았기 때문입니다. 장성한 그는 돈을 많이 주는 대기업에 입사하며 자신의 어릴 적 꿈을 이루었습니다. 여느 때처럼 회사 일을 하던 중, 갑자기 아버지가 위독하다는 소식을 들었습니다. 급하게 집으로 달려가지만 안타깝게도 그의 아버지는 세상을 떠나게 됩니다.

다음 날, 돌아가신 아버지의 장례식장에 엄청난 사람들이 몰려와 아버지의 죽음을 애도하는 것을 본 그는 충격에 빠집니다. "내가 죽어도 이렇게 많은 사람이 나를 위해 슬퍼할까?"란 생각과 함께 그동안 살아온 자신의 삶을 되돌아보게 됩니다. 그 후, 어릴 적 꿈인 대기업을 떠나 삶에서 중요한 것이 무엇인지 찾는 홀로서기를 시작합니다.

세계적인 경영사상가 찰스 핸디의 이야기입니다. 그의 저서 《코끼리와 벼룩》에서는 찰스 핸디 자신의 삶을 회고하며 앞으로는 포트폴리오 인생(Portfolio Life)을 살게 될 것이라 예견합니다. 포트폴리오 인생이란 자신의 일상생활을 일, 학습, 여가, 자원봉사 등 4가지 유형으로 나눈 후, 어느 하나에 매몰되지 않고 자신의 인생을 균형 있게 살아가며 의미를 찾아가는 삶을 사는 것입니다.

그는 대기업을 코끼리, 개인을 벼룩으로 정의하며 앞으로 사람들은 대기업이나 회사에 의존하지 않고 스스로 경제적인 생활을 이어나가는 벼룩으로서의 삶을 살게 될 것이라 말합니다. 벼룩은 기간제, 임시직, 프로젝트 워커, 파트타임 근로자 등 다양한 이름으로 불립니다. 49세의 나이에 그 자신도 벼룩으로서의 삶을 선택했고, 자신이 중요하다고 생각하는 것을 생활 속에서 실천하는 포트폴리오 인생을 살았습니다. 그가 말한 포트폴리오 인생은 조직을 떠난 직장인으로 살아남는 방법인 동시에 자신의 삶을 어떻게 살아야 하는지에 대한 의미 찾기 활동입니다.

벼룩은 때론 코끼리에 기대서 살아가지만, 코끼리 안에 소속되지 않습니다. 정규직처럼 회사를 위해 살아가는 것이 아닌 자기 자신을 위해 필요한 만큼 회사를 활용합니다. 하나의 일이 끝나면 다른 일을 찾아야 하는 홀로서기 인생은 한 분야의 전문성만으로는 살아가기 힘듭니다. 여러 분야의 전문가가 되었을 때, 훨씬 자신의 삶을 안정적으로 이끌어 갈 수 있습니다. 그래서 벼룩의 삶은 일하는 동시에 끊임없는 자기계발이 이루어져야 합니다. 때론 자기 삶의 의미를 잊지 않기 위해 휴식도 취하고, 가족과의 시간도 함께 보내면서 말입니다.

포트폴리오 커리어(Portfolio Career)는 포트폴리오 인생을 발전시켜 나온 개념입니다. **자신의 흥미와 적성을 바탕으로 여러 개의 직업과 일을 하며 생계유지, 만족과 즐거움을 찾기 위해 쌓는 경력을 의미합니다.** 이는 자신이 가치를 바탕으로 주관적인 성공 기준을 정하고 그 기준에 따라 자신의 경력을 쌓아 가는 프로티언 커리어(Protean Career)와도 연결되어 있습니다. 또 한 사람이 여러 영역에서 일을 할 수 있게 됨에 따라 그 사람이 '어떤 일을 할 수 있느냐?'가 중요한 '일' 중심의 사회 변화와도 맞닿아 있습니다.

포트폴리오 커리어는 크게 3가지 장점이 있습니다. 첫째, 하나의 일을 그만둔다 하더라도 다른 일이 남아 있기에 경제적인 위험이 낮아집니다. 둘째, 하고 싶은 여러 가지 일을 동시에 할 수 있습니다. 이는 좋아하는 일과 잘하는 일의 선택의 갈림길에서 둘 다 선택할 수 있게 하며, 더 많은 일도 동시에 할 수 있게 합니다. 셋째, 새롭게 시도해 보고 싶은 영역이 있으면 도전해 볼 수 있습니다. 새로운 분야에 진출하기 전, 자신이 가진 열정과 가능성이 통할 수 있는지 검증하는 수단으로 활용할 수 있습니다.[14]

그렇다면 이러한 다양한 장점이 가진 포트폴리오 커리어가 기존

경력과 다른 점은 무엇일까요?

첫째, 일과 휴식, 일과 가정, 돈과 여유 등 다양한 가치 갈등 상황 속에서 자신의 가치 기준에 따라 적절한 균형을 잡으며 살아갈 수 있다는 점입니다. 직장에 맞는 경력을 쌓거나 회사를 위한 삶을 살 필요가 없음을 의미합니다.

둘째, 세상에서 살아남기 위해서는 여러 가지 일을 동시에 수행할 수 있는 능력을 갖추어야 합니다. 프리랜서 혹은 1인 기업이라 불리는 벼룩은 자신이 원하는 시간, 원하는 장소, 원하는 일의 양을 스스로 정할 수 있다는 장점과 더불어 끊임없이 자기의 능력을 개발하여 다양한 분야에서 전문성을 갖추어야 하는 힘듦도 동시에 가지게 됩니다. '일' 중심의 긱 이코노미(Gig Economy)의 영향과 자기 삶의 가치를 중요하게 생각하는 변화 흐름에 따라 앞으로는 포트폴리오 인생이 우리 아이들의 일반적인 모습이자 보편적인 삶의 방식이 될 것입니다.

변화에 민감한 기업에서는 포트폴리오 커리어가 이미 일상적입니다. IT 산업, 플랫폼 시장, 마케팅 및 서비스업을 보면 기업과 일자리가 생겨나고 사라지길 수없이 반복하고 있고, 이런 변화에서 살아남기 위해 사람들은 포트폴리오 커리어를 쌓고 있습니다. 2000년

---

14 이광호, 《아이에게 동사형 꿈을 꾸게 하라》, 보랏빛소, 135쪽.

대 IT 창업 붐 이후부터 시작된 현상이지만 우리는 이 개념을 잘 모르고 있습니다. 우리 생활의 큰 변화를 가져올 개념인데 아직도 많은 사람은 별 관심이 없어 보입니다.

앞으로 자녀의 인생의 중요한 기준과 방향을 제시하고, 자녀가 자신이 꿈을 이루는 중요한 디딤돌이 될 것이기에 우리는 포트폴리오 커리어에 대해 알고 있어야 합니다.

꿈을 찾는 여행가, N잡러

포트폴리어 커리어를 가장 잘 설명할 수 있는 단어는 'N잡러'입니다. 'N잡러'는 2개 이상 복수를 뜻하는 'N', 직업을 뜻하는 'job', 사람을 뜻하는 '~러(er)'가 합쳐진 신조어로 여러 직업을 가진 사람을 뜻합니다. 본업 외에도 여러 부업과 취미 활동을 즐기며 시대 변화에 언제든 대응할 수 있도록 전업과 부업을 겸하는 이들을 말합니다.

N잡러는 슬래시 잡(Slash job)이라고도 불립니다. 자신의 여러 가지 활동을 설명할 때 '슬래시(/)'로 구분한다 해서 붙여진 이름으로 '스토리 작가/1인 출판 기획/콘텐츠 제작자'와 같은 방식으로 자신을 표현합니다.

N잡러는 회사를 다니면서 단순히 부수입을 얻기 위한 목적으로 하는 '투잡', '쓰리잡'과는 다릅니다. 추가적인 수입보다 자신의 재능

과 흥미를 활용하여 여러 직업을 가지는 것에 더 큰 의미를 두기 때문입니다.

그래서 이런 N잡러를 누구는 나답게 사는 인생, 자신만의 길을 새롭게 만드는 사람이라고 합니다. 삶의 의미를 찾아 자아실현을 하는 것을 그 무엇보다 중요하게 생각하는 사람입니다. 모험하듯 여러 가지 일에 도전하는 사람이라 부르기도 합니다. **N잡러는 단순히 직업이 몇 개냐의 의미가 아니라 '내 삶을 어떤 방식으로 꾸려 갈 것인가?', '어떻게 하면 의미 있게 살 수 있을까?'라는 질문에 대한 대답이라 말합니다.** 자신의 인생에 진정한 주인공이 되는 방법에 관한 이야기라 말합니다.

우리 주변에서 쉽게 찾을 수 있는 N잡러는 연예인입니다. 이제는 배우가 노래하고, 가수도 연기합니다. 코미디언이 기획사를 만들고, 패션모델이 예능을 합니다. 본업 외에도 크리에이터, 쇼호스트, 영화감독, MV 제작자, 방송 작가, 화가, 기획사 대표, 복싱선수 등 다양한 영역에서 자신들의 재능을 펼치고 있습니다. 방송에서 자주 볼 수 있기에 연예인 N잡러의 모습이 우리에게 전혀 어색하지 않습니다.

《십대를 위한 두근두근 N잡 대모험》에는 N잡러에 대한 이야기가 있습니다. 이 책에 나온 대표적인 N잡러는 배우 하정우입니다. 하정우는 영화에서 연기력을 인정받는 명배우입니다. 부친을 따라 연기를 시작한 그는 배우로서의 일뿐만 아니라 감독이자 제작자로도 도전하고 있습니다. 직접 연출과 주연, 각본을 맡아 영화를 제작하기도 하고, 영화 포스터를 손으로 직접 그릴 만큼 그림 실력 또한 좋습니다. 뛰어난 그림 실력 덕분에 화가로서도 이름을 알리고 있는데, 그의 작품이 경매장에서 천만 원이 넘는 고가에 판매될 정도로 재능을 인정받고 있습니다.

개그맨 김현철은 어린 시절 성악가 표정을 익살스럽게 흉내 내며 〈오, 솔레미오〉를 부르고, 젓가락을 들고 클래식에 맞춰 지휘하며 친구들을 웃기기 일쑤였다고 합니다. 그런 그가 '유쾌한 오케스트라' 단장을 맡게 된 것은 중학생 시절 영화 〈아마데우스〉를 보고 전율을 느꼈던 것에서 시작되었다고 합니다. 그저 웃기려고 연주자를 따라 했던 것에서 시작된 그의 관심은 클래식 공부로 이어졌고, 한 라디오 프로그램에서 〈어설픈 클래식〉이라는 코너를 맡아 진행하기도 했습니다. 그러다 뜻밖에도 클래식 음악회에서 관객 앞에서 지휘해 보라는 제안을 받았습니다. 제법 능숙한 그의 솜씨에 관객의 호응은 좋았고, 사람들이 클래식을 즐겁게 누리게 하자는 마음으로 오케스트라를 창단, 지휘 퍼포머라는 이름으로 지금 활동 중입니다.

흔히들 꿈을 찾는 과정을 여행에 많이 비유합니다. 여행은 그 자체가 도전이기도 하고, 모험이기도 합니다. 그래서 설레고 행복하기도 하지만, 때로는 잘할 수 있을지 걱정이 앞설 때도 있습니다.

이럴 땐 '배는 항구에 있을 때 가장 안전하지만, 그것이 배의 존재 이유는 아니다.'라는 말이 용기를 줍니다. 우리가 세상을 살아가는 이유가 안전한 곳에 머무르며 주어진 것에 만족하며 사는 삶은 아니기 때문입니다. N잡러는 자신이 누구인지, 자신에게 어울리는 일이 무엇인지 찾아가는 여행과 같습니다. 자신에게 어울리는 곳을 찾아 한 곳씩 여행하다 보면 때로는 마음에 드는 곳, 때로는 어울리지 않는 곳을 발견할 수 있습니다. 무에서 시작하여 하나의 직업, 두 가지 직업, 세 가지 직업으로 이어질 때까지 수많은 여행길이 열립니다.

그 길에서 때로는 설레기도 하고, 때로는 무섭고 두렵기도 할 것입니다. 꿈을 이루어 줄 수 있는 길은 오직 하나만 존재하는 것이 아니기에, 무섭고 두려운 마음은 뒤로하고 설레는 마음을 담아 뚜벅뚜벅 걸어갈 필요가 있습니다. **N잡러가 된다는 것은 무서움과 두려움을 이겨 내고 찾은 수많은 일 중, 자신에게 어울리는 것은 남기고 어울리지 않는 것은 버리는 꿈을 찾는 여행이기 때문입니다.**

경험의 의미 있는 연결, 포트폴리오

삶에서 무언가를 이루어 낸 사람들을 관찰해 보면 사소한 실천이 계기가 되어 성취를 이룬 경우가 많습니다. 술값을 벌어 볼 생각으로 광고 공모전에 지원하였다가 광고인으로 살아가게 된 '크리에이티브'의 박웅현 대표, 매일 1개 발명 아이디어 만들기를 실천하며 세계적인 투자회사 '소프트뱅크'를 설립한 손정의 회장, 수십 번 퇴짜를 맞던 상황에서 하룻밤에 그린 구두 그림으로 일러스트가 되는 앤디 워홀도 모두 작은 행동 하나 때문이었습니다. [15]

"인간은 아주 '사소한 실천'을 한 번 해내고 '작은 성공의 경험'이 쌓이면 해냈다는 성취감을 계속해서 맛보기에 고작 한 번 해 본 그 일을 계기로 이전과는 다른 새로운 삶을 살아가게 된다."는 김민태 PD의 말처럼 **작은 실천을 통해 얻은 경험은 예상치 못한 다음 길을 만들어 줍니다.**

"Connect the dots."

서로 상관없이 떨어져 있는 점 하나하나가 서로 가치 있게 연결되면 새로운 미래가 만들어질 것이라는 스티브 잡스의 말이 있습니다. 우리 자녀들의 경험 하나하나가 서로 의미 있게 연결되면 아이들은 지금과는 전혀 다른 인생을 살 수 있습니다. 과거 경험이 모여 현재의 모습이 된 것처럼 아이의 미래는 지금부터 겪게 되는 많은 경험에 따라 달라질 수 있습니다. 그래서 지금 우리 아이들에게 필

---

15 김민태, 《나는 고작 한번 해봤을 뿐이다》, 위즈덤하우스.

요한 것은 새로운 경험을 만들어 줄 '사소한 실천'과 이러한 실천을 의미 있게 이어 줄 '포트폴리오'입니다.

포트폴리오는 사전적으로 자신의 실력을 보여 줄 수 있는 작품이나 관련 내용 등을 모은 자료 묶음이나 작품집을 뜻합니다. 자신이 여러 가지 일을 할 수 있다는 능력을 증명하기 위해 포트폴리오 커리어가 필요했던 것처럼 **우리 아이들도 자신이 경험을 의미 있게 연결하고 자신이 누구인지 증명하기 위해서 포트폴리오가 필요합니다.** 포트폴리오는 아이들의 성장 과정과 속도, 관심에 대한 지속성을 보여 주고, 아이들의 생각과 마음의 변화를 확인할 수 있게 합니다.

포트폴리오가 의미 있게 연결되어 꿈을 이루게 된 대표적인 사람은 애플(Apple) 본사에 입사한 디자이너 김윤재입니다. 그는 평소 교통수단과 각 지역의 랜드마크를 자신만의 아이콘으로 만드는 작업을 좋아했다고 합니다. 자신이 만들어 온 미니멀리즘 아이콘을 하나씩 모아 해외 디자인 포트폴리오 공유 SNS인 'Behance'에 올려 공유했습니다. 그의 포트폴리오 속 디자인을 바라본 해외 디자이너들은 감탄과 찬사를 보냈고, 세계적인 기업 Apple, Airbnb, Yelp 등에서도 그에게 러브콜을 보냈습니다.

전 세계의 인정을 받는 토이 아티스트 이찬우도 포트폴리오를 통해 꿈을 이루었습니다. 그는 농구를 좋아하고 나이키 브랜드를 좋아해 피규어를 만들 때면 나이키 옷과 신발도 함께 제작해 입혔습니다. 4년 동안 그가 만든 나이키 신발은 50켤레가 넘습니다. 정성을 다해 만든 피규어를 자신의 블로그에 꾸준히 올렸고, 그의 작품을 발견했던 나이키의 한 관계자가 그와 프로젝트를 하고 싶다고 제안했습니다. 그 후부터 그는 토이 아티스트로 제2의 인생을 살기 시작했고, NBA나 리복 등 다양한 기업들이 그에게 러브콜을 보냈다고 합니다.[16]

한국 최초 스트리트 패션 사진작가 남현범도 마찬가지입니다. 평소에 패션에 관심이 많고 사진 찍기를 좋아했던 그는 뉴욕 어학연수 생활 중 길거리에서 옷 잘 입는 사람들의 사진을 찍기 시작했습니다. 자신이 찍은 사진을 매번 SNS에서 올리던 중, 국내 최고의 패션 잡지사가 그의 사진을 싣고 싶다고 연락하게 됩니다. 평범한 공대생이었던 그가 패션계가 주목하는 사진작가로 인정받게 된 것은 자신이 좋아하는 일을 SNS에 매번 기록했기 때문입니다.

사진작가 남현범이 인정받았던 것은 그만의 독특한 사진 스타일 때문입니다. 정식으로 사진을 배우지 않았던 그는 기존의 모델을 세워 놓고 촬영을 하던 방식에서 벗어나 자연스럽고 역동적으로 움직이는 사진 스타일을 좋아했습니다. 자신이 좋아하는 방식의 연출 사진을 SNS에 계속 올렸고, 꾸준히 올라온 그의 사진을 누군가가 발

---

16 이유빈, 《취미야 고마워》, 스마트 비즈니스, 17쪽.

견하며 패션계가 인정하는 스트리트 패션 사진작가가 된 것입니다.

Apple에 입사한 디자이너 김윤재도, 토이 아티스트 이찬우도, 스트리트 사진작가 남현범도 자신의 활동과 작품을 블로그와 SNS로 꾸준히 기록했습니다. 자신이 하고 싶은 일을 그냥 꾸준히 기록하는 것만으로도 새로운 길이 열릴 수 있다는 것을 보여 주었습니다. 이렇게 SNS, 블로그, 홈페이지 등에 꾸준히 기록하는 그 과정만으로도 훌륭한 포트폴리오가 됩니다. **사소한 실천이 하나의 점이 되고, 그 점이 의미 있게 연결되어 또 다른 가능성을 열어 줍니다.** 이것이 포트폴리오가 가지는 힘입니다.

포트폴리오 작성 A to Z

그렇다면 포트폴리오는 어떻게 작성해야 할까요? 포트폴리오를 작성하는 데 필요한 질문을 하나하나 확인하며 그 방법을 찾아보도록 하겠습니다.

첫째, 포트폴리오는 언제 어디에서 쓰이나요?

자녀의 포트폴리오는 우선 자신의 대학과 학과를 정할 때 활용할 수 있습니다. 특정 대학이나 학과에 입학하기 위한 입시 자료로 활용될 수도 있지만, 그보다는 포트폴리오 속에서 찾은 자신의 흥미,

적성, 가치, 행복 등을 종합적으로 판단하여 자신이 정말 원하는 공부가 무엇인지 깨닫기 위한 근거로 활용될 수 있습니다.

또 회사에 취업하거나 자신이 하고 싶은 일에 지원할 때, 자신의 경력을 증명하는 용도로 활용될 수 있습니다. 자신이 그동안 해 왔던 경험과 성장 과정을 보여 주며 자신의 능력과 잠재력을 확인시켜 줄 수 있는 하나의 수단이 됩니다.

마지막으로 인생의 다양한 선택의 갈림길에서 자신은 어느 길로 가야 하는지 그 방향성을 찾고자 할 때 활용할 수 있습니다. 자신이 중요시하던 가치와 의미를 되돌아보며, 균형 있는 삶으로 가는 길을 알려 주는 내비게이션 역할을 할 수 있습니다.

둘째, 포트폴리오는 왜 준비해야 할까요?

앞서 자녀를 이해한다는 것은 한 번의 말이나 행동으로 아이를 판단하는 것이 아닌 오랫동안 관심을 가지고 관찰하며 아이를 보는 것이라 했습니다. 좋아하는 일과 잘하는 것 사이에서 고민하지 말고 지금 여기서 자신이 할 수 있는 일을 실천할 수 있도록 격려하는 것이라 했습니다. 이를 통해 아이의 행복, 성향, 흥미, 가치가 어떻게 바뀌어 가는지 이해하고 나답게 사는 것은 무엇인가에 대한 답을 찾아가는 과정이라고 말했습니다.

하지만 아이에게 관심을 두고 지켜보는 것만으로는 부족합니다. 기록하고 모아 두지 않으면 아이의 변화에 대해 제대로 이해할 수 없습니다. 관심을 가지고 관찰할 당시에는 아이의 말과 행동을 기억하겠지만, 시간이 흘러 새로운 기억이 옛 기억을 덮을 때면 우리는 아이에 대해 까맣게 잊어버릴지도 모릅니다. 그래서 모아 두고 기억할 방법이 필요합니다.

셋째, 포트폴리오는 누가 만들어야 할까요?

자녀 스스로 포트폴리오를 만들어야 합니다. 자신의 성장 과정과 변화를 담은 포트폴리오를 직접 만들며 자신에 대해 이해해야 합니다. 포트폴리오를 만든다는 것은 자신을 이해할 수 있는 근거를 남기는 동시에 스스로 미래를 준비할 수 있는 시간을 가지는 것과 같습니다. 부모가 안내하고 지원할 순 있지만, 포트폴리오를 만드는 건 자녀 자신이어야 합니다.

넷째, 포트폴리오에 무엇을 기록하고 저장해야 할까요?

사실 정해진 답은 없습니다. 형태와 내용은 자유롭게 할 수 있습니다. 어떤 형태와 어떤 내용을 넣을 것인지는 자녀와 부모가 함께 선택해야 합니다. Apple에 입사한 디자이너 김윤재, 토이 아티스트 이찬우, 스트리트 사진작가 남현범처럼 블로그나 SNS가 포트폴리오가 될 수도 있습니다. 한글파일이나 JPEG처럼 전자 파일로 남길 수도 있습니다. 일반적으로 저는 100매짜리 3공 바인더나 클리어 파일을 활용하여 아이들의 작품이나 활동지를 모아 정리합니다.

　개인적으로 아이의 성장 과정을 담을 땐 3공 바인더나 클리어 파일 활용을 추천합니다. 블로그나 SNS는 자신의 의도와 상관없이 외부에 정보가 유출될 가능성 크고, 자녀의 성장 과정보다 전문적인 작품이나 자료를 담을 때 적합합니다. 한글이나 JPEG와 같은 전자 파일은 눈에 잘 띄지 않아 자주 보지 않을 가능성이 큽니다. 3공 바인더나 클리어 파일은 실물이 눈에 보여 자주 볼 수 있고, 사진 앨범을 보면 가끔 추억이 떠오르는 것처럼 실물 포트폴리오를 보면 자녀의 성장 과정이 떠오르기도 합니다.

　앞에서 자녀를 이해하기 위해 나누었던 활동이나 방법을 사진과 메모로 남기라고 했습니다. 그 사진과 메모를 클리어 파일에 정리

학교 관련	수업 자료, 체험학습 자료, 독서록, 성적, 상장, 일기(성찰) 등 학교 수업이나 학교생활과 관련된 자료
흥미, 관심사	동아리, 프로젝트, 공모전, 사이드 프로젝트(Side project) 과정, 각종 대회, 실험보고서 등 개인의 관심사 혹은 흥미에 따라 도전, 활동한 자료
개인 실천	출판 도서, 제작한 영상이나 그림, 작사 작곡한 음악, 특허 등 자신이 하고 싶은 분야에 직접 실천하거나 행동하며 창작한 자료
교사 부모 지지	부모나 교사의 메모, 일기, 아이에게 쓰는 편지 등 어른이 아이의 성장을 보며 느꼈던 감정, 생각, 하고 싶은 말 등

하며, 그 당시 했던 활동지나 자료도 함께 보관합니다. 사진이나 메모를 정리한 후, 느낌과 생각을 포스트잇으로 남깁니다. 처음에는 시간의 순서대로 하나씩 모으는 방식을 추천합니다. 정리된 양이 얼마 되지 않기 때문에 한곳에 모아 두는 것이 관리에 편합니다. 그러다 어느 순간이 되면 영역별로 정리해야 할 필요성을 느끼게 됩니다. 양이 점점 많아지면서 어떤 영역으로 나누어야 하는지 깨닫게 되고, 무엇을 어디까지 정리해야 하는지 기준도 잡힙니다.

학교에서 아이들과 함께 지내며 만들었던 포트폴리오의 영역은 다음 표와 같습니다. 아래의 나누어진 영역으로 분류할 수 없다면 새로운 영역을 만들어 관리해도 좋습니다.

다섯째, 포트폴리오는 언제 준비해야 할까요?

바로 지금입니다. 항상 말하지만 무엇을 해야 할 분명한 때는 존재하지 않습니다. 포트폴리오를 준비해야 하는 건 입시를 앞둔 고등학생도 아니고, 취업을 앞둔 대학생도 아닙니다. 포트폴리오를 만들어야겠다고 마음먹은 바로 지금입니다. 언제나 가능합니다. 꾸준하게 준비해야 하고, 간직하고 싶은 것이 생길 때마다 모아야 합니다. 부모가 정해 주는 것이 아니라 자녀들이 정해야 합니다. 초등학교 저학년의 경우에는 부모나 교사의 지원과 지지가 필요하지만, 이마저도 선택은 아이가 하는 것이 좋습니다. 초등학교 고학년은 선택권만 주어지면 스스로 할 수 있습니다.

여섯째, 포트폴리오는 어떻게 작성해야 할까?

'포트폴리오 작성 A to Z'란 방법이 있습니다. 그 방법을 참고하여 작성해 보세요.

복잡해 보이고 내용이 많은 것처럼 보이지만 크게 6가지로 요약할 수 있습니다.

1. 포트폴리오는 자녀의 역사이며 기록입니다. 자녀의 역사를 기록하는 것이기 때문에 자녀의 삶이 곧 프로필이 됩니다. 자녀의 삶을 자서전이라 여기고 기록해야 합니다.
2. 아이의 변화 과정과 성장이 드러나도록 작성해야 합니다. 그러기

[포트폴리오 A to Z]

Autobiography	아이의 자서전임
Better	발전 변화 과정을 담음
Communication	의사소통이 중요한 자료
Documentation	아이의 모습을 담은 기록
Emotional	감성을 표현할 수 있음
Feeling	아이의 느낌이 담음
Good	아이에 대한 긍정적 관점
History	아이의 역사를 기록
Icon	아이 특징을 담은 상징
Join	경험의 의미 있는 조합
Keeping	지속성을 담아야 함
Leading	다른 이에게 미치는 영향력
Mind	아이들 마음을 보여 줌
Narrative	이야기체로 구성
Ok	긍정적인 관점
Profile	개인 삶이 프로필임
Quilt	구성 방법에 따라 다양함
Reflection	자기 이해와 발전이 출발
Show	가능성을 보여 줌
Time	자료 작성 시기의 진실성
Unlimited	형식과 내용이 제한 없음
Voice	아이의 목소리를 담음
Window	마음을 들여다보는 창임
X	정답은 없음

Yearly	매해마다 정리
Zero	모든 편견을 버림

위해서는 매년 작성해야 합니다. 매년 작성된 포트폴리오는 작성된 시기를 확인할 수 있어 자료의 신뢰성을 제공합니다.

3. 자녀의 감정과 느낌을 담아야 합니다. 마음이 잘 담긴 포트폴리오는 자녀의 마음의 창과 같은 역할을 합니다. 자신을 이해하는 출발점이 될 수 있도록 자녀의 감정과 느낌을 그대로 담아야 합니다.

4. 긍정적으로 작성해야 합니다. 고정관념과 편견을 버리고 아이의 가능성과 잠재력에 집중하여 긍정적인 관점에서 자녀를 바라보며 작성해야 합니다.

5. 이야기체 형식으로 대화하듯 자연스럽고 친근감 있게 작성해야 합니다.

6. 정답은 없습니다. 형식과 내용의 제한도 없으니 자신의 방식대로 써도 됩니다. 위의 방법들은 모두 하나의 예시이니 복잡하고 혼란스럽다면 그냥 자신이 생각하는 방식으로 작성하면 됩니다.

일곱째, 포트폴리오는 작성은 어떤 과정으로 이루어질까요?

포트폴리오 작성은 3단계로 이루어집니다. 1단계 수집하기, 2단계 선택하기, 3단계 반성하기 단계입니다. 1단계 수집하기는 모든 자료를 수집하는 단계입니다. 처음에는 시간의 흐름에 따라 수집하다가 일정 이상이 모이면 영역별로 구분하여 수집하는 것이 좋습니다. 훼손되거나 잃어버릴 위험이 있는 경우를 대비하여 사진으로 남기는 것도 좋습니다. 1년에 한 번 정도는 수집 상태를 정리하고 점검해야 합니다.

2단계 선택하기는 수집한 자료를 다양한 관점에서 재구성하는 단계입니다. 대입, 취업, 이직, 삶의 방향성 설정 등 자신이 활용하고자 하는 영역에 따라 자신의 의도, 생각, 가치를 녹여 어떤 자료를 어떻게 활용할 것인지 정해야 합니다. 단순히 포트폴리오에 담긴 자료 순서에 따라 나열하지 말고 대학이나 기업이 요구하는 기준을 파악하여 반영하는 것도 필요합니다. 활용할 자료는 자녀의 생각과 주변의 조언을 함께 고려하며 선택하는 것이 좋습니다.

마지막 3단계 반성하기는 자신이 모은 자료를 두고 성찰의 시간을 갖는 것입니다. 자신에게 스스로 되물으며 내가 상대방에게 전달하고 싶은 것은 무엇이며, 효과적인 전달을 위해 활용한 자료들은 적절했는지 다시 고민하는 단계입니다. 선택한 자료를 아이, 부모, 교사나 전문가의 관점에서 다양하게 정리해 볼 필요도 있습니다.

자신만의 이야기를 만드는 삶

포트폴리오를 작성하다 보면 어느새 아이들의 경험이 많이 쌓였다는 것을 깨닫게 됩니다. 쌓인 경험은 자녀 자신이 어떤 성장과 변화 과정을 지나왔는지, 자신이 어떤 발자국을 남겨 왔는지 보여 줍니다. 대학 입시의 자기소개서가 목적이었든, 취업을 위한 면접 자료가 목적이었든 상관없습니다. 무엇이 목적이었든 생각, 의지, 가치 등 자녀가 걸어온 길과 앞으로 걸어가고 싶은 길에 대한 힌트도 담겨 있습니다.

포트폴리오를 작성하는 동안 생각을 실천하기 위해 다양한 지식과 경험을 쌓았을 것이며, 이로 인해 배움과 성장도 함께 이루어졌을 것입니다. 입시와 취직에 크게 도움이 되었을 듯합니다. 이때 어울리는 속담이 '도랑 치고 가재 잡는다.'입니다. 꿈을 찾기 위해 포트폴리오를 작성했는데 입시와 직업도 얻게 되는 격입니다.

자녀의 사진과 메모를 모은 클리어 파일이 자녀들의 포트폴리오 커리어가 될 수 있습니다. 자녀들의 생각과 경험을 모은 포트폴리오가 아이의 삶을 증명해 줄 수 있습니다. 그러니 천천히 그리고 꾸준히 자녀들의 모습을 모으고 또 모아 보세요. 그리고 모은 것들을 하나씩 의미 있게 연결해 보세요. 사소한 경험 하나하나가 모여 또 다른 가능성을 열어 줄 수 있습니다.

Apple에 입사한 김윤재처럼 세계적인 기업으로부터 러브콜을 받을 수도 있고, 스트리트 사진작가 남현범처럼 평범한 공대생이 패션 업계에 종사하는 전혀 다른 인생을 살게 될지도 모릅니다. 세계가 인정하는 토이 아티스트 이찬우처럼 평생 자신이 좋아하는 일을 하며 살 수 있게 될지도 모릅니다. 자신의 포트폴리오에 매력을 느낀 다른 이로부터 함께 협업하자는 제안을 받을지도 모릅니다. 자신의 삶을 이끌어 줄 평생 멘토를 만날 수도 있고, 새로운 공익 프로젝트나 캠페인을 만나 세상을 바꾸게 될지도 모릅니다.

자신이 인생의 주인공이 되는 삶

지금은 부모로서의 삶을 살아가는 나 자신도 좋은 대학을 나오고, 대기업에 입사하며, 승진과 높은 연봉을 성공이라 믿었는지 모릅니다. 그런 삶이 안정과 편안함을 가져다주었기에 '나다운 삶'에 대한 고민 없이 지내왔습니다. '나다운 삶'에 대한 고민이 없어도 삶은 살아졌기 때문입니다.

그럼 내 아이는 어때야 할까요? 나도 그렇게 살아왔으니 내 아이도 나와 같은 삶을 살아야 하는 걸까요? 내 아이는 좀 더 즐겁고 의미 있는 삶, 자신이 인생의 주인공이 되는 삶을 살아야 하지 않을까요? 세상의 평판과 시선으로부터 완전히 자유롭기는 어렵습니다. 하지만 세상의 기대와 평판에 부응하기 위해 내 아이의 인생을 낭비하게 할 수도 없습니다.

"내 가치를 네가 정하지 마."

얼마 전 인기 종영된 드라마에 나온 대사에 깊이 공감했습니다. '우리 같은 전과자가 뭘 하겠냐'는 다른 전과자의 말에 억울한 사정으로 감옥에 가게 된 주인공이 다른 사람에 의해 자신의 값어치가 매겨지는 것에 대한 분노의 표현입니다.

다른 사람으로부터의 인정에 앞서 자신이 부여하는 일의 가치가 우선되어야 합니다. 일 자체가 주는 순수한 기쁨을 만끽하고, 다양한 기회를 통해 자신의 가치를 새롭게 만들어야 합니다. 작은 성공을 디딤돌 삼아 다음 선택도 기쁨으로 도전할 수 있습니다. 도전하는 삶이 우리의 경험 이야기입니다.

스스로 짜는 자기만의 시간표

우리는 어릴 때부터 입시 경쟁에 놓여 있었습니다. 입시 경쟁에서 살아남기 위해 운영되던 교육 과정은 항상 누군가에 의해 짜여 있는 '남의 시간표'였습니다. 어른들이 준 시간표를 잘 따라갈 때 칭찬받아 왔기에, 우리 각자의 시간표를 가져 본 적은 없습니다. 그러다 스스로 시간표를 짜야 하는 순간을 만나면 어떻게 해야 할지 몰라 당황합니다.

대학에 가면 처음으로 학교와 부모에 의해 짜여 있던 시간표에서 벗어납니다. 처음으로 자신의 손으로 시간표를 짜 봅니다. 어떤 수업을 수강해야 할지, 방학에는 무엇을 하며 보내야 할지, 공모전과 인턴십은 어디에서 하면 좋을지, 나는 무엇을 하고 싶은 건지 고민하며 시간표를 채워 갑니다. 자유시간은 늘어났는데, 아무도 무엇을 해야 하는지 알려 주지 않아 답답합니다. 학교의 개입이 사라지고 부모의 영향이 줄어들면 그때부턴 자기만의 시간표를 짜야 합니다.

아이들에게 자신만의 시간표를 짜도록 합니다. 사회에 의해 주어진 수동적 시간표가 아닌 자신의 시간표를 짜도록 도와주세요. 때로는 그 길이 불확실한 위험으로 둘러싸여 있더라도 자신의 인생 여행을 떠날 수 있게 격려해 보세요. 무엇이 될지 모르는 우리 자녀들에게 여러 개의 자신을 상상하며 그리는 것은 꼭 필요한 일입니다. 아이들이 쓰는 이야기책 주인공은 바로 아이 자신이 되어야 하기에 자신의 시간표대로 자신만의 길을 개척하도록 응원해 보세요.

꿈꾸는 사람이
그리는 행복한 세상

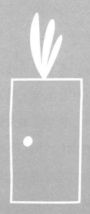

제 1 화

자신만의 길을 만들어 줄
'프로티언 커리어'

특정한 때가 있다고 믿는 사람들

경력(Career)은 사전적으로 사람이 겪어 온 여러 가지 일을 의미합니다. 한마디로 일을 해 본 경험입니다. 경력이 짧다는 것은 일해본 경험이 적다는 뜻이고, 경력을 쌓는다는 것은 일해 본 경험이 점점 늘어난다는 의미입니다. 경력이 중요한 이유는 특정한 일에 대해 그 사람이 전문성은 있는지, 일을 맡기는 데 있어 믿을 수 있는 사람인지를 판단하는 근거가 되기 때문입니다.

그럼 우리 사회가 말하는 경력이란 무엇일까요? 우리 사회의 경력을 이해하기 위해서 지금의 경력 형태를 만들어 낸 베이비붐 세대의 삶에 대해 이해할 필요가 있습니다. 몇 년 전부터 은퇴하기 시작한 우리 아버지 세대인 베이비붐 세대에게 가장 중요한 목표는 승진과 급여 인상과 같은 객관적 성공이었습니다. 회사에 충성해야 했으며, 직장 안에서 오랫동안 일하며 얻어 낸 노하우(know-how)가 전문성이었습니다.

자기 삶의 중심은 일에 있었고, 가정보다 직장이 우선이었습니다. 시간의 흐름에 따라 사원, 대리, 과장, 부장 등 경력의 사다리를 건너 승진하였기에 회사에서 근무한 기간이나 실제 나이가 중요했습니다. 경력을 높이는 방법을 대부분 회사 안에서 찾았으며, 실적을 반영한 근무 평가, 승진시험과 같이 단순하고 단편적이었습니다. 즉, 우리 사회가 생각하는 경력은 승진과 급여 인상과 같은 객관적인 성공을 이루기 위해 회사로부터 주어진 목표를 달성하는 데 필요한 여러 가지 일 경험이라 볼 수 있습니다.

과거에는 사람들이 살아가는 단계가 정해져 있었습니다. 대체로 태어나서 초중고를 거쳐 대학까지 졸업하면 취업, 결혼, 출산, 퇴직 등의 단계를 거쳤습니다. 각 단계에는 그 시기에 달성해야 하는 과업이 있었고, 이를 성취하는 것이 삶의 목표가 되었습니다. **그래서 사람들은 특정한 시기와 때가 있다고 믿었습니다.** 공부할 때가 있고, 취업할 때가 있고, 결혼할 때가 있다고 믿었습니다. 시간의 흐름에 따라 무엇을 해야 할 때가 있었고, 그 시기는 순서대로 차근차근 이루어졌습니다.

직업의 세계에서도 마찬가지입니다. '링크드인'과 '페이팔'을 이끄는 세계적인 투자자 리드 호프먼은 직업 세계에 존재하는 단계를 에스컬레이터에 비유했습니다. 대학 졸업 후, 취업에 성공하면 그때부터는 직업 세계의 에스컬레이터에 올라탔다고 합니다. 에스컬레이터에 올라탄 이후부터는 큰 문제가 없는 한 점점 더 높은 자리로 이끌어 줍니다. 내 직급이 올라갈 때마다 더 많은 권한과 보수, 안정성이 따라옵니다. 그러다 60~65세가 되면 마침내 에스컬레이터에서 내려오게 됩니다. 직장 생활이 끝나면 퇴직연금과 그간 쌓아왔던 자산을 통해 안락한 은퇴 생활을 시작합니다.

이것이 우리 사회가 생각하는 삶의 단계입니다. 하나의 직업을 가지면 시간이 흐름에 따라 삶이 저절로 흘러갔기에 어쩌면 우리는 좋은 직장을 갖기 위해 그렇게 노력했는지도 모릅니다.

'일자리'는 사라지고 '일'만 남는 시대

일에 관해 이야기할 때 가장 많이 인용되는 책 중 하나가 제레미리프킨의 《노동의 종말》입니다. 1995년에 집필된 그의 저서는 과학기술과 산업 환경의 변화 속에서 일자리 감소 및 형태가 바뀌고 있는 현재의 모습을 예견했습니다. 그의 예측에 가장 근접한 최근 사회 변화 모습은 긱 이코노미(Gig Economy)입니다. 긱 이코노미는 기업들이 정규직보다 필요에 따라 계약직 혹은 임시직으로 사람을 고용하는 경향이 커지는 경제를 뜻합니다. 1920년대 미국 재즈 클럽에서 재즈의 인기가 높아지자 단기적인 공연팀(gig)들이 많이 생겨난 데서 유래한 용어입니다.

예전에는 회사가 정식으로 직원을 채용했고, 그 직원들이 고객들에게 제품과 서비스를 제공했습니다. 하지만 긱 이코노미에서는 그때그때 발생하는 수요에 따라 단기적으로 계약을 맺습니다. 최근 사회적 문제가 되는 '쿠팡 플랙스'가 대표적입니다. 우리나라 대표 온라인 쇼핑몰인 쿠팡은 물건 배송을 위해 택배 기사를 정식으로 채용하지 않습니다. 배송 물량에 따라 '쿠팡 플랙스'라는 앱을 통해 매일 택배 기사들을 모집합니다. 모집하는 기사의 수는 매일 다르기에 어제의 배송 기사가 오늘은 아닌 경우가 부지기수입니다.

이러한 경제 형태는 어느 정도 자리를 잡은 것 같습니다. 세계적인 차량 공유 서비스를 개발한 '우버'는 직접 기사를 고용하는 대신 차량을 소유한 사람들을 드라이버 파트너로 계약해 차량 서비스를 제공하고 있습니다. 세계 전자상거래 1위 IT 기업인 '아마존'도 우버와 같이 개인 차량을 소유한 일반인을 배송 요원으로 활용하고 있습니다. 긱 이코노미는 우리 사회에 피할 수 없는 시대의 흐름입니다.

긱 이코노미를 지켜보고 있으면 이제 평생직장이 없음을 확인할 수 있습니다. 정규직과 비정규직의 차별 문제의 차원을 넘어 하루하루 일을 할 수 있을지 모르는 세상이 되었습니다. 이젠 졸업, 취업, 승진, 은퇴의 안정적인 삶의 모습도 기대하기 힘듭니다. 평생직장은커녕 평생 일해야 하는 평생직업 시대입니다. 이런 사회를 경험하고 있으니 사람들은 점점 기업이나 회사에 기대지 않습니다. 세상에서 살아남기 위해 사람들은 자기 자신이 강해져야 한다고 생각합니다. 직업에 대한 생각이 바뀌고, 일하는 경험인 경력에 대한 생각도 바뀌기 시작합니다.

직장과 회사를 의미하는 '일자리'를 찾지 않는 사람들이 점점 늘어납니다. 사람들은 '일자리'가 아닌 '일'의 중요성에 주목합니다. **'어떤 직장'을 가지느냐가 아니라 '어떤 일'을 할 수 있는지가 중요해졌고, 자신이 할 수 있는 '일'을 찾아다니기 시작합니다.** 회사는 이제 우리의 안전을 보장해 주지 못하고, 직장이 우리의 생계를 책임져 주지 못합니다.

기업 또한 마찬가지입니다. 사람들에게 '일자리'를 주지 않고, '일'을 줍니다. 주어진 일을 끝마치면 일과 함께 사람의 자리도 사라집니다. 새롭게 생긴 일은 그 일을 할 수 있는 또 다른 사람에 의해 시작됩니다. '일자리'는 사라지고 '일'만 남는 세상이 왔습니다.

그래서 앞으로 우리 사회는 프리랜서와 1인 기업을 당연한 것으로 받아들이게 됩니다. 2019년 초등학생 진로 희망 Top 10 안에 드는 크리에이터와 같은 프리랜서도 보편적인 근무 형태가 될 것입니다. 정규직으로 한 분야에 오랫동안 근무하는 형태가 오히려 보기 힘들어질 것입니다. 이는 우리 자녀들이 살아갈 세상이고 시대의 흐름입니다. 일자리가 사라지고 일이 중요해진 시대가 옵니다. 그래서 우리와는 다른 세상을 살아갈 자녀들에게 새로운 형태의 길을 안내해야 합니다.

소확행, 휘게라이프, 워라벨

시대가 바뀌었기 때문일까요? 세대가 바뀌었기 때문일까요? 아니면 사람이 달라졌기 때문일까요? 무엇 때문이든 삶에 대한 사람들의 생각이 바뀌었습니다. **의무와 책임을 강조하는 '되어야만 하는 나'보다는 이상, 열정, 도전을 중시하는 '되고 싶은 나'에 집중합니다.** 어떻게 하면 실수하지 않을까 걱정하기보다 어떻게 하면 원하는 것을 얻을 수 있을지 고민합니다. 실수하지 않았을 때 느끼는 안도감보다 원하는 것을 얻었을 때 느끼는 기쁨을 중요시합니다.

자신이 원하는 것에 집중하다 보니 소비 패턴도 달라집니다. **소유를 위한 소비에서 경험을 위한 소비로 바뀌고 있습니다.** 옷, 자동차, 시계, 집과 같은 물건을 사기보다는 해외여행, 뮤지컬 관람, 스포츠 활동, 예술 활동 등 경험을 소비하는 사람이 늘어납니다. 자신이 원하는 경험을 소비하기 위해 시간과 비용도 아끼지 않습니다. 현재 느끼는 행복을 소중하게 여기다 보니 소유 소비보다는 경험 소비가 더욱 많아지고 있습니다.

사는 것(buy)이 달라지자 사는 것(live)도 달라집니다. 사람들이 다르게 사는(live) 이유는 삶의 태도가 달라진 만큼 사는(buy) 것도 바뀌었기 때문입니다.

삶에서 행복에 대한 중요성이 커지자 소확행, 휘게 라이프란 용어가 등장하기 시작합니다. **작지만 확실한 행복을 뜻하는 소확행은 작은 것도 소중하게 여기고, 현재의 일상에서 즐거움을 찾는 바뀐 삶의 태도를 보여 줍니다.** 겨울철 은은한 향과 함께 즐기는 따뜻한 커피 한 모금, 이불 속 꼬물대며 올라와 가슴에 안기며 방긋 웃는 아이 표정, 더운 여름 집 안에서 즐기는 시원한 맥주 한잔, 건조기에서 갓 꺼낸 뽀송뽀송한 이불 촉감 등 사람들은 일상에서 행복을 더 자주 찾으려 노력합니다.

일상생활에서 소소하게 행복을 즐기는 덴마크식 생활, 휘게 라이프가 우리 사회에 한때 유행했던 것도 이 때문입니다. 소학행, 휘게 라이프와 같이 행복을 나타내는 단어가 많이 쓰이는 것은 우리 삶의 방식이 바뀌었다는 것을 보여 주는 하나의 증거입니다.

일과 삶의 균형을 뜻하는 워라밸(Work-life balance)은 이제 일만 하며 살 수 없다는 직장인의 마음을 보여 줍니다. **자기 생활과 일 사이에서 중심을 잡으려는 사람들의 바뀐 생각을 보여 줍니다.** 회사에서 아무리 많은 연봉을 제시한다 하더라도, 개인적인 삶이 없다면 과감히 회사를 떠납니다. 높은 업무 강도, 퇴근 후 SNS로 하는 업무 지시, 잦은 야근으로 인해 개인적인 삶이 사라지는 것을 허용하지 않습니다. 워라밸은 어느새 현대 사회에서 직장이나 직업 선택 시 고려하는 중요한 요소가 되었습니다.

'되고 싶은 나', 경험 소비, 소확행, 휘게라이프, 워라밸 등의 단어에서 볼 듯 있듯 삶에서 일과 행복에 대한 사람들의 인식은 변했습니다. 개인의 주관적 생각이 중시되는 이런 변화 속에서 자녀들이 자신이 원하는 삶을 살기 위해서는 무엇보다도 자신의 삶에서 중요한 것이 무엇인지 이해하는 것이 필요합니다.

자신의 필요, 동기, 능력, 가치, 관심, 행복 등을 깊이 있게 들여다봐야 합니다. 자신이 하고 싶은 일에 전문성을 가져다줄 일 경험을 차근차근 쌓아야 합니다. **차근차근 쌓인 일 경험을 모으고 연결하여 자신만의 경험 이력서를 만들어야 합니다.** 이렇게 만들어진 경험 이력서는 우리 자녀들의 불안한 마음을 떨쳐 내 줄 미래의 새로운 경력이 될 수 있습니다.

새로운 성공 개념,
프로티언 커리어(Protean Career)

한 아이가 있었습니다. 그의 아버지는 엔지니어로서 오랫동안 대기업에서 근무했습니다. 모든 직장인이 그랬듯 그의 아버지도 기업에 충성을 다하며 근무했습니다. 그 덕분에 재정적으로는 풍족했지만, 멀리 떨어진 회사에 다니기 위해 2주에 한 번씩 주말에만 비행기를 타고 집에 오는 생활을 반복해야만 했습니다.

그러던 어느 날, 야근으로 인해 금요일 밤 집으로 오는 비행기를 놓친 그의 아버지는 대신 기차를 타고 돌아왔습니다. 다음 날 아침, 그의 아버지는 늘 보던 조간신문에서 자신이 놓쳤던 비행기가 추락했다는 뉴스 기사를 접합니다. 기사에는 타고 있던 모든 승객과 승무원이 전원 사망하였다는 안타까운 내용도 함께 실려 있었습니다.

이 뉴스로 인해 충격을 받은 그의 아버지는 회사를 그만두게 됩니다. 사고 소식 후, 가족과 함께 하는 삶을 살기 위해 자신의 삶을 바꾸기 시작합니다. 이 사건을 통해 사회가 바라보는 성공과 아버지가 생각하는 성공에 대해 진지하게 고민한 아이는 훗날, 삶에서 일이 가지는 의미에 대한 새로운 개념을 제시하게 됩니다.[17]

---

[17] 김이준(2019), 《프로티언 커리어 태도를 지닌 1인 기업가의 일 경험에 관한 내러티브 탐구》, 숙명여자대학교 대학원 박사 논문, 41쪽

프로티언 커리어(Protean Career) 개념을 처음 사용한 Hall 교수의 이야기입니다. Hall 교수는 프로티언 커리어의 개념이 자신의 가족 역사로부터 시작되었다고 밝혔습니다. 그는 가족 이야기를 통해 앞으로는 타인이 인정하는 사회적 성공보다 개인이 중요하게 생각하는 성취를 더 중요시 여기게 된다고 합니다. 성공은 객관적인 것보다 주관적으로 해석될 거라 말합니다.

프로티언 커리어는 임금과 사회적 지위와 같은 객관적인 성공보다 **개인이 인식하는 자부심이나 성취감 등 심리적인 성공, 주관적인 성공에 초점을 맞추어 자신의 경력을 개발하는 태도를 말합니다.** 자신의 성공 기준에 따라 필요한 경력과 경험이 달라지기에 자신이 원하는 모습대로 자유자재로 바꿀 수 있는 그리스의 신 프로테우스(Proteus)로부터 시작된 표현입니다.

프로티언 커리어는 기존의 경력과는 다른 특징을 보입니다. 승진과 급여 인상과 같은 객관적 성공보다는 자신이 중요하다 여기는 가치를 성공의 조건으로 봅니다. 개인의 자유와 성장을 중요한 핵심 가치로 여기며, 필요할 때마다 배움을 이어 가는 런하우(learn-how)가 전문성을 갖추는 방법입니다. 다른 직업을 갖거나 다양한 일을 하는 경험을 전문성을 가지는 하나의 학습으로 바라보며 끊임없이 스스로 배움을 이어 갑니다.

회사에 충성하기보다는 나 자신, 가정, 직장 속에서 균형 잡힌 역할을 찾기 위해 고민하며, 좋아하는 일을 통해 자신의 만족을 찾습니다. 대리나 과장과 같은 직급이 아닌 강사, 컨설턴트, 작가, 대표 등 자신이 하는 일에 따라 다양하게 불립니다. 책, 강연, 체험, 네트워크, 연구회 등 복합적이고 다양한 방법을 활용해 자신의 경력을 높이며, 실제 나이보다 그 분야에서 일한 경력 나이를 중요시합니다.

프로티언 커리어 준비하기

'일자리'에서 '일'을 찾는 세상으로 바뀌었습니다. 불확실하고 급변하는 사회 속에서 자신의 주관적인 가치가 중요해졌습니다. 이런 세상에서 우리 자녀에게 필요한 경력은 자신의 성공 기준을 스스로 정하고 그 기준에 맞춰 다양하게 경험하며, 이를 토대로 자신의 경력을 하나씩 쌓아 가는 프로티언 커리어입니다.

프로티언 커리어는 자녀들에게 자신의 성공 기준과 방향성을 정할 수 있도록 도와줍니다. 꿈을 막는 새로운 진로 장애물이 생기거나 사회 변화로 인한 환경 제약이 발생할 때, 효과적으로 자신의 행동을 변경할 수 있습니다. 자기 이해가 중심이 되어 경력을 쌓다 보니 자신의 정체성을 확립하는 데도 도움을 줍니다.

프로티언 커리어를 쌓기 위해서는 우선 자신의 필요, 동기, 능

력, 가치, 관심, 행복 등을 이해해야 합니다. 이를 위해 자신에게 관심을 가지고 꾸준히 관찰해야 합니다. '내가 이런 감정을 느끼는 구나, 나에게 이런 욕망도 있네.' 등을 알아차릴 수 있어야 합니다. 구체적인 직업을 미리 선택할 필요도 없고, 구체적으로 무엇을 해야겠다고 정할 필요도 없습니다. 다만 자신이 무엇을 좋아하는지, 무엇을 하고 싶은지, 어떤 가치를 중요하게 생각하는지 꾸준히 자신을 관찰해야 합니다.

만일 자신의 마음이 가는 분야나 일이 있다면 주저 없이 그 일을 해 봐야 합니다. 그 일에 대한 승패나 성공은 크게 상관없습니다. 그 일을 통해 얻은 경험은 어떤 식으로든 다음 선택을 하는 데 도움이 되기 때문입니다.

프로티언 커리어를 만드는 데 필요한 핵심 질문 3가지

1. 무엇이 나의 일인가? (일에 대한 재정의)

2. 나는 무엇을 위해 살아가는가? (정체성을 재정의)

3. 무엇이 나의 성공인가? (성공에 대한 재정의)

다음으로 필요한 것은 자기 주도적 학습입니다. 새로운 지식과 경험이 필요한 순간이 생기면 언제든 학습하고 배워야 합니다. 다양한 일을 경험하기 위해 네트워크를 구성해 다른 사람들과 함께 일하는 것도 필요하고, 새로운 영역에 도전하여 실패하고 깨닫는 시행착오도 경험해야 합니다. 시행착오로 얻은 지식과 경험은 자신을 성장시키는 자양분이 되기에 시행착오 과정을 실패라 여기지 말고 성장을 위한 디딤돌이라 생각해야 합니다.

자녀들이 살아갈 세상은 자신의 가치, 자신이 이루고 싶은 이상이 꿈이 되는 세상입니다. 자신의 가치와 이상에 도달하기 위해 자녀들은 행동해야 합니다. 행동은 경험을 만들고, 경험은 다시 아이의 가치와 이상을 다지는 밑거름이 됩니다. 돌고 도는 선순환을 통해 자녀는 자신의 원하는 꿈을 구체적으로 만들 수 있습니다. 자신의 커리어를 쌓는 과정이 곧 꿈을 만드는 과정입니다.

제2화

목표는 있지만
꿈이 없는 삶

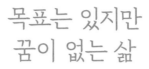

공부를 대하는 태도

지금까지 만난 아이들을 관찰해 보면 공부를 대하는 태도는 크게 세 가지였습니다.

첫째, 공부를 좋아합니다.

선생님을 좋아하기 때문에 공부를 좋아하는 아이, 특정 과목이 자신의 성향과 잘 맞아서 한 과목만 죽어라 파는 아이, 게임에서 레벨업 하듯 성취감이 좋아 끊임없이 문제 풀기에 도전하는 아이들입니다. 이 아이들은 저마다의 이유로 자신들이 좋아하는 과목이 있습니다. 자신이 좋아하는 과목에 대해서만큼은 누가 시키지 않아도 스스로 공부를 하며 만족감을 느낍니다.

성규(가명)가 그런 아이였습니다. 6학년 담임으로 만난 성규는 사회를 좋아했습니다. 특히 정치와 사회 문제를 토론하는 것을 무척 좋아했습니다. 토론하는 동안은 교과서에 나오지 않는 다양한 사회 이슈를 언급하며 자신의 논지를 이어 나갔고, 어른인 나와 사회적 문제에 대해 의견을 나눌 수 있을 정도로 뛰어났습니다. 초등학교에도 중간고사와 기말고사가 있던 시절, 성규의 사회 점수는 거의 100점이었습니다. 성규는 다른 이유 없이 그냥 사회를 좋아했습니다.

둘째, 공부를 싫어합니다.

수업 시간에 항상 딴생각으로 멍하니 앉아 있는 아이, 친구들과 쪽지를 주고받거나 앞뒤, 옆 짝꿍과 수업 시간 내내 대화를 시도하는 아이, 억지로 학원은 가지만 어떻게 하면 학원을 빠질 수 있을까 매일 고민하는 아이, 선생님이 설명하거나 문제 푸는 시간에 낙서로 교과서를 한가득 채우는 아이들입니다. 이 아이들은 수업 시간만 아니면 항상 활기가 넘칩니다. 쉬는 시간, 점심시간, 방과 후 시간은 물론이고, 수업 시간 옆길로 잠깐 새어 나가 딴 이야기를 하는 기회가 살짝 생겨도 질문까지 하며 듣는 적극성을 가집니다. 이 아이들은 공부만 아니면 모든 시간이 행복합니다.

영도(가명)는 묘한 아이였습니다. 수업 시간에 딴생각을 많이 하여 수업 관련 질문을 하면 항상 대답하지 못했습니다. 엉뚱한 행동과 황당한 생각으로 교사를 곤란하게 하는 경우도 종종 있었습니다. 시험 성적도 학급에서 항상 하위였고, 특별히 특출난 장기가 있는 것도 아니었습니다. 하지만 신기하게도 미워할 수 없는 매력이 있었습니다. 기발한 상상력이나 행동으로 가끔 아이들은 즐겁게 하기도 하고, 따뜻함이 담긴 배려의 말과 상대방 가슴을 시원하게 하는 말을 자주 했습니다. 반 친구들도 그런 영도의 묘한 매력을 재미있고 즐겁게 받아들이며 좋아했습니다. 이런 영도를 공부의 길로 인도하고자 1년 동안 노력했지만 졸업할 때까지 특별히 성과는 없었습니다.

셋째, 다른 사람 때문에 공부합니다.

공부를 좋아하진 않지만, 자신에게 영향을 주는 사람 때문에 공부하는 아이들입니다. 부모님이 시키면 시키는 만큼 따라가는 아이, 부모님의 칭찬 혹은 교사의 인정이 동기가 되어 공부하는 아이, 다른 친구와 자신을 비교하며 끊임없이 다른 친구를 이기려는 아이, 친한 친구들이 하니깐 그냥 같이 따라가는 아이들입니다.

이 아이들은 다른 사람이 없으면 공부를 하지 않습니다. 부모의 확인, 교사의 인정, 경쟁자, 친한 친구의 동행이 없으면 공부를 하지 않습니다. 초등학생 대부분은 여기에 속합니다. 자기 생각, 목표, 목적은 잘 모르고 또 중요하지도 않습니다. 그냥 부모가, 교사가, 친구가 하는 생각과 행동을 중요하게 여깁니다.

경쟁심을 원료로 삼는 공부의 최후

경숙이(가명)는 경쟁심이 강한 아이였습니다. 다른 사람보다 잘하려는 마음이 많았습니다. 교사가 자기를 어떻게 생각하는지에 신경을 쓰고 친구들의 평가에도 민감했습니다. 경숙이는 책을 많이 읽어서 표현력이 좋았습니다. 학교에서 일어난 일, 오가며 본 모습, 집에서 지낸 내용을 자세하게 묘사했습니다. 교내 글쓰기 대회에서도 상을 받았고 경숙이의 부모님도 뿌듯해하며 좋아했습니다.

준한이(가명)는 경쟁심이 없었습니다. 그냥 성실하게, 꾸준히 글을 썼습니다. 반 아이들에게 일주일에 두 편씩 쓰자고 했더니 그 말을 잘 지켜 두 편씩 꾸준히 썼습니다. 아이들과 산과 개울로 놀러 가거나 반에 특별한 일이 있을 때 "이런 걸 일기에 써오면 좋은데…."라고 하면 그날은 일기를 꼭 썼습니다. 준한이는 그저 묵묵히 시키는 대로 했습니다. 꾸준히 성실하게 노력하더라도 실력은 향상되지 않았습니다.

10월이 지나면서 준한이가 경숙이보다 글을 잘 썼습니다. 경쟁심을 원료로 삼아 칭찬을 독점하기 위해 쓰는 글은 오래가지 못합니다. 친구보다 잘하는 기쁨으로 노력하는 아이가 1년 내내 경쟁심으로 버티기는 어렵습니다. 경숙이는 글을 잘 쓰는 게 당연한 사실이 되자 이를 즐기지 못했습니다. 경쟁이라는 불꽃이 꺼져 갔습니다. 2학기에는 일기에 조금씩 소홀해지더니 글 쓰는 분량도 줄어들었습니다.

> "경쟁심은 재미를 이기기 힘듭니다. 이대로 간다면 결국 준한이가 글쓰기를 더 좋아하고 잘하리라 생각합니다."

위의 이야기는 권일한 선생님의 책 《선생님의 숨바꼭질》에 나오는 이야기입니다. 권일한 선생님은 글을 쓰게 된 두 아이의 동기를 이야기했습니다. 다른 사람에게 인정받거나 다른 친구를 이기기 위해 시작한 글쓰기는 성실하게 꾸준히 즐기는 글쓰기를 따라가지 못한다고 합니다.

공부도 마찬가지입니다. 다른 친구를 이기기 위한 공부는 오래가지 못합니다. 부모님의 칭찬, 교사의 인정을 원료로 삼는 공부도 오래가지 못합니다. 공부하고자 하는 이유를 자신 밖에서 찾으려고 하면 공부의 불꽃은 쉽게 꺼집니다. 경쟁과 비교가 공부의 동기가 되지 않아야 하는 이유입니다.

한때 뉴스에 보도되어 사람들에게 상식으로 알려지던 연구 결과가 있었습니다. 수족관 안에 물고기를 잡아먹는 천적을 넣어 두면 물고기들이 훨씬 더 오래 살아 있게 된다는 사실입니다. 그러나 얼마 지나지 않아 이를 반박하는 기사가 실렸습니다. 수족관 안에 천적 물고기를 넣어 두면 싱싱하게 살아남는 물고기들도 분명 있으나 스트레스로 인해 죽는 물고기가 더 많다는 것입니다. 경쟁에 지친 물고기의 끝은 결국 죽음입니다.

대학 입시가 바뀌지 않는 한 교육은 바뀌기 힘들다는 것이 교육 전문가들의 공통된 의견입니다. 현 대학 입시 제도는 누군가는 떨어지고 누군가는 붙는 경쟁과 비교의 체제입니다. 공부가 배움과 성장의 방법이라 여겨지지 않는 듯합니다. 공부가 배움과 성장이라 생각된다면 경쟁에서 조금 뒤처져도 슬프거나 화나지 않습니다. 배우는 것이 즐겁다는 것을 알게 되면 공부는 놀이가 됩니다. 경쟁하며 비교하는 공부는 친구를 경쟁자로 여기게 하고 남보다 더 뛰어난 것을 증명하는 수단으로 여겨집니다. 공부를 수단으로 여기면 배우는 즐거움은 사라집니다. 우리 자녀들이 어른들이 만든 제도로 인한 피해를 그대로 받고 있습니다.

경쟁과 비교는 30년 전에도 존재했습니다. 초등학교에도 시험 점수와 반 석차, 전교 등수가 있었으며, 성적에 따라 장학금도 줬습니다. 30년이 지난 지금의 아이들도 여전히 경쟁과 비교 속에서 살고 있습니다. 30년 뒤의 미래는 어떨까요? 지금보다는 나아질까요? 공부에 관한 생각이 바뀌지 않는다면 특별히 달라지진 않을 것 같습니다.

친구와의 비교는 아이를 지우는 일입니다. 아이의 장점과 고유한 특성을 외부의 기준에 맞추어 조금씩 지워 갑니다. 지속적인 비교는 아이를 하나하나 지웁니다. '타인의 기준'이란 지우개로 계속 지우다 보면 어느새 아이의 온전한 자기 모습은 사라지고 형태와 자국만 남게 됩니다.

친구는 우정을 나누는 대상이지, 경쟁하고 비교하는 대상이 아닙니다. '나'는 '나'고 친구는 친구입니다. 이에 대해 부모가 먼저 이해하고 자녀에게 알려 주면 좋겠습니다. 시험을 보고 나면 시험 점수가 몇 점인지, 친구는 얼마나 잘했는지 묻지 않으면 좋겠습니다. 시험을 보고 나면 따뜻한 응원과 함께 아이가 무엇이 부족하고 어려워했는지 함께 고민하고 보충하면 좋겠습니다.

시험의 진정한 목적

시험 기간이 되면 부모들은 대부분 더 민감해집니다. 평소 자녀의 공부에 대해 관대한 부모들도 시험 기간이 되면 자녀에게 공부하라는 소리를 합니다. 평소 공부하지 않던 아이들도 이 시기가 되면 공부하려는 마음이 잠시 생깁니다. 하지만 대부분은 시험이 끝나면 놀 생각을 하며 억지로 공부합니다.

시험 기간 집중적으로 공부한 내용은 시험이 끝남과 동시에 머릿속에서 사라져 버립니다. 시험용 공부는 '내 머릿속 지우개' 부작용이 있기에 하고 나면 허망합니다. 또 시험용 공부는 '몇 점'과 '몇 등'을 남깁니다. 자신이 맞은 점수와 그 점수로 인한 자신의 상대적 위치가 남게 됩니다. 공부하기 위해 자신의 쏟은 정성과 노력은 점수와 등수가 높을 때, 비로소 보상받거나 위로받게 됩니다.

요즘 초등학교는 중간고사·기말고사가 없습니다. 대신 담임교사의 재량으로 이루어지는 상시평가가 있습니다. 예전보다 상대적으로 학교 시험에 대한 부담감은 덜합니다. 대신 사교육에서의 시험 부담감이 큽니다. 상위 클래스로 올라가기 위한 레벨 테스트, 인기 있는 유명 학원 입학을 위한 테스트 등 학원에서 이루어지는 시험이 많이 생겨났습니다. 요즘 초등학생에게는 학교 시험보다 학원 시험이 더욱 중요해졌습니다.

시험공부는 왜 해야 할까요? 시험은 왜 있는 걸까요?

시험은 하나의 도구입니다. 때로는 지금의 상태와 수준을 확인하는 진단의 도구, 때로는 필요한 인재를 선발하기 위한 선별의 도구입니다. 때로는 부족한 부분과 어려운 부분을 확인하며 더 높은 성취를 위해 활용되는 성찰의 도구로 쓰입니다. 교사로서 시험은 세 번째 성찰의 도구로 더 많이 쓰여야 한다고 믿습니다. 자신이 모르는 부분, 어려워하는 부분이 어디인지 알려 주어 자기 자신을 한 단계 성장시키기 위해 활용되어야 합니다. 배우는 지식과 과목이 폭발적으로 늘어나고, 자기 자신에 대한 이해가 시작되는 초등학교에서는 더욱 그래야 합니다. 객관적인 잣대로 줄 세우기 선별 평가에서 발달을 위한 성장 중심 평가로 변해야 합니다.

시험을 성찰의 도구로 활용하면 좋겠습니다. 입시가 걸려 있는 중·고등학교는 현실적으로 힘들다 하더라도 입시 영향을 적게 받는 초등학교에서는 가능합니다. 초등학교 평가의 변화가 중·고등학교까지 나아가서 우리나라 입시 제도를 바꿀 수 있다고 생각합니다. 성장이라는 원래 목적에 맞게 시험을 활용하면 좋겠습니다. **성장을 위한 시험에 동의하는 부모가 많아질수록 세상은 변하게 됩니다.**

'자기'가 없는 자기 주도성

의미 있는 연구 논문이 하나 있습니다. 우리나라의 입시경쟁체제 속에서 우수한 성적으로 살아남은 학생들은 도대체 어떤 특징을 가지고 있을까를 연구한 논문입니다. 이 연구는 우리나라에서 명문대라 불리는 특정 대학 졸업생들의 인생사를 분석하여 소위 공부 잘하는 아이들의 공통적인 특성을 분석했습니다.

이 연구를 진행한 최선주 박사는 공부 잘하는 아이들의 특성 중 하나는 '시험형 자기 주도성'이라 밝혔습니다. '시험형 자기 주도성'

은 '외부로부터 주어진 분명한 목표'와 '성취를 확인하는 시험'이 만나 생긴 독특한 형태의 자기 주도성입니다. 시험형 자기 주도성은 외부에서 주어진 목표를 자신의 목표로 정합니다. 외부에서 주어진 것을 자신이 정한 목표라 여기며 최선을 다해 이를 이루기 노력합니다. 주어진 목표의 도달 정도를 확인하기 위해 꾸준히 시험을 보고, 시험을 준비하는 과정은 스스로 계획하여 실행합니다. 이 과정으로 얻어지는 자기 주도성이 시험형 자기 주도성입니다.

흥미로운 것은 시험형 자기 주도성에는 '자기 자신'이 없다는 점입니다. 다른 사람에 의해 주어진 목표를 자신의 것이라 착각하며, 타인이 정해 준 목표를 이루기 위해 자기 주도적으로 살아갑니다. 자기에 대한 이해가 전혀 없는 상태에서 삶을 살다 보니 다른 사람에 의해 자신이 정의됩니다. 외부로부터 인정받기 가장 쉬운 방법인 높은 성적과 명문 대학, 좋은 직장을 위해 스스로 시간과 정성을 쏟게 됩니다.

자기 생각과 목표가 없다 보니 다른 사람의 생각과 목표를 위해 살아왔다고 말합니다. 다른 사람의 기대와 시선에 부응하기 위해 살아왔기에 '자기'를 이해하겠다는 목표는 세우지 않았습니다. 다른 사람이 주는 목표를 효과적으로 달성하기 위해 살아가기에 자기 스스로 일을 이끌어 간다는 진정한 주도성은 없습니다. 그래서 시험형 자기 주도성은 '자기'가 없는 자기 주도성입니다. 우리 자녀들 대부분은 지금도 '자기'가 없는 자기 주도성을 가지고 살고 있습니다.

'목표'는 있지만 꿈은 없는 삶

대구는 교육열이 높기로 유명한 도시입니다. 도시 전체가 교육열로 뜨겁고, 부모들 대부분이 아이의 학업을 뒷바라지하는 것을 가장 큰 과업으로 여깁니다. 교육열로 가장 뜨거워지는 시기는 역시 고교 시절입니다. 제가 다녔던 고등학교는 EBS 방송 연계 수능 수업으로 한때 유명했던 학교였습니다. EBS와 연계하여 수능 문제가 출제된 시기가 이때였고, 우리 학교는 하나의 모범 사례였기에 방송국에서 촬영도 했습니다.

아침 6시 집에서 나와 버스를 타고 학교에 갔습니다. 친구들과 함께 떠밀리듯 승차하고, 빽빽한 버스 안에서 40분을 가면 학교 앞 버스정류장에 도착합니다. 고등학교 대부분이 그렇듯 나의 모교도 높은 언덕에 있었습니다. 최선을 다해 열심히 뛰어도 등교 시간인 6시 50분에 도착하기란 쉽지 않았습니다. 간신히 도착하여 교실에 들어서면 2시간의 EBS 아침 방송 수업이 기다리고 있었습니다. 아침 방송 수업 이후 7교시의 정규 수업과 2시간의 방과 후 수업으로 이어지고, EBS 오후 방송 수업이 끝나면 저녁을 먹었습니다. 밤 9시까지 야간자율학습, 11시까지 심야 자율학습을 끝내고 집에 오면 12시쯤 됩니다. 다음 날 이를 다시 반복합니다.

고등학교 시절, 저는 목표는 있었지만 꿈은 없었습니다. 수능이 입시의 90%를 차지하던 시절, 좋은 대학에 가기 위해 수능 점수를 높이는 것이 그 당시 저의 최고 목표였습니다. 언어 영역, 수리 영역, 사회탐구와 과학탐구, 외국어 영역의 점수를 높이기 위해 많은 시간과 노력을 쏟았습니다. 목표가 분명했기에 무엇을 어떻게 하면 목표를 이룰 수 있을지만 고민하면 되었습니다. 수능의 각 영역을 어떤 방식으로 공부해야 점수를 높일 수 있을지만 고민하면 되었습니다.

반면 내가 무엇을 하고 싶은지에 대한 고민은 없었습니다. 매일매일 성적 향상이라는 목표를 이루기 위해 많은 시간과 노력을 쏟다 보니 무엇을 하고 싶은지 생각할 시간과 기회가 부족했습니다. 매달 보는 사설 모의고사에는 자신의 점수에 맞추어 지원 가능한 대학과 학과를 예측해 보는 서비스가 있었습니다. 이 서비스를 이용했을 때, 내가 지원했던 대학과 전공이 매번 달랐습니다. 점수가 우선이었고 전공은 다음이었습니다. 그래서 저는 수능이 끝나고 대학 원서를 쓰는 시기가 올 때까지도 결국 전공을 정하지 못했습니다.

1년 반의 대학 생활, 2년 반의 군 생활 이후, 교육대학을 가기 위해 다시 입시를 준비하게 된 것은 이 때문입니다. 군 생활 동안 자신에 대해 돌아보고, 하고 싶은 일은 무엇인지, 어떤 일을 하며 살아가야 할지 뒤늦게 고민했습니다. 목표는 있었지만 꿈이 없었기 때문입니다. 군 생활 중 나온 휴가에서 매일 쳇바퀴 돌던 고교 시절처럼 사법고시와 공무원 시험을 준비하는 대다수의 대학 동기들을 보며 어떻게 살아야 할지 막막함을 느꼈기 때문에 고민이 더 깊어졌습니다.

내가 살아왔던 시절이 잘못되었다 비판할 생각은 없습니다. 그 시절 내 주변 사람들은 다들 그렇게 살았습니다. 목표는 있지만 꿈이 없었던 시절을 경험했기에 오히려 스스로 진지하게 고민하고 성찰할 수 있었던 것일지도 모릅니다. 어쩌면 고등학교 시절, 학업만을 생각하며 치열하게 살았기에 입시에 필요한 성적 고민 없이 지금의 교사가 될 수 있었을지도 모릅니다.

다만 내가 겪었던 이 경험을 우리 자녀가 겪진 않았으면 좋겠습니다. 자기 자신에 대해 고민 없이 살아온 시간 때문에 몇 년의 시간을 허비하지 않으면 좋겠습니다. 돌이켜 보았을 때, 후회와 반성 속에서 오는 성찰이 아닌 자기 생각이 맞는지 부딪치고 깨지는 과정으로 깨달음을 얻었으면 좋겠습니다. **우리 자녀만은 목표는 있지만 꿈이 없는 삶을 살지 않았으면 좋겠습니다.**

제 3 화

경쟁과 비교에서
벗어나는 공부 방법

공부의 즐거움을 찾아 주는 '다시 해도 인정'

　권일한 선생님의 책 《선생님의 숨바꼭질》에 대해 좀 더 이야기해 보려 합니다. 그 책을 보면 권일한 선생님은 자녀의 시험 기간에 다른 부모들과는 좀 다르게 합니다. 시험 기간에는 편히 쉬다가 시험이 끝나면 틀린 문제를 자녀와 함께 풀었다고 합니다. 실수한 부분을 찾고 모르는 내용을 설명해 주었으며, 선생님 본인도 모르는 내용은 함께 책을 찾아봅니다. 한 가지 주제에 대해 많이 틀렸다면 관련 책을 읽고 보충합니다. 권일한 선생님의 가족에게 시험(TEST)은 그냥 시험입니다. 모르는 내용을 확인하고, 다시 공부해서 알게 해 주는 좋은 도구일 뿐입니다. 시험 점수는 중요하지 않습니다. 모르는 것을 당연하다고 여깁니다. 모르기 때문에 배우는 것이라고 말합니다.

저는 아이들에게 공부는 평소에 하는 것이라 말합니다. 자신이 관심 있는 부분, 부족한 부분을 평소에 꾸준히 해야 한다고 말하며 다양한 방식으로 공부를 독려합니다. 시험 기간에만 공부하는 것은 의미 없다고 생각하기에 시험 일정도 하루 전에 알려 줍니다. 처음 접하는 아이들은 '뭐야? 이걸 왜 이제 알려 줘'라고 말하지만 익숙해지면 별로 개의치 않습니다. 그리고 사실 학생 상시평가 일정은 가정통신문으로 학기 초에 공지됩니다. 본인들이 잊고 있을 뿐입니다.

아이들을 독려하는 첫 번째 공부 방법은 '다시 해도 인정'입니다. '다시 해도 인정'은 문제를 푼 후 자신이 모르거나 틀린 것을 다시 풀어 오면 정답으로 인정해 주는 방법입니다. 대단한 방법도 아니고 별거 없어 보입니다. 하지만 실제 이 방법을 적용해 보면 학생, 학부모, 교사 모두 이 방법의 효과에 대해 인정하고 만족합니다. 학기 초, 아이들과 부모님께 이 방법의 취지와 의미를 설명하고, 실제 수행한 뒤 효과를 물어보면 매우 만족해한다고 말합니다. 간단한 방법이기에 가정에서 활용하기도 좋습니다.

'다시 해도 인정'은 문제 풀이나 시험을 성찰의 도구로 활용하는 방법입니다. 자신이 몇 개를 맞혔는지가 중요한 것이 아니라 자신이 모르는 것을 다시 풀어 아는 것이 중요합니다. 틀린 문제를 아이들은 자기 잘못으로 여깁니다. 아이들은 이를 감추기 위해 틀린 문제를 거짓으로 맞힌 것처럼 포장하고, 모르면서 아는 척하기도 합니다. 그래서 아이들에게 틀린 문제는 자신의 잘못이나 부족이 아니라 지금 알고 있는 것과 앞으로 알아야 할 것으로 구분시켜 주는 것임을 알려 줘야 합니다. 그래서 '다시 해도 인정' 평가 방식을 적용한 것입니다.

전 교과에 활용할 수 있지만 보통 수학 시간에 많이 활용합니다. 개념과 원리에 대한 교사의 설명이 끝나면 아이들은 수학익힘책을 풉니다. 문제를 모두 해결한 아이는 교사에게 채점을 받습니다. 이때 아이들에게 선택권을 줍니다. 틀린 문제를 다시 풀어 오는 것 또는 교사의 풀이 과정을 듣고 편하게 쉬는 것입니다. 단, 틀리거나 모르는 문제를 다시 풀어 오면 정답으로 인정해 주고, 교사가 정답과 풀이 과정을 알려 주면 그 문제는 영원히 틀린 문제가 됩니다.

아이들은 어떤 선택을 할까요? 아이들 대부분 다시 풀어 오는 것을 선택합니다. 본인 스스로 해결이 되지 않으면, 먼저 문제를 해결한 친구들에게 물어서라도 다시 풀어 오는 것에 도전합니다. 자신의 잘못과 부족이 아니므로 틀린 문제를 감추지 않습니다. 아이들 사이에 누가 맞고 틀렸는지에 대한 관심이 줄어들고, 온전히 문제를 이해하는 것에 집중하게 됩니다. 아이들 속에 숨어 있던 호기심과 새로운 경험을 추구하려는 의지가 생기기 시작합니다.

학생생활기록부에 기록되는 수행평가에도 똑같이 이 방법을 적용합니다. 수행평가 시험 20분 동안은 문제를 풀고, 남은 20분은 채점을 하고 틀린 문제를 공부해서 다시 풀어 오면 정답으로 인정합니다. 대신 아이가 문제 풀기를 포기하면 아이의 의견을 존중하며 더 풀기를 강요하지 않습니다. 단 한 번의 평가로 아이의 수준이 결정지어져서는 안 되기에 여러 번 기회를 주는 것이 필요합니다. 다만 그 기회를 선택하는 것은 아이의 결정입니다.

선택에 대한 자유권이 없으면 이 또한 다른 사람에 의해 억지로 공부하는 것과 다름없습니다. 아이들 대부분은 다시 문제 풀기에 도전하지만 그렇지 않은 아이도 있습니다. 이때는 아이의 의견을 존중하며, 다음에는 도전해 보기를 바란다며 권유하는 정도로만 끝냅니다.

'다시 해도 인정' 평가 방법을 활용할 때 얻는 두 가지 유익이 있습니다.

첫째, 자녀들이 시험을 두려워하지 않습니다. 시험이 두려운 이유는 문제를 다시 풀 기회가 없어 자신의 한 실수를 되돌릴 수 없기 때문입니다. 따라서 문제를 다시 풀 기회만 주어진다면 자녀들은 시험을 겁내지 않습니다.

둘째, 비교하지 않습니다. 이 방법은 친구의 점수가 중요하지 않습니다. '나 이번에 100점 맞았어'라고 이야기하면 여기저기서 '나도, 나도'라는 말이 튀어나옵니다. 반 친구들이 모두 100점을 맞아도 상관없습니다. 자신도 100점을 맞을 수 있기 때문입니다. 포기만 하지 않는다면 모두가 100점입니다. 중요한 것은 자신이 모르는 부분을 이해하고 알게 되었다는 사실입니다. 아는 것이 점점 많아지면 자신감이 생깁니다. 자신감은 새로운 것에 도전하게 하고, 공부를 더욱 능동적이고 즐겁게 만듭니다.

이해도를 높이는 효과적인 공부법 '선생님은 1학년'

또 다른 평가 방법은 '선생님은 1학년' 방법입니다. 교사를 1학년 동생이라 생각하고 자신이 푼 문제를 교사에게 설명하는 것입니다. 설명하기 방법이 얼마나 효과적인지는 여러 방송이나 책을 통해 이미 들으셨을 거라 생각됩니다.

자신이 풀고 난 후 모르거나 틀린 문제를 다시 고쳐 오면 그 문제를 온전히 이해하였는지 확인할 필요가 있습니다. 교사는 아이의 문제 풀이 설명 과정 중 이해되지 않는 부분이 있으면 계속 질문을 합니다. 예를 들어 5학년 수학 자연수의 혼합계산 단원에 대한 아이의 설명에 부족한 부분이 보이면 아이에게 질문합니다. '곱셈과 덧셈 중 어느 것을 먼저 해요?', '곱셈과 나눗셈 사이에 괄호가 있으면 어떻게 되는 거죠?', '곱셈과 나눗셈이 동시에 나오면 뭐부터 해야 하죠?' 등으로 마치 1학년 동생처럼 물어봅니다.

아이가 정확하게 이해했으면 교사의 질문에 충분히 대답할 수 있습니다. 이해가 조금 부족하면 설명이 다소 서툴거나 머뭇거립니다. 아이가 교사의 질문에 답을 하지 못하거나 명확한 설명을 하지 못할 때, 교사가 직접 설명해 도와주는 것과 자기 자리로 돌아가 공부한 후 다시 설명하는 것 중 선택하게 합니다. 아이들 대부분은 다시 공부한 후 설명하려고 노력합니다. 이 방법은 아이가 틀린 문제를 정확하게 이해했는지 확인할 수 있습니다. 자신의 언어로 설명하는 과정을 통해 자기가 이해한 것을 설명할 수 있는 표현 능력까지 길러 줄 수 있습니다.

위의 두 방법 모두 경쟁과 비교는 없습니다. 자신이 모르는 것이 무엇인지 파악하고, 그것을 알기 위해 노력합니다. 공부는 여기서부터 시작해야 합니다. 경쟁과 비교는 공부의 동기가 될 수 없습니다. 오히려 공부의 즐거움을 빼앗습니다. 새로운 것을 알아 가는 즐거움, 성장하는 기쁨, 문제를 해결하는 성취감, 함께 공부하는 행복 등을 빼앗아 버립니다. 이는 공부뿐만 아니라 아이의 모든 삶의 영역에도 해당됩니다. 누군가를 이기기 위해 공부한다면 자기보다 더 잘하는 친구 앞에서는 주눅 들고 좌절하게 됩니다.

'누군가'를 이기려는 동기는 잠깐에 그칠 뿐입니다. 동기는 자신의 속 깊은 곳에서 솟아나야 합니다. **토끼와 거북이를 같이 세워 놓고 경주시킬 게 아니라 토끼는 토끼의 길을, 거북이는 거북이의 길을 가게 해야 합니다.** 한 사람의 가치는 다른 누군가와 비교해서 더 뛰어나다는 데 있지 않습니다. 새로운 것을 알아 가는 것의 즐거움, 꾸준히 성실한 태도로 공부하는 것이 얼마나 의미 있는지 자녀에게 알려 줘야 합니다.

자녀들은 부모의 뒷모습을 보고 자랍니다. 부모의 말과 행동 하나하나를 아이들은 보고 배웁니다. 입시에 얽매여 친구를 경쟁 상대로 생각하지 않고, 경쟁에 내몰리지 않도록 부모가 아이들을 격려해야 합니다. 스스로 가치와 믿음을 가지고 한 걸음 한 걸음 나아가고 행동으로 실천하도록 응원해야 합니다.

경쟁에서 벗어나면 비로소 보이는 것들

성중이(가명)는 2014년 6학년 제자입니다. 이전에도 저는 성중이의 5학년 담임이었고, 다음 해도 6학년 담임을 연달아 맡게 되었습니다. 성중이는 호기심이 많고 질문을 많이 했습니다. 말을 조금 더

듣었고, 조그마한 사실에도 쉽게 놀라고 반응했습니다. 질문에 대한 답을 알려 주어도 금방 잊어버리고 다시 묻기 일쑤였습니다. 배운 것을 쉽게 잊어버리니 교과 공부를 어려워했습니다. 성중이는 5학년, 6학년 때 모두 기초학습부진아로 선정되어 학교에 남아 나머지 공부를 했습니다.

성중이는 경쟁을 좋아하지 않습니다. 축구 경기할 때 이기려고 애쓰지 않습니다. 운동 신경도 좋지 않아 축구 경기 중 실수를 종종 합니다. 실수하면 친구들에게 '미안해'를 수십 번 얘기합니다. 수학 시간 자신이 모르는 것을 질문하고 또 질문합니다. 질문한 사실 자체를 잊어버리고 질문하기도 합니다. 노력해도 성취가 보이지 않는 성중이를 보며 안타까웠습니다. 열심히 해도 나아질 기미는 보이지 않았습니다. 처음으로 '안 되는 아이는 어떻게 해도 안 되는구나!'라는 생각을 했습니다.

그런 성중이를 관찰하다 우연히 발견하게 된 사실이 하나 있었습니다. 성중이가 공부를 좋아한다는 사실입니다. 모르는 것도 많고, 성적도 나쁘며, 기초학습부진아로서 나머지 공부를 지겹게 반복하는 성중이가 공부를 좋아한다니 좀 의아할 것입니다.

자녀들이 공부를 진정으로 즐기는지 확인하는 방법이 두 가지 있습니다. 첫째, 자녀가 공부에 몰입해서 시간 가는 줄 모르면 공부를 즐긴다고 볼 수 있습니다. 자신이 좋아하는 일을 하면 시간 가는 줄 모릅니다. 레고로 좋아하는 캐릭터를 만들 때, 학교 일상을 웹툰으로 그릴 때, 유튜브를 감상하며 축구 동작을 따라 할 때 등 좋아하는 일에 몰입하여 즐기게 되면 시간 가는 것을 느끼지 못합니다. 공부에도 이것이 적용된다면 공부를 즐기는 것입니다.

둘째, 공부한 내용을 반복해서 자기 것으로 만듭니다. 아이들은 즐겁고 행복한 것은 또 하자고 합니다. 〈아기 상어〉는 유아들이 좋아하는 노래입니다. 어느 순간이 되자 아이들뿐 아니라 어른들도 좋아하는 노래가 되어 결국 2019년 빌보드 핫 100에서 32위로 데뷔하고, 20주간 차트에 오르는 노래가 되었습니다. 아이들은 이 노래를 무한 반복해서 부릅니다. 좋아하는 노래뿐만 아니라 재미있는 퀴즈와 놀이, 축구와 피구, 목공과 도예와 같이 아이들이 즐기는 수업은 반복해서 해도 지루해하지 않습니다. 반복해서 공부하는 것을 지겨워하지 않으면 공부를 즐긴다고 말할 수 있습니다.

성중이가 그랬습니다. 수학 문제를 풀 때 시계를 보지 않았으며, 다음에 또 풀자고 했습니다. 틀려도 틀려도 수학 문제 계속 내 달라고 부탁했습니다. 단원 평가를 풀고 채점하면 점수를 보고 잠깐 실망하기도 하지만, 이내 모르는 문제를 나에게 또는 친구들에게 물어봤습니다. 처음 잠깐 외에는 몇 점인지 몇 개를 맞혔는지에 대해서는 관심을 가지지 않았습니다. 자기가 모르는 문제에만 집중하고 친구들에게 질문했습니다.

성중이처럼 고등학생 때까지는 공부 실력이 부족하다가 꾸준히 공부해서 해외에서 대학교수까지 한 사람이 있습니다. 《보글리쉬》, 《영어는 개소리》의 저자 이승범 교수입니다. 고등학교 성적은 별로 좋지 않았지만 공부하는 것을 좋아했기에 꾸준히 공부해서 박사 학위를 받았다고 합니다. 박사 학위를 받고 국내 대기업에 취업도 했습니다. 대기업 직장을 그만두고 해외에서 경영학을 가르치는 교수가 되기도 했습니다. 현재는 영어 때문에 힘들어하는 사람들에게 영어를 쉽게 가르치고 있습니다.

아이들은 재미있는 놀이를 할 때 '왜 놀이를 해야 하냐'고 질문하지 않습니다. 아이들은 재미있는 영화를 볼 때 왜 영화를 봐야 하는지 질문하지 않습니다. 공부를 왜 하는지 질문하는 까닭은 공부가 즐겁지 않기 때문입니다. 아이들이 공부하는 즐거움을 알면 왜 공부하는지 질문하지 않습니다.

유머러스하고 재미있는 장난으로 수업을 잘 가르쳐 주는 선생님 덕분에 공부가 즐거울 수도 있고, 모르는 것을 알아 가는 배움의 기쁨이 공부를 즐기게 하기도 합니다. 입시 교육의 한계가 분명 있지만, 공부의 즐거움을 회복하기 위해 부모, 교사, 학생 모두 노력해야 합니다.

경쟁과 비교에서 벗어나면 보이는 것들이 있습니다. 시험을 두려워하지도 않고 친구의 점수에도 신경을 쓰지 않는 아이들은 온전히 자신이 모르는 것이 무엇인지 확인하고 이를 해결하는 것에 집중합니다. 그리고 이 과정에서 배움과 몰입의 즐거움을 경험합니다. **배움과 몰입의 즐거움을 경험한 순간부터는 궁금한 것, 더 알고 싶은 것이 생기기 시작합니다.**

제4화

사이드 프로젝트
(Side Project)

진짜 이 일이 내게 어울릴까 망설여진다면

새롭고 낯선 일에 도전할 때, 설레기도 하지만 두렵기도 합니다. 그래서 많은 사람은 새로운 일에 도전조차 하지 않습니다. 아무것도 하지 않으면 아무런 일도 일어나지 않음을 알면서도 사람들은 망설입니다. 왜일까요? 이유는 많습니다. '시간이 부족합니다.', '돈이 없습니다.', '여태껏 쌓아 놓은 것이 아깝습니다.', '미래가 불확실합니다.' 등 다양한 이유로 새로운 시작을 어려워합니다.

사람들이 이러한 새로운 시작을 꺼리는 이유는 '확신'이 없기 때문입니다. 새로운 일을 통해 자신이 성공할 수 있을 것이라는 확신, 주위 사람들의 편견이나 시선으로부터 흔들리지 않을 확신이 없습니다. 실패했을 때 치러야 할 대가를 견뎌 낼 수 있을 거라는 확신이 없습니다. **대부분의 일은 미래에 일어나지 않는 것을 알면서도 지레 겁부터 먹습니다.** 두려움에 사로잡혀 한 발짝도 뛰지 못합니다.

좋아하는 일과 잘하는 일이 일치하는 사람은 부러움의 대상입니다. 좋아하는 일과 잘하는 일이 무엇인지 분명히 구분할 수 있는 사람도 그나마 행복한 편입니다. 좋아하는 일과 잘하는 일 중 하나는 선택할 수 있기 때문입니다. 사실 누구보다 안타까운 사람은 자신이 좋아하는 일이 무엇인지, 잘할 수 있는 일이 무엇인지 모르는 사람입니다. 이런 사람은 두려움에 겁을 먹고 어떤 일도 시도하지 않으려 합니다.

그렇다면 관심 가는 일이 자신이 정말 좋아하는 일인지, 자신이 정말 잘할 수 있을지 확신하지 못한다면 어떻게 할까요?

관심 가는 일이 자신이 좋아하는 일인지 혹은 자신이 잘할 수 있을지 확신하지 못한다면 사이드 프로젝트(Side Project)를 해 보길 권장합니다. **사이드 프로젝트는 생계를 위해 자신의 현재 직업은 유지하는 상태에서 자신이 관심 가는 일을 하는 것을 의미합니다.** 학생의 경우, 학교생활을 꾸준히 하며 여유 시간을 활용해 자신이 경험해 보고 싶은 일에 도전하는 것입니다.

사이드 프로젝트의 바탕에는 'Just Do It~!' 정신이 있습니다. 이 것저것 따지지 말고 일단 관심 가는 것이 있으면 해 보는 것입니다. 관심 가는 일이 자신의 진짜 흥미가 맞는지, 실제로 이 일을 업으로 삼아도 될 만큼 자신에게 재능이 있는지 프로젝트를 통해 확인합니다. '실패 아니면 성공'이라고 이분법적으로 결과를 판단하지 말고, '이 길만이 나의 길이야'라고 단정 짓기 전에 관심 있는 일이 정말 자신에게 어울리는지 시도해 보는 과정입니다.

재미로 연습장에 끄적였던 만화가 정말 다른 사람에게도 즐거움을 줄 수 있는지, 광고잡지와 패션쇼를 보며 모델 포즈를 흉내 내던 자신이 정말 모델로서의 가능성이 있는지 확인해 봅니다. 새롭고 낯선 일에 도전하기 전, 불확실한 자신의 미래에 '확신'을 가지기 위한 과정입니다. 시간이 부족하다, 돈이 없다, 미래가 불확실하다 등의 변명거리를 없애고, 자신이 성공할 수 있을 거라는 확신을 가지기 위해 도전합니다. 이것이 사이드 프로젝트입니다.

길을 아는 것과 직접 걷는 것은 다릅니다. 아무리 지식이 풍부해도 실천하지 않으면 아무것도 바꿀 수 없습니다. **사이드 프로젝트는 생각과 실천을 연결해 줍니다.** 사이드 프로젝트를 통해 새로운 일에 도전해 보고, 가능한 일들을 하나하나 실천하다 보면, 두려움에서 빠져나올 수 있습니다. 무기력했던 이들이 어느 순간 새로운 것에 도전하고 있는 모습을 발견하게 됩니다.

사이드 프로젝트 첫걸음, 행복 토너먼트

자신이 좋아하는 일을 전혀 모를 때, 관심 가는 일조차도 없다면 어떻게 해야 할까요? 그렇다면 자신이 겪었던 경험을 더듬어 기억해 내고 그 경험을 비교하는 것부터 시작해야 합니다. 자신이 행복하고 즐거웠던 경험을 떠올려 보고 서로 비교해 봅니다. 행복한 경험 속에는 자신이 관심 있는 일, 좋아하는 일, 하고 싶은 일을 찾아봅니다. **자신이 선택할 수 있는 일은 자신의 경험 안에 있습니다.** 자신의 알고 있는 지식과 경험을 벗어나는 일은 찾을 수도 선택할 수도 없습니다. 어린 시절 풍부한 경험이 있어야 자신이 좋아하는 일을 쉽게 선택할 수 있습니다.

짜장면과 짬뽕만 먹어 본 아이에게 어떤 요리가 맛있냐고 물어보면 대답은 짜장면 아니면 짬뽕입니다. 반면에 탕수육, 깐풍기, 라조기 등 다양한 중화요리를 먹어 본 아이에게 자신이 좋아하는 음식을 물어보면, 이 아이는 더 많은 선택지 속에서 자신이 좋아하는 것을 고를 수 있습니다.

좋아하는 일을 선택하는 것도 마찬가지입니다. 운동을 좋아하는 아이에게 어렸을 때부터 골프 하나만 시켜 보는 것보다 축구, 농구, 배구, 무용, 수영 등 다양한 운동을 시켜 보는 것이 아이의 선택권을 더욱 넓혀 줍니다. 자녀가 무엇을 좋아하는지 전혀 감이 오지 않을 때는 더욱 다양한 경험을 제공해야 합니다. 운동, 악기, 미술,

글쓰기 등 다양한 경험을 해 보게 하고 자녀를 관찰해 보세요. 자녀가 특별히 관심을 두는 혹은 오랫동안 하고 싶어 하는 것을 찾는다면, 그것이 자녀가 좋아하는 일이라고 생각하시면 됩니다.

그렇다면 아이가 진정으로 좋아하는 것을 어떻게 찾을 수 있을까요? 월드컵에 나오는 토너먼트 방식을 활용해 보세요. 우선 브레인스토밍을 통해 행복했던 경험을 모두 적습니다. 행복했던 경험 중 '하는 일'과 관련하여 최종 4가지를 추립니다.

행복한 경험을 적으라고 하면 특정 장소, 특정 사람, 특정 물건과 관련된 경험을 적기도 합니다. 하지만 이런 것들을 통해서는 자신이 좋아하는 일을 찾기 힘들고, 찾더라도 시간이 오래 걸립니다. 따라서 '하는 일'과 관련된 행복 경험을 찾는 것이 중요합니다.

최종 간추린 4가지를 각각 2개씩 짝을 지어 서로 비교합니다. 예를 들어 요리하는 것, 만화 그리는 것, 축구하는 것, 드론 조종하는 것 4가지가 최종으로 선택되었다고 한다면 '요리하는 것 VS 만화 그리는 것', '축구하는 것 VS 드론 조종하는 것'의 대결 구도를 만듭니다. '요리하는 것과 만화 그리는 것' 비교 시 각각의 장단점을 적어 비교한 후 더 하고 싶은 일을 결정하도록 합니다. '축구와 드론 조종하는 것'도 반복합니다. 각각의 비교에서 선택된 두 가지 중 같은 과정을 통해 최종 선택하면 자신이 가장 하고 싶은 일 한 가지를 결정할 수 있습니다.

사람들은 자신이 좋아하는 일을 자신의 경험 속에서 찾습니다. 자신이 보고, 듣고, 경험한 것을 토대로 장단점을 비교하고 고민하며 자신에게 어울리는 일을 찾습니다. 그래서 자신이 좋아하는 일이 무엇인지 결정하기 전에 자신의 과거 경험을 곰곰이 들여다보는 것이 필요합니다.

사이드 프로젝트는 관심 가는 일에 새로운 경험을 만들어 줍니다. 그래서 다양한 프로젝트가 많아지면 많아질수록 일에 대한 경험이 많아지고, 프로젝트가 깊이 있을수록 자신을 깊이 있게 들여다볼 수 있게 해 줍니다.

실패도 의미 있는 사이드 프로젝트

사이드 프로젝트를 시작하면 처음에는 구체적인 목표도, 기간도, 성공에 대한 기준도 없습니다. 그래서 실패할 가능성이 큽니다. 기초적인 지식도, 관련 경험도 없기에 실패할 수밖에 없습니다. 하지만 아이러니하게도 실패와 성공에 대한 분명한 기준이 없기에 사이드 프로젝트의 실패는 의미가 있습니다. 프로젝트의 실패를 동력 삼으면 자신만의 성공 기준을 만들 수 있기 때문입니다.

실패는 누구에게나 일어나는 하나의 과정이고, 자신의 부족한 부분과 노력해야 할 부분을 알려 주는 좋은 경험이자 기회입니다. 새로운 일을 시작하고 목표를 향해 달려가다 보면 분명 성장하고 있는 나 자신을 발견하게 됩니다. 그리고 더 나은 기회가 자신을 기다리고 있을 수 있습니다.

크리에이터가 꿈인 아이가 있습니다. 이 아이는 영상을 올려 구독자 10만 명과 100만 뷰를 3개월 안에 하는 것을 목표로 삼고 자신이 좋아하는 게임 영상을 꾸준히 업로드합니다. 하지만 3개월 동안 구독자 수는 10명이고, 조회 수 100회입니다. 이 아이는 자신의 사이드 프로젝트 목표 달성에 실패했습니다.

실패한다면 다시 도전하면 됩니다. 3개월 안에 구독자 300명과 조회 수 3,000회로 목표를 수정해서 다시 시도합니다. 아이들이 가장 흔하게 하는 목표 수정 방법입니다. 하지만 사실 이보다 더 중요한 것이 있습니다. 성공의 기준 설정에 다른 사람의 관점보다 자신의 기준이 중요하다는 점입니다. 이 아이는 구독자 수에 집중했는데 유튜브를 만드는 목표, 이것을 통해 이루고 싶은 것에 대해 다시 생각해 볼 필요가 있습니다. 구독자 수보다 더 중요한 가치를 찾을 수 있습니다. 더 높은 가치를 찾으면 꾸준히 도전할 수 있습니다.

일주일에 한 편, 자신이 원하는 콘텐츠를 올리는 것이 성공 기준이라면 어떨까요? 콘텐츠 제작마다 플롯과 촬영 방법으로 매번 바꾸어 보는 것이 성공 기준이라면 어떤가요? 여러 내용을 만들어 보며 자신이 하고 싶은 콘텐츠를 찾는 것이 성공 기준이라면 어떤 변화가 있을까요?

아이가 자신의 성공 기준을 바꾼다는 것은 삶이 바뀌는 것을 의미합니다. 이 아이가 바뀐 목표에 도전하여 성공한다면 자신만의 성공 기준을 가질 수 있게 됩니다. 바뀐 성공 기준은 삶의 변화를 가져오고, 또 다른 삶의 방향성을 제시할 수 있습니다. 아이가 끊임없이 자신만의 성공 기준을 만들어 가다 보면 어느새 아이는 자신이 성공 기준에 부합하는 일을 하고 있을 것입니다. 그래서 좋아하는 일을 하며 행복한 삶을 살게 될 가능성이 큽니다.

주변 사람들의 시선과 편견이 무섭다면?

금연을 실천하는 경우, 주변 사람들에게 자신의 금연 사실을 알려 흡연을 방지할 수 있는 환경을 만드는 것을 권장합니다. 금연처럼 혼자 하기 힘든 상황이나 도달하기 힘든 목표 설정을 한 경우, 주변에 자신이 하고자 하는 일을 알리고 다른 사람의 지지를 받아야 한다고 전문가들은 말합니다. 주변에 알리는 행동, 할 수밖에 없는 환경 속으로 자신을 밀어 넣는 것이 목표를 이룰 수 있도록 도움을 주기 때문입니다.

하지만 사이드 프로젝트는 반대입니다. 프로젝트의 시작은 자신이 무엇을 좋아하는지 모르고, 자신의 능력에 대한 고민에서 시작합니다. 따라서 자신감도 없고 혼란스러운 마음 상태입니다. 이 때문에 자신의 프로젝트 과정을 주변에 알리고 그에 관한 관심이 생기면 부담스럽습니다. 또 실패했을 때 오는 충고, 조언 등은 사람을 점점 위축시킬 수 있습니다.

사이드 프로젝트는 어느 정도 성과가 나온 후 공개하는 것이 좋습니다. 주위 사람의 민감하고 불편한 시선들을 피할 수 있고, 실패하더라도 다른 사람이 알지 못하기에 마음이 편합니다. 프로젝트를 다른 사람에게 알리고 시작한다면 자신이 하고 싶은 것을 시작하기도 전에 주변 환경이 자신을 위축시킬지도 모릅니다. 실패해도 마음의 깊은 상처를 내지 않는 상황을 만드는 것, 자신에게 부담감을 주지 않는 상황을 만드는 것, 이것이 프로젝트를 주변 지인에게 알리지 않고 진행하는 이유입니다.

자신이 좋아하는 일이 고된 것 그리고 그 일이 실패하는 것, 이 둘은 그 자체로는 아이에게 그리 힘들지 않습니다. **아이를 정말 힘들게 하는 것은 주변 사람들의 시선과 평판입니다.**

크리에이터가 되길 원하는 아이에게 자기 영상을 제작하는 과정 자체는 전혀 힘들지 않습니다. 자신이 좋아하는 영상을 만들고 업로드하는 것뿐입니다. 컴퓨터 앞에서 자신이 좋아하는 놀이를 하는 것과 같습니다. 조회 수가 적거나 구독자 수가 적어도 크게 실망하지 않습니다. 그보다 더 힘든 건 크리에이터로서 자신을 바라보는 주변의 따가운 시선입니다. 생각 없고 아무런 준비 없이 살아가는 사람이라는 인식이 문제입니다. 냉정한 현실에 대한 고민 없이 살아가는 사람이라는 인식이 크리에이터를 꿈꾸는 아이를 불편하고 힘들게 합니다.

사이드 프로젝트는 다양한 시도와 경험 속에서 확신하도록 합니다. 그래서 어느 분야든 다양한 방식으로 시도해 보는 것이 필요합니다. 웹툰, 애니메이션, 웹디자인, 패션 디자인, 건설 디자인 등 그리기와 관련된 분야만 해도 상당합니다. 그러니 웹툰 그리기에 실패했다고 포기하지 말고 애니메이션, 패션 디자인, 건설 디자인 등 다양한 분야에 도전해 보아야 합니다.

어차피 회사 일이나 학교생활과 병행하며 자투리 시간에 준비하는 것이니 밑져 봐야 본전이라는 마음으로 꾸준히 하는 것을 목표로 삼아야 합니다.

사이드 프로젝트에 몰입하고 싶다면

사이드 프로젝트를 진행한 후, 어느 정도 확신하게 된다면 다음의 방법대로 한번 해 보세요.

첫째, 분명한 목표와 기간을 정해 보세요.

언제, 어디서, 무엇을, 어떻게, 왜 하려고 하는지 분명히 정하고 프로젝트를 진행합니다. 글쓰기가 좋아 소설을 집필하는 것이 목표인 사람은 '6개월 이내 단편소설 1편을 써서 출판사 20곳에 투고하기', '주변 사람들 20명에게 단편소설 읽게 한 후 피드백 받아 자기 책 출판하기' 등의 목표와 기간을 정해 봅니다. 목표와 기간은 자신의 하고자 하는 방향을 분명히 제시해 주고, 자칫 게을러지고 나태해질 수 있는 자신을 압박해 주는 동시에 다독여 주는 역할을 합니다.

둘째, 규칙적으로 꾸준히 해 보세요.

이전에는 자투리 시간을 아껴서 하다 보니 할 수 있는 시간도 한정되어 있고, 할 수 있는 양도 불규칙했습니다. 이제는 일정 시간을 확보하여 프로젝트를 진행해 보는 것이 필요합니다. 영상 제작을 원한다면 3분짜리 영상을 일주일 한 편 꾸준히 만드는 것을 목표로 합니다. 일주일에 한 편을 만들기 위해서는 주제에 대해 고민해도 해야 하고, 어떻게 표현해야 할지, 무엇을 활용하지도 생각해야 합니다. 이렇게 꾸준히 고민하다 보면 일이 힘들더라도 견딜 수 있는지, 이 일을 지속할 수 있을지 결정할 수 있게 됩니다.

셋째, 관련된 공부를 하며, 전문적으로 시도해 보세요.

저는 제 글을 쓰고 싶었습니다. 글을 쓰고 싶어 내가 가장 먼저

한 일은 서점에 간 것입니다. 서점에 가면 글쓰기 관련 책이 수백 권 있습니다. 소설, 시, 수필 등 장르별 글쓰기 책, 일상에서 글쓰기 주제를 찾는 법에 관한 책, 문체와 어법, 문법을 다룬 책, 글쓰기 목적과 마음가짐에 관해 다룬 책 등 무수히 많습니다. 그중에 마음에 드는 책을 몇 권 사서 읽고 책에 나온 방법대로 시도해 보았습니다. 좋아하는 문체를 가진 책을 많이 읽고, 어떤 글을 쓰고 싶은지 고민도 오랫동안 했습니다. 좋아하는 작가의 글을 필사하기도 했습니다. 좋아하는 글귀를 한글 파일에 적어 저장해 놓고 글을 썼습니다. 책을 읽고, 고민하고, 실천하는 이 과정이 생각한 좋은 글쓰기를 하기 위한 전문적인 공부였습니다. 1일 책 쓰기 특강도 들으면서 마음을 다졌습니다.

우리 자녀들도 충분히 가능합니다. 자동차의 뒷모습만 보고도 어떤 차인지 재원은 무엇인지 척척 알아맞히는 아이, 군인의 삶을 동경하여 총을 보면 구경과 유효 사정거리 등을 척척 알아내며 아침 구보로 하루를 시작하는 아이를 보면, 아이들은 관심거리만 있다면 어른보다 훨씬 더 공부하기를 즐기며 전문성을 쌓을 수 있음을 알 수 있습니다. 특정 분야에 관심이 있다는 확신이 들었다면 이제 전문성도 갖추는 것이 필요합니다.

넷째, 각종 공모전과 대회를 활용하세요.
세상에는 이런 대회가 있나 싶을 정도로 다양한 공모전과 대회가 있습니다. 연간 열리는 그리기 대회만 수백 가지이고, 국내 영화제만 해도 십여 개가 넘습니다. 대학과 회사에서 여는 각종 아이디어 공모전도 헤아리기 힘들 정도이고, 정부 부처와 관공서에서 주최하는 청소년 관련 대회도 많습니다. 인터넷에 관심 있는 키워드로 검색해 보면 자녀들이 참여할 수 있는 수많은 공모전을 찾을 수 있습니다. 목표와 기간이 분명하게 정해져 있는 공모전에 참여하는 것이 사이드 프로젝트를 더욱 명백하게 합니다.

유튜브 채널 '책그림'의 탄생 과정

'책그림'이라는 유튜브 채널을 소개하겠습니다. '책그림'은 책 속의 정보와 지식을 재미있고 즐겁게 제공하기 위해 책 내용을 영상으로 만들어 제공하는 유튜브 채널입니다. 현재 32만 명 정도의 구독자가 있고, 평균 조회 수가 수십만입니다. 수많은 채널 중 '책그림'을 특별히 소개하려는 이유는 이 채널이 사이드 프로젝트를 통해 만들어졌기 때문입니다.

'책그림'의 제작자는 어느 날 문득 회사에서 자신이 하는 일이 크게 의미 있고 중요하지 않다는 것을 깨닫게 되었습니다. 그리고 자신이 하고 싶은 일이 '사람들에게 무엇인가 직접적인 이야기를 전달하고 싶은 것'임을 알게 되었습니다. 하지만 생계를 유지해야 했기에 퇴사를 선택하지 않고, 퇴근 후나 주말을 활용하여 자신이 하고 싶은 일을 사이드 프로젝트로 시작하고자 했습니다.

그래서 시작한 '책그림'은 다음의 탄생 과정을 거쳤습니다. 우선 '책그림' 제작자는 다음 4가지 질문에 고민하며 사이드 프로젝트를 준비하였다고 합니다.

첫째, 내가 하고 싶은 것은 무엇인가?
둘째, 내가 할 수 있는 것은 무엇인가?
셋째, 남이 하지 않는 것은 무엇인가?
넷째, 사람들이 좋아하는 것은 무엇인가?

첫째와 둘째 질문은 '나에 대한 이해' 영역입니다. 사이드 프로젝트의 가장 중요한 목적은 자신이 하고 싶은 일, 그리고 자신이 잘할 수 있는 일을 찾는 것입니다. 따라서 자신에 대한 이해가 그 무엇보다 중요하고 이에 대한 질문을 던지는 것은 필요합니다.

셋째와 넷째 질문은 '다른 사람에 대한 이해' 영역입니다. 자신이 좋아하는 일이 다른 사람들로부터 인정받지 못하거나 성과로 나타나지 못한다면 그 일은 취미로만 가능할 뿐 직업으로서의 역할은 하지 못합니다. 사이드 프로젝트가 끝난 후 자신이 하고 싶은 일이 생계유지의 수단으로서 충분한지 여부를 따져야 합니다. 자신이 좋아하는 일을 하는 것만큼 현실을 냉철하게 살피는 것도 중요하기 때문입니다. 따라서 같은 일을 하더라도 남들과의 차별성이 있는지 확인해야 합니다. 사이드 프로젝트를 통해 자신의 능력을 점검해야 합니다.

그럼 '책그림' 제작자는 그럼 위의 질문에 어떻게 대답했을까요?

첫째, 내가 하고 싶은 것은 무엇인가?
사람들에게 정보와 지식을 직접 전달하는 것이다.
둘째, 내가 할 수 있는 것은 무엇인가?
책을 읽고 글 쓰는 것을 꾸준히 할 수 있다. 그래서 책을 다른 사람들에게 소개한다.
셋째, 남이 하지 않는 것은 무엇인가?
그 당시에는 영상으로 책을 소개하는 유튜브 채널이 거의 없음을 알게 되었다. 남이 하지 않는 '영상으로 책 소개하기'를 프로젝트 목표로 정했다.
넷째, 사람들이 좋아하는 것은 무엇인가?
어떻게 책을 소개하면 좋을지 고민하다 해외에서는 화이트보드 애니메이션을 사람들이 좋아한다는 것을 알게 되었고, 이 방식을 활용하여 영상을 제작하기로 했다.

'책그림'의 사이드 프로젝트 목표는 '책의 좋은 내용을 영상으로 전달하는 것'입니다. 프로젝트의 처음은 자기 일에 대한 고민, 상대방에 대한 이해하는 것이었습니다. 이에 대한 이해가 어느 정도 분명해지자 조금씩 시간을 내어 필요한 영상기술을 배우기 위해 노력했다고 합니다. 만든 영상을 꾸준히 올리자 조회 수도 늘어나고 구독도 늘어났으며 자신의 영상이 누군가에게 전달되고 다른 사람에게 조금이나마 도움이 된다는 것에 큰 기쁨을 느꼈다고 합니다.

'책그림' 제작자는 자신의 직업을 유지하면서 자신이 좋아하는 일도 하고 있습니다. 혹시 우리 자녀가 좋아하는 일을 찾는 걸 힘들어한다면 혹은 자신이 가진 능력을 확신하지 못한다고 느낀다면 유튜브 채널 '책그림'의 단계를 참고하여 아이에게 사이드 프로젝트를 추천해 보세요.

비겁하고 용기 없다고 느껴진다면?

어떤 사람은 자신의 좋아하는 일을 사이드 프로젝트로 진행하는 것이 비겁하고 용기 없는 일이라고 말합니다. 이런 말을 들으면 소심한 자신에게 화가 납니다. 남들처럼 멋지게 모든 것을 걸고 도전하지 못하고, 자신의 능력을 믿지 못한 두려움에 사이드(Side)로 도전하는 것 같아 회의감에 빠지기도 합니다.

이는 '인생은 한 방이야, 내 모든 것을 걸고 성공해야지'라는 생각에서 비롯됩니다. 만약 이런 생각을 가졌다면 사이드 프로젝트를 권하지 않겠습니다. 이 프로젝트는 자신의 삶을 돌아보며 천천히 자신을 알아 가는 하나의 과정이며 방법입니다. 또 냉정한 현실 속에서 자신의 행복을 찾을 수 있는 합리적인 방안이며 일정한 틀 속에 갇힌 자신의 모습을 조금씩 깨기 위한 시도입니다.

인생은 한 방이 아닙니다. 인생을 짧다고 느끼며, 성공 아니면 실패라는 이분법적인 사고로 세상을 살아가는 시대가 아닙니다. 우리 자녀들이 살아가는 시대는 지금보다 더 달라질 것입니다. **사이드 프로젝트는 긴 인생 속에서 자신의 삶을 온전히 살 수 있도록 하는 인생 도전입니다.** 인생은 길고 우리 자녀는 소중합니다. 자기 생각에 좀 더 집중하고, 자신의 마음을 좀 더 깊이 있게 바라봐야 합니다. 사이드 프로젝트를 비겁하다 여기지 않았으면 좋겠습니다.

그래도 사이드 프로젝트를 비겁하고 용기 없다고 느끼는 어른을 위해 책 한 가지를 추천하겠습니다. 애덤 그랜트의 《오리지널스(Originals)》입니다. 이 책은 '책그림'의 '좋아하는 일을 제대로 찾는 방법 Part2' 영상에서 소개하는 책 두 권 중 하나입니다. 애덤 그랜트는 기업가, 혁명가, 예술가가 되기 위해서는 위험 지향적이고 모험을 즐기는 사람이 될 필요가 없다고 말합니다. 오히려 위험 회피적이고 안정성을 추구하는 사람이 더 성공한 경우가 많다고 합니다.

그는 《오리지널스(Originals)》에서 5,000여 명의 창업가를 연구한 자료를 토대로 창업에 전념한 경우보다 사이드 프로젝트로 시작한 창업의 성공 확률이 더 높다고 밝혔습니다. 안정성이 뒷받침되지 못하면 과감한 혁신과 도전이 성공으로 이어지기 어렵기 때문입니다. 우리가 이름만 들으면 모두 알고 있는 마이크로소프트(Microsoft), 애플(Apple), 페이스북(Facebook), 구글(Google) 등 세계 거대 기업들 모두 사이드 프로젝트에서 시작되었다고 합니다.

세계적인 프로그래머이자, 벤처 기업 투자가인 폴 그레이엄(Paul Graham)은 가장 좋은 아이디어는 작은 것에서 시작된다고 말합니다. 처음부터 큰 프로젝트와 회사를 세우기보다는 사이드 프로젝트로 작은 것부터 해 나가는 것이 좋다고 말합니다. 그 이유는 회사를 바로 세우고 시작하기에는 너무 위험 부담이 크기 때문입니다. 그는 〈스타트업이 취해야 할 전술〉이란 강연에서 이에 대한 이유를 다음과 같이 밝혔습니다.

"다양한 세상의 큰 문제를 해결하고 싶다면 절대 정면으로 승부 보려고 하지 마세요. 역사에 비춰 봤을 때, 큰일을 이루는 비결은 작은 것부터 시작해서 그것을 성장시키는 데 있습니다.
수십 년간 소프트웨어 업계를 장악하고 싶으신가요? 그럼 세계에서 수천 명밖에 사용하지 않는 기계를 위해 베이직(초기컴퓨터언어) 인터프리터부터 만들어 보세요. [Microsoft의 시작을 의미]

전 세계 인구의 시간을 마치 진공청소기처럼 흡입하는 초대형 웹사이트를 만들고 싶으신가요? 그렇다면 하버드 대학생들이 서로를 스토킹할 수 있게 해 주는 웹사이트부터 만들어 보세요. [Facebook의 시작을 의미]

시작을 작게 하는 것은 단지 주변 사람들을 위한 것이 아닙니다. 자신을 위한 것입니다. 빌 게이츠나 마크 저커버그 모두 그들의 회사가 얼마나 커질지 알지 못했습니다.

처음부터 너무 큰 야심을 갖는 것은 좋은 일이 아닐지도 모릅니다. **목표가 클수록 그 목표를 실현하는 데 오랜 시간이 걸리기 마련이고, 전망하는 미래가 현재에서 멀어질수록 당신이 틀릴 확률도 높기 때문입니다.**

그래서 큰 아이디어를 실현하기 위해서는 일반적으로 우리가 생각하는 혁신가의 모습처럼 정확한 목표 달성 시점을 잡고 그 목표까지 어떻게 도달할지 생각하는 것이 아니라, 콜럼버스처럼 '서쪽엔 뭔가 있다.' 확신하며 '서쪽으로 가겠노라!'라고 말하는 것이 필요합니다.

본인이 확신하고 실제로도 통하는 작은 것에서 출발해 한 발짝 전진할 기회가 오면 그 기회를 붙잡아 도약하는 것이 맞습니다."

폴 그레이엄이 강연에서 예를 든 Microsoft, Facebook은 모두 집 창고나 기숙사 같은 작은 공간에서 시작되었습니다. 작은 아이디어가 거대한 회사를 만들고, 작은 사이드 프로젝트(Side Project)

가 세상을 바꾸는 메인 프로젝트(Main Project)로 바뀌었습니다.

이런 성공 사례는 찾아보면 엄청 많이 있습니다. 성공 사례가 사이드 프로젝트로 출발했다는 것을 우리가 인식하지 못하는 것뿐입니다. 이러한 성공 사례는 우리에게 '도전'의 메시지를 던져 줍니다. 과감한 결단력과 용기 있는 사람만이 성공한다는 편견을 깰 수 있도록 도와줍니다. 두려움과 불안으로 살아가는 사람도 자신이 좋아하는 일을 하면 성공 사례를 만들 수 있다고 말해 줍니다.

사이드 프로젝트는 위험 부담이 적습니다. 처음부터 직업을 그만두고, 회사를 만들고, 한 가지 일에 모든 것을 걸지 않아도 됩니다. **안정감이 있는 삶 속에서 도전해도 괜찮고 성공할 수 있다고 말해 줍니다.** 그래서 이상과 현실 사이에서 고민하며 도전을 머뭇거리는 사람들에게 이런 성공 사례는 희망을 주는 이야기입니다.

사이드 프로젝트의 가장 큰 목적

그렇다면 사이드 프로젝트(Side Project)가 메인 프로젝트(Main Project)로 바뀌는 시기는 언제일까요? Microsoft, Facebook과 같이 회사로 성장하거나 생계를 꾸려 가는 직업으로서 역할을 할 수 있는 시기는 언제인가요?

명확하게 정해진 시점은 없습니다. 하지만 사이드 프로젝트가 자신의 삶에 많은 부분을 차지하고, 자신의 생업이나 학업과 병행하며 동시에 진행하는 것이 어렵다고 느끼는 순간이 옵니다. 이 순간이 사이드 프로젝트와 메인 프로젝트 사이에서 하나를 선택해야 하는 결정의 순간입니다. 이 시기에는 사이드 프로젝트에 대해 온종일 생각하고 있고, 할애하고 있는 시간과 비용도 자신의 생업을 유지하기 힘들 만큼 많이 듭니다. 또 그동안의 노력이 성과로 이어져 자신이 하고 있던 일과 상관없이 어느 정도 성공할 수 있을 것이란 확신이 듭니다. 그 순간이 바로 메인 프로젝트로 전환되는 시기입니다.

하지만 우리는 기억해야 합니다. 성인의 사이드 프로젝트와 아이의 사이드 프로젝트의 목적은 다르다는 것을 말입니다. 아이의 사이드 프로젝트 목표는 우리 아이가 어떤 일을 좋아하는지, 어떤 일에 적성이 있는지 확인하는 것입니다. 돈을 벌거나 대단한 무엇을 만들어 낼 필요도 없습니다. 우리의 목표는 우리 아이가 좋아하는 일을 찾는 것이기에 그 과정으로 활용하는 것임을 잊지 말아야 합니다.

사실 사이드 프로젝트의 최적기는 대학 시절입니다. 긴 방학, 대학의 다양한 인프라와 연수 프로그램, 각종 공모전과 기업 연계 프로젝트 등 마음만 먹으면 자신을 다양한 시험의 장에 올려놓을 수 있습니다. 하지만 어린 시절에도 충분히 할 수 있습니다. **아니, 어린 시절부터 시작해야 합니다. 자신이 무엇을 좋아하는지, 무엇을**

잘할 수 있는지 시험해 볼 기회는 어릴 때부터 주어져야 합니다.

자신의 꿈을 찾는 데 필요한 적극성은 어릴 때부터 길러져야 합니다. 이러한 적극성은 자기 주도적 경험에서 비롯되고, 자기 주도적 경험은 아이가 스스로 자신의 꿈에 대해 고민하고 실천하는 과정에서 생깁니다.

프로젝트가 가지는 한계와 제약도 있습니다. 사이드 프로젝트만으로 흥미와 적성을 완벽하게 찾을 수는 없습니다. 하지만 이마저도 하지 않는다면 자기 생각을 위해 다른 무엇을 할 수 있을까요? 이 프로젝트의 가장 큰 목적은 자신이 의문을 품고 확신하지 못했던 흥미와 적성에 대한 힌트를 얻는 것입니다. 부족해도 할 만한 가치는 충분합니다.

거창할 필요는 없습니다. 부족해도 괜찮습니다. **항상 처음은 부족합니다. 하지만 그 순간만큼은 그것이 최선입니다.** 그래서 사이드 프로젝트입니다. 아니, 그래도 사이드 프로젝트입니다.

제5화

동사형
꿈

직(職)과 업(業)

직업은 직(職)과 업(業) 두 한자어로 되어 있습니다. 직업에서 직(職)은 직위나 직책을, 업(業)은 하는 일을 의미합니다. 그래서 직업은 특정 직위나 직책을 가진 사람이 하는 일을 뜻합니다. 교사라는 직업은 '교사'라는 직(職)을 가진 사람이 학생을 '가르치는' 업(業)을 하는 것입니다.

아이에게 꿈이 무엇이냐 물으면 '직'과 '업' 중 직(職)으로 대답합니다. 교사, 판사, 프로게이머, 크리에이터, 건축공학자 등 모두 직

(職)으로 대답합니다. 스스로 '저의 꿈은 가르치는 것이에요.'라고 대답하는 아이를 저는 아직 본 적이 없습니다. 아이도 꿈에 관해 이야기할 때, 하는 일보다는 직업 이름을 꿈이라 여기며 말합니다.

직업에서 기본은 '하는 일' 그 자체입니다. 쓰다, 그리다, 기록하다, 만들다, 달리다 등 사람들이 일상생활에서 이루어지는 행동들은 대부분 일이 되며, 직업 이름 또한 '하는 일'로부터 유래되었습니다. 예를 들어 글을 써서 문학 작품을 창작하는 사람을 작가, 옷 모양을 설계하고 도안을 그리는 사람을 패션 디자이너라 부릅니다. 작가(作家)의 작(作)은 '창작하다'라는 뜻을, 디자이너(Designer)의 원형 designare는 '(도안이나 설계를) 기호로 그리다'라는 뜻을 의미합니다. 둘 다 '창작하다'와 '그리다'라는 행동에서 나온 직업 이름입니다.

그래서 자녀는 '일'을 경험해야 합니다. 가장 기본이 되는 일을 다양하고 깊이 있게 경험해야 합니다. 일 자체를 주도적으로 경험하는 과정을 통해 아이는 자신이 좋아하는 직업을 넘어 자신에게 어울리는 '일'을 찾을 수 있습니다. 다양한 일을 깊이 있게 경험하는 동안 좋아하는 일은 무엇인지, 잘할 수 있는 일은 무엇인지 스스로 찾아야 합니다. 이렇게 찾은 자신의 '일'은 삶의 보람과 의미를 느끼며 자기 인생의 주인으로 살아갈 수 있게 해 줍니다.

미래를 살아가야 할 우리 아이에게 필요한 것은 직(職)을 의미하는 명사형 꿈이 아니라, 업(業)을 찾아가는 것을 목적으로 하는 동사형 꿈입니다.

동사형 꿈, 첫 번째 이야기: 동사로 꾸는 꿈

동사형 꿈? 처음 들어 보는 생소한 단어입니다. 간단히 말하면 명사형 꿈의 반대 개념입니다. 한번 목표가 정해지면 바꿀 수 없는 꿈, 가야 할 길이 하나밖에 없는 외길인 꿈, 직업 이름으로 꿈을 말하는 지금의 진로 교육의 반대쪽에 서 있는 꿈 개념입니다. **다양한 모습을 가지고 언제든 움직이며 변화할 수 있는 꿈이란 뜻입니다.**

하지만 위의 의미로만은 정확하게 어떤 걸 말하는지 이해하기 어렵습니다. 그 의미를 좀 더 깊이 찾아 들어가면 동사형 꿈은 하나의 뜻으로 명확하게 정의하기도 어렵습니다. 전문가와 학자들 사이에도 여러 의미로 사용되고 있고, 다르게 해석하기 때문입니다.

어떤 이는 동사형 꿈을 '~하고 싶다'라고 표현하는 것이라 말합니다. 꿈을 직업이 아닌 자신이 하고 싶은 모든 일이라 생각하며, 그것을 동사형 꿈이라 부르자고 합니다. 그래서 자신이 하고 싶은 일을 '~하고 싶다'로 표현하자고 합니다.

다른 전문가는 동사형 꿈은 교사라는 특정 직업이나 신분을 지칭하는 명사가 아니라 '가르치다'처럼 동사형으로 자신의 꿈을 표현하는 것이라 말합니다. '가르치다'라는 동사형 꿈을 꾸면 특정 직업에서 벗어나 가르칠 수 있는 다양한 영역을 발견할 수 있다고 합니다.

또 다른 학자는 동사형 꿈을 가치와 포부, 열정으로 봅니다. 그래서 자신의 가치와 포부를 꿈으로 삼아 가치를 실천하는 삶을 꿈이라 생각하고, 앞으로는 이런 가치를 꿈으로 삼는 시대가 올 것이라 말합니다.

이렇게 동사형 꿈에 대한 정의는 여러 전문가와 학자마다 의견이 다릅니다. 이에 보다 의미를 분명하게 하고 동사형 꿈에 대한 이해를 돕기 위해 다양한 정의를 바탕으로 전문가들이 공통으로 말하고자 하는 것, 그리고 중요한 의미 몇 가지를 함께 나누고자 합니다.

동사형 꿈으로 나누고 싶은 중요한 의미, 그 첫 번째는 '동사로 꾸는 꿈'입니다.

'~하고 싶다'는 동사형 꿈을 표현하기 좋은 방식입니다. 하지만 '~하고 싶다'는 그 범위가 너무 포괄적이라 '꿈'으로서 접근하기에는 다소 무리가 있습니다. 예를 들어 피자를 먹고 싶다, 잠을 자고 싶다, 화장실에 가고 싶다 등과 같은 표현이 꿈이 될 수 있을까요? 아마 다소 무리가 있을 것입니다.

그래서 좀 더 명확하게 개념을 제시하는, 그리고 '업'으로서 행동이 일이 될 수 있는 '가르치다'와 같이 동사형으로 꿈을 나타내는 것을 동사형 꿈으로 보아야 합니다. '가르치다'와 같이 동사형으로 꿈을 가지면, 아이들이 자신이 하고 싶은 일을 폭넓고 자유롭게 선택할 수 있고, 불확실한 미래 사회에서 유연하게 대처할 수 있습니다. 자신의 길을 스스로 개척하는 데 많은 도움이 됩니다.[18]

저는 매년 아이들과 '동사형 꿈 프로젝트'를 실시합니다. '동사형 꿈 프로젝트'는 자신의 꿈을 '가르치다'와 같은 동사로 두고, 하고 싶은 일, 잘하는 일, 중요한 것에 대해 고민하며, 자신의 잠재력과 가능성을 확인하기 위해 여러 분야에 도전하는 장기 프로젝트입니다.

1년 동안 진행한 긴 호흡의 동사형 꿈 프로젝트를 끝내고, 아이들의 소감을 듣는 시간이 있습니다. 한 아이가 프로젝트를 진행하며 발견했던 동사형 꿈과 관련된 직업을 보며 이렇게 말했습니다.

"동사형 꿈을 꾸면 정말 다양한 분야에서 자신이 좋아하는 일을 찾을 수 있는 것 같아요. '쓰다'라는 동사형 꿈을 꾸면 시인도 될 수 있고, 소설가도 될 수 있고, 웹툰 작가도 될 수 있고, 시나리오 작가도 될 수 있다는 것을 알았어요. 더 신기한 건 '질문하다'라는 동사형 꿈이에요. '질문하다'가 직업이 될 수 있을 거라 저는 상상하지 못했어요. 기자, 방송국 PD, 의사, 상담가, 경찰 모두는 질문을 잘해야 하는 직업이란 걸 알게 되었어요."

---

18 김홍태, 《동사형 꿈》, 시간여행, 2014.

[프로젝트 '쓰다'에 나오는 여러 동사형 꿈들]

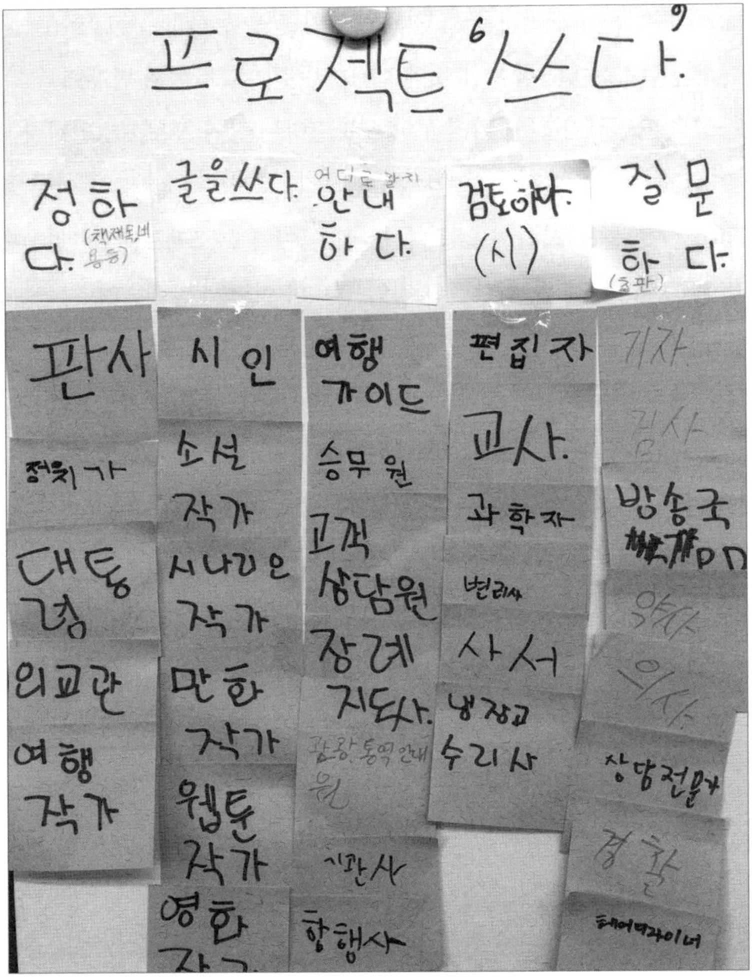

동사형 꿈 프로젝트를 경험한 또 다른 아이는 이렇게 말합니다.

"한 분야에도 다양한 동사형 꿈이 존재하는 것 같아요. 동사형 프로젝트 '쓰다'를 할 때, 저는 글쓰기만 하는 줄 알았어요. 그런데 무엇을 쓸지 글감을 선택할 때는 '정하다', 시를 지을 때는 '쓰다', 시 쓰기 위한 사전 조사를 할 때는 '질문하다' 등 다양한 동사형 꿈이 존재했어요. '쓰다'를 잘하기 위해서는 도와주는 동사형 꿈이 여러 개 필요한 것 같아요. 저는 글쓰기를 좋아해서 '쓰다' 프로젝트에 지원했는데, 다른 친구들 시를 검토하고 고쳐 주는 일도 너무 재미있고 신났어요. 그래서 제가 하고 싶은 동사형 꿈이 하나 더 생겼어요. 바로 '검토하다'예요."

동사형 꿈은 꿈을 발견한 아이에게 즐거움을 주고, 그 즐거움은 아이가 새로운 동사형 꿈을 발견하는 데 영향을 줍니다. 일하는 즐거움과 꿈의 확장성을 알려 주고, 아이가 어떤 일을 좋아하는지 구체적으로 이해할 수 있게 도와줍니다. 동사형 꿈은 아이가 자신이 좋아하는 일이 무엇인지, 꿈을 분명히 알게 해 주는 세상에서 가장 적극적인 꿈 찾기 방법입니다.

자신에게 어울리는 동사를 찾는 것, 그것이 꿈의 다른 이름이란 사실을 아이는 동사형 꿈 프로젝트를 통해 깨달았습니다. 프로젝트의 과정을 온전히 경험하며 다양하게 열려 있는 꿈의 길을 아이는 발견했습니다. 자신이 좋아하는 동사형 꿈만 분명히 알고 있다면 아이는 어느 분야이건, 어느 영역이건 자신의 길을 만들어 갈 수 있습니다. 그것이 불확실하고 예측 불가능한 미래 시대라 하더라도 말입니다.

꿈의 선택권을 넓히는 Job Maker

MIT의 옛 건물 중 '빌딩 20'이 있습니다. 빌딩 20은 제2차 세계대전 당시 군사 기술 개발을 위해 만들어진 건물입니다. 급조된 넓은 공간 안에 실험 테이블만 즐비했으며, 전쟁이 끝난 이후에도 실험실로 계속 쓰였던 공간입니다. 2차 세계대전 당시 세계적인 석학들이 이 건물에 모였고, 각자의 테이블에서 자기 분야의 실험을 하고 있었습니다. 호기심이 많았던 석학들은 자기 분야의 실험을 소개하기도 하고, 다른 석학들의 실험을 보며 대화하기도 했습니다.

이는 그동안 자기 연구실에서 연구를 진행하던 학자들이 학과의 구별 없이 한자리에서 자유롭게 소통하게 된 계기가 되었습니다. 언어학의 대가 노암 촘스키, 핵물리학자 제럴드 자카리아스, 〈4분 33초〉 작곡가 존 케이지, 현대 경제학의 아버지 폴 새뮤얼슨 등 각 분야의 대가들이 자유롭게 교류를 했다고 합니다.

자유로운 교류 속에서 높은 학문적 성취가 계속 이어지자, 5년 후

철거 예정이었던 빌딩 20은 55년간 세계 석학들의 연구센터로 자리 매김하게 되었습니다. 빌딩 20은 현재 신기술의 요람으로 잘 알려진 MIT의 대표 연구소 '미디어 랩'이 탄생하는 모태가 되었다고 합니다. '미디어 랩'은 오늘날 MIT를 최고의 공대로 만들었습니다.

이렇게 다양한 분야의 사람이 모여 더 큰 시너지를 내는 것을 메디치 효과(Medici effect)라 합니다. 레오나르도 다빈치, 미켈란젤로, 단테, 마키아벨리 등 메디치 가문 아래 모인 많은 인재가 서로의 생각을 교류하며 르네상스 시대의 꽃을 피우게 되는 것에서 유래되었다고 합니다. 빌딩 20은 메디치 효과가 현대에 다시 재현된 장소입니다.[19]

미래 사회는 융합의 시대입니다. 협업과 네트워크를 통해 새로운 것들이 끊임없이 만들어지고 있습니다. 다른 이질적인 분야를 융합하여 혁신적인 것을 만드는 메디치 효과는 융합의 시대를 살아갈 우리 자녀에게 큰 영향을 미칠 것입니다. 메디치 효과의 힘이 무엇인지 어느 정도인지 아이가 경험해 보는 것이 필요합니다.

강제결합법은 메디치 효과와 같은 원리를 지닌 창의성 신장 기법입니다. 창의성 교육에서 많이 활용되는 이 방법은 일본 혁신의 아

---

19 〈차이나는 클라스〉 정재승 교수편(창의적인 뇌 만들기).

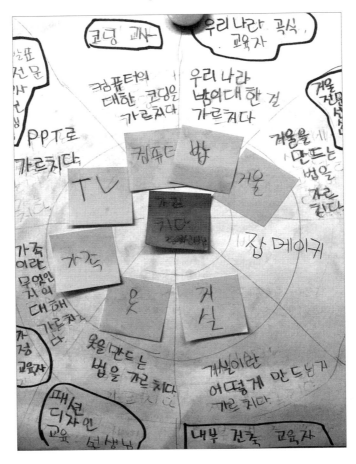

이콘이라 불리는 '소프트뱅크'의 손정의 회장이 그의 젊은 시절 다양
한 발명품을 만들어 내는 데 사용했던 방법으로도 유명합니다.

강제결합법은 전혀 상관이 없는 두 단어를 강제적으로 결합합니다. 특정 직업에서 벗어나 다양한 분야의 길을 발견할 수 있는 '동사형 꿈 활용 창직'을 할 때 사용하면 효과적입니다. '창직'이란 새로운 아이디어를 통해 기존에는 없는 직업이나 직종을 새롭게 만들어 내는 것을 의미합니다. 강제결합법을 활용하여 아이들과 창직 활동을 할 때 나는 이를 잡 메이커(Job Maker)라 부릅니다. 잡 메이커를 하는 방법은 다음과 같습니다.

잡 메이커(Job Maker)

1. 8절 도화지에 크기가 다른 삼중원을 그린다.
2. 특정 장소 한 곳을 포스트잇에 적어 가장 작은 원 안에 붙인다. (예: 집)
3. 특정 장소(집)를 떠올리면 생각나는 단어를 모두 적어 두 번째 원에 붙인다. (예: TV, 거실, 컴퓨터, 거울, 가족, 화장실, 따뜻함, 행복 등)
4. 다른 포스트잇에 자신의 동사형 꿈을 적는다. (예: 가르치다)
5. 특정 장소가 적혀 있던 포스트잇을 동사형 꿈 포스트잇으로 바꾼다.
6. 동사형 꿈과 주변 단어를 강제 결합하여 새로운 직업을 만든다.

다은이(가명)가 만든 잡 메이커 과정을 살펴보면, 우선 다은이는 '집'이란 특정 장소를 가운데 붙이고, 주변의 원에는 TV, 컴퓨터, 가족, 옷, 거실, 거울 등과 같은 집 관련 단어를 적었습니다. 그 후 '집'이 적힌 포스트잇을 떼고, 자신의 동사형 꿈인 '가르치다'를 붙입니다.

그랬더니 다양한 꿈 직업이 만들어집니다. 새롭게 만들어진 다양한 직업 중 특히 눈길이 가는 직업 이름이 있었는데, 바로 '가정교육자'입니다. '가족'과 '가르치다'를 결합했더니 '가족이란 무엇인지에 대해 가르치다'라는 새로운 동사형 꿈이 생겼습니다. 세대 간의 대화가 단절되고, 가정 속에서 변화된 역할과 위치로 인해 많은 갈등이 발생하는 현대 사회에 어쩌면 정말 필요한 직업일지도 모릅니다.

강제결합법을 활용한 창직 활동은 미래 사회 새로운 직업을 창의적으로 상상해 볼 수 있다는 점에서도 좋습니다. 미래 사회 유망한 분야나 영역, 신기술 등을 키워드로 활용하여 강제 결합시키면 미래 유망 직업을 예상하는 데 요긴하게 활용할 수 있습니다.

미래 시대에 다가올 유망하고 창의적인 새로운 직업을 만드는 것보다 동사형 꿈이 자신의 다양한 길을 찾는 데 도움이 된다는 사실을 아이들이 깨달았으면 했습니다. 그래서 Big data, AI, AR, VR, 자율주행, 로봇 같은 유망 분야나 기술 대신 자신이 익숙한 장소를 선택하게 했습니다. 이 활동을 통해 아이들은 '가르치다'와 같은 동사형 꿈이 다양한 영역과 결합될 때, 자신의 선택권이 넓어질 수 있음을 직접 눈으로 확인하며 신기해했습니다.

동사형 꿈, 두 번째 이야기:
변화하며 움직이는 꿈

주어진 목적지를 향해 정해진 길을 따라가던 시대는 끝났습니다. **내가 가고 싶은 곳이 어디인지, 나 자신이 목표로 하는 것은 무엇인지, 자신만의 목적지를 스스로 정해야 하는 시대가 왔습니다.** 자신만의 목적지를 찾기 위해 자기 앞에 나타나는 여러 단서에 주의를 기울이고, 어떤 수단을 활용할 것인지 세밀하게 살피며, 자신이 쓸 수 있는 자원이 무엇인지 고민하며 자신의 길을 개척해야 하는 시대가 왔습니다.

가야 할 목적지를 정하기 위해서는 자신만의 기준이 있어야 합니다. 자신만의 기준은 '자기'가 존재할 때 생깁니다. '자기'가 존재한다는 건 '나는 누구인가?', '나는 무엇을 중요하게 생각하는가?', '내가 하고 싶은 일은 무엇인가?'라는 질문에 답할 수 있다는 것입니다.

하지만 이런 질문은 단번에 답할 수 없습니다. '자기'는 다양한 경험, 수많은 시행착오, 고민과 성찰 속에서 서서히 만들어지기 때문입니다. 그래서 이런 질문은 수많은 시행착오로 단단해지고, 다양한 경험으로 풍부해지며, 고민과 성찰 속에서 깊이가 깊어져야 답할 수 있습니다.

개인의 경험, 시행착오, 고민과 성찰의 정도에 따라 기준이 달라지기에 삶의 목적지도 계속 바뀌게 됩니다. 자신에 대한 이해가 달라지고, 경험이 달라지면 목적지는 바뀔 수밖에 없습니다. 그래서 꿈은 계속 변화하고 움직입니다.

이렇게 꿈은 움직이며 변화하는 것인데, 우리는 그동안 꿈을 변하지 않는 하나의 직업으로 보았습니다. 정해 놓은 그 하나를 이루기 위해 달리다 보니 꿈을 이루는 길은 설레고 행복하기보다 고통을 인내하는 과정이었습니다. **동사형 꿈 두 번째 이야기는 변화하며 움직이는 꿈, 그래서 '지금', '여기'에서 행동해야 하는 이유에 대한 답입니다.**

우리는 어릴 때부터 '딴짓하지 마'라는 소리를 많이 들어왔습니다. 공부와 관련되지 않은 대부분의 일은 딴짓이었고, 그래서 공부만이 학생들이 해야 할 것이라 여기게 되었습니다. 하지만 이제는 '딴짓'을 권하는 시대가 되었습니다. 자신만의 목적지를 정하고 자기 자신의 길을 개척하기 위해서는, 정해진 궤도를 벗어나 다양한 모험을 해 보아야 합니다. 대부분의 모험은 딴짓이기에, 딴짓하지 않고서는 자신의 목적지를 찾기 힘듭니다.

'딴짓'으로 유명해진 가수가 있습니다. '딴짓'으로 자신의 꿈을 이룬 연예인이 있습니다. 그는 '딴짓'으로 자신의 인생이 바뀌었다고 말합니다.

"산만해라, 잡생각, 딴생각해라!"

자신의 성공 비결을 묻는 인터뷰에서 딴짓이라 답하며 그가 한 말입니다. 〈강남스타일〉로 전 세계가 주목한 글로벌 가수, 싸이가 바로 그입니다.

싸이는 어릴 때부터 '산만하다, 정신없다, 수업 시간에 딴생각을 자꾸 한다'라는 이야기를 많이 들었다고 합니다. 그래서 항상 주변 어른들로부터 혼나고 꾸중 듣기 일쑤였다고 합니다. 매일같이 멋 부리느라 무스로 앞머리를 세우고, 원색 옷만 입고 다녔으며, 오락부장, 응원단장을 도맡아 친구들을 즐겁고 재미있게 하는 그의 행동은 어른들이 보기에는 정말 쓸데없는 짓이었다고 합니다. 하지만 싸이는 그 모든 '딴짓'들이 창작의 자양분이 되어 지금의 자신을 만들었다고 말합니다.[20]

자기 안의 가능성은 그저 가만히 들여다본다고 해서 저절로 찾아지는 것이 아닙니다. **평범한 일상 속에 특별한 무언가를 느끼는 어떤 사건과 인물을 만나게 되었을 때, 비로소 나타나게 됩니다.** 그렇기에 10대에는 다양한 분야에 관심을 두고 다양한 경험을 통해 자신의 꿈을 찾아보아야 합니다. 다양한 '딴짓'을 통해 자신의 꿈이 될 수 있는지 시험해 보아야 합니다.

[20] 백다은, 《십대를 위한 두근두근 N잡 대모험》, 팜파스, 54쪽.

그래서 미래가 아닌 현재를 사는 아이들을 소개하려고 합니다. 공부가 아닌 '딴짓'으로 자신의 꿈을 이루고 있는 아이들의 이야기를 들려주려 합니다. '지금' 서 있는 곳에서 하루하루 최선을 다하는 이들의 이야기가 '딴짓'으로 '자기' 찾기를 망설이는 아이들에게 용기와 응원이 될 수 있기를 바랍니다.

어른들에게 동심을 되찾아 준 어린이 가수

2016년 M.net에서는 기존의 자극적인 오디션 프로그램에 지쳐 있는 시청자들을 위해 새로운 오디션 프로그램을 기획했습니다. 바로 〈위키드〉라는 동요 오디션 프로그램입니다. 고사리 같은 작은 손에 마이크를 꼭 쥐고, 맑은 목소리로 아름다운 멜로디를 들려주는 아이들의 모습에서 사람들은 보는 내내 미소 짓고, 감동했습니다.

어리고 순수한 아이들 속에서도 청아하고 때 묻지 않은 목소리로 사람들의 마음을 따뜻하게 만든 한 아이가 있었습니다. 기존의 동요 창법과는 다르게 목소리를 억지로 꾸미지 않으면서도 순수한 소리를 내는 이 아이는 바로 11살 제주 소년 오연준입니다.

제주에서 음악 교사로 활동하는 아버지의 영향으로 음악 안에서 성장한 오연준은 〈포카혼타스〉의 OST 〈바람의 빛깔〉을 부르며 사람들에게 진한 감동을 선사했습니다.

목소리만으로 사람들을 힐링시켜 준다는 오연준은 〈위키드〉 출연을 앞두고 성대 결절 진단을 받게 됩니다. 아프고 힘든 상황 속에서도 노래가 너무 좋아 〈위키드〉에 도전했고, 노래를 부르는 동안에는 그 아픔을 느낄 수 없었을 정도로 행복했다고 합니다. 2018년 평창 동계 올림픽 폐막식에서 올림픽 찬가를 부르고, 같은 해 4월 남북정상회담 만찬에서 〈고향의 봄〉을 불러 남북 관계의 평화의 메신저 역할도 했습니다.

공부가 아닌 '노래'가 하고 싶었던 연준이는 부모님의 지지와 응원에 힘입어 자신이 하고 싶은 일을 마음껏 할 수 있었습니다. 어떤 마음으로 노래를 부르냐는 질문에 '사람을 이해하고 공감하며 노래를 부르려고 노력한다'는 연준이의 대답에서 이제는 어엿한 자기 세계를 구축하고 있는 개척자의 모습이 보입니다. 이미 2장의 정규 앨범을 낸 어린이 가수 연준이는 "오랫동안 사랑받는 가수가 되었으면 좋겠다."라는 꿈이 생겼다고 합니다.

이 소년은 처음부터 가수가 되는 것이 꿈이어서 노래를 시작하게 되었을까요? "노래가 하고 싶다."라는 꿈에서 "오랫동안 사랑받고 싶은 가수가 되고 싶다."라는 꿈으로 바뀐 것은 무엇 때문일까요?

처음에는 노래 부르는 게 좋았을 것입니다. 노래가 좋아서 자꾸 부르다 보니 잘하게 되었고, 자신의 능력을 다른 사람에게도 인정받게 되었을 것입니다. 다른 사람으로부터 인정으로 자신감이 생기자 되자 가수라는 꿈이 생겨났을 것입니다.

이렇게 꿈은 한 번에 정해지는 것이 아니라 서서히 만들어지는 것입니다. 연준이가 겪은 그동안의 다양한 경험을 바탕으로 단단해지고 깊어지며 만들어진 것입니다. 꿈은 변화하고 움직이며, 언제든 모습을 바꿀 수 있습니다.

이상한 세상을 사는 어린이 동화 작가

사자 떼에 쫓기고 있던 어린 코끼리 한 마리가 우리에게로 오던 그날, 엄마는 큰 결심을 한 듯했다. 그날부터 우리의 생활은 조금씩 변하기 시작했다. 난 또 하나의 동생이 생긴 것이다. 그 어린 코끼리는 우리랑 조금 다른 듯했다. 엄마 꼬리를 잡고 가는 그 아이는 다리를 절고 있었다. 그 아이가 소리를 내기 시작하면 내 두 귀청이 떨어져 나갈 것 같아 마음속에서 심한 짜증이 올라오곤 했다. 어느 날은 내가 힘차게 불어 놓은 모래 그림에 어느새 수십 개의 발자국을 찍어 놓았다. (중략)
엄마는 우리에게 설명해 주었다. 모든 코끼리는 다 다르다고. 그리고 중요한 것은 그 모두가 서로 돕고 아껴 주며 함께 살아가는 거라고.

— 전이수 작가의 동화 《새로운 가족》 中

입양한 둘째 동생과 새로운 가족이 되어 가는 이야기를 담아낸 동화《새로운 가족》의 한 부분입니다. 이 책은 SBS 〈영재발굴단〉으로 널리 알려진 8살 어린이 동화 작가 전이수가 쓴 3번째 동화책입니다. 이수의 둘째 동생은 지적 장애가 있습니다. 이 책에는 "유정이를 데리고 와서 힘든 점도 이야기하고 싶고, 가족의 소중함도 깨우칠 수 있는 이야기"를 쓰고 싶었다는 어린이 작가의 마음이 고스란히 담겨 있습니다.

사자와 사슴이 함께 얼굴을 맞대고 있는 그림 〈사랑〉을 통해 사랑은 불가능을 가능하게 한다는 우리가 잊고 지냈던 평범한 진리를 깨우쳐 주었습니다. "원래 사자는 사슴을 잡아먹잖아요. 그럼 이 그림은 불가능한 거잖아요. 그런데 사랑은 불가능을 가능하게 하는 것 같아요. 이 그림처럼요."

두 발이 잘린 곰이 바닥에 앉아 연필로 자신의 다리를 그리고 있는 그림 〈최고의 소원〉을 보여 주며 "다리가 없는 이 곰의 최고 소원은 두 다리를 갖는 것인데, 저는 아무렇지도 않게 두 다리를 이미 가지고 있잖아요. 그런 생각이 들 때면 감사해야 할 것 같은 마음이 들어요. 만약 내가 그렇다면…. 내가 두 다리 또는 두 손이 없다면 얼마나 절망적일까요? 다른 사람에 대한 '이해'라는 것은 이런 데서 시작하는 것 같아요."라고 가진 것에 감사해야 함을 깨닫게 해 주었습니다. 그림 그리기와 글쓰기를 좋아하는 이 소년은 시간과 장소에 상관없이 그림을 그리고 글을 씁니다. 아버지의 차, 집 담벼락,

엄마 손등 등 모든 것이 소년의 캔버스가 되었고, 자기 생각을 자유롭게 표현하는 도구가 되어 주었다고 합니다. 이제는 6권의 동화책을 낸 전문 동화 작가이지만, 이수 본인은 자신의 꿈을 작가도 화가도 아니라고 말합니다.

"재미있고 행복하게 지내고 싶어요."

앞으로 하고 싶은 일은 무엇이냐는 질문에 대한 소년의 이 대답에서 꿈이란 지금 현재 자신이 할 수 있는 일을 하며 행복해지는 것임을 알 수 있습니다. 자신에게 그림은 언어처럼 하나의 표현이라는 이수는 지금 자신이 있는 곳에서 오늘도 그림을 그리고 글을 씁니다. **미래의 자신의 꿈을 미리 정해 놓지 않고, 지금 주어진 상황에서 최선을 다해 살고 있습니다.** '나는 누구인가?', '나는 무엇을 중요하게 생각하는가?', '내가 하고 싶은 일은 무엇인가?'라는 질문에 대한 답을 꾸준히 찾으며 하루하루 자신의 삶을 살아가고 있습니다.

꿈, 변화하는 만큼 성장한다

역사 수업을 위해 영화 〈사도〉의 OST 뮤직비디오 〈꽃이 피고 지듯이〉를 아이들과 함께 본 적이 있습니다. 아이들은 영상 속 사도세

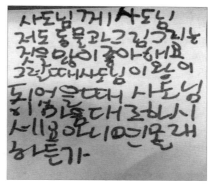

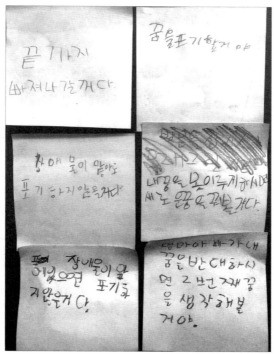

자가 강아지와 놀기, 그림 그리는 것을 좋아한다는 사실을 알게 되었습니다. 아이들은 예전의 왕이 자신들과 비슷한 것을 좋아한다며 몹시 신기해하였습니다. 한편 왕으로서 삶을 살아가야 했기에 자신이 좋아하는 것을 포기하며 살아가야 했던 비운의 세자, 사도 이야기에 아이들은 공감하고 안타까워했습니다. 한동안 점심시간이 되면 슬프고도 애잔한 〈사도〉의 OST를 계속 듣고 싶어 했습니다.

왕세자의 지위와 동물과 그림 그리기 사이에서 고민했던 사도의 갈등은 아이들에게 큰 논쟁거리였습니다. 자신이라면 당연히 왕이 되겠다는 아이들과 그래도 좋아하는 일을 해야 한다는 의견으로 나누어 팽팽히 대립했습니다.

아이들의 싸움이 생각보다 커지자, 이를 해결하기 위해 한 가지 방법을 제안하였습니다. 자신이 사도와 같은 상황이라면 어떻게 할지, 그리고 사도세자에게는 어떤 말을 해 주고 싶은지 알아보기로 했습니다. 그래서 아이들에게 포스트잇 두 장을 주고 한 장에는 자신이 사도세자라면 어떤 결정을 할 것인지, 그리고 다른 한 장에는 사도세자에게 하고 싶은 말을 적기로 했습니다.

사도세자에게 하고 싶은 말은 '속상하겠다, 힘내라, 나도 동물을 좋아한다' 등으로 대체로 비슷했습니다. 그중 우리 반 아이들에게서 가장 공감을 많이 받은 말은 "사도님 저도 동물과 그림 그리는 것을 많이 좋아해요. 그럴 때는 사도님이 왕이 되었을 때 사도님 마음대로 하세요. 아니면 (부모님) 몰래 하든가요."였습니다. 반 아이들 자신의 상황을 가장 잘 대변해주는 현실적인 대답이었기에 반 친구들에게 가장 많은 공감을 받았습니다.

하지만 저는 이 답변을 보고 조금 안타까웠습니다. 자신의 적극적인 지지자로 느껴져야 하는 부모를, 아이들은 좋아하는 일을 방해하는 존재로 여기는 것을 느꼈기 때문입니다. 항상 아이를 최우선으로 여기는 부모의 마음을 아이들은 못 느끼는 것 같아 너무 아쉽고 서글펐습니다.

반면에 자신이 사도세자라면 어떤 선택을 할 것인지에 대한 대답은 팽팽했습니다. 반은 '꿈을 포기하지 않을 것'이라고 말했고, 나머지 반은 '포기할 것'이라고 대답했습니다. 하지만 포기를 선택한 아이 중 전혀 예상치 못한 답변이 있었습니다.

'내 꿈을 못 이루게 한다면 나는 새로운 꿈을 꾸겠다.'
'부모님이 반대하시면 두 번째 꿈을 생각해 보겠다.'

이 아이의 답변은 꿈은 하나여야 한다는 우리의 인식을 깨 줍니다. 우리는 꿈을 꼭 이루어야 하는 목표로 보기에, 포기하지 않고 최선을 다해야 한다고 배웠습니다. 한 사람은 하나의 직업을 가져야 하고, 이를 갖기 위해 한길을 묵묵히 걸어야 한다고 배웠습니다. 여러 개의 직업을 갖는 것은 불안한 삶이라 생각했고, 꿈을 방해하는 장애물은 극복해야 한다고 배웠습니다. 꿈을 포기하고 다른 꿈을 꿀 수 있을 거라 미처 생각하지 못했습니다.

아이들은 이미 꿈이 변화하고 움직이는 생물과 같은 존재임을 느끼고 있습니다. 꿈을 방해하는 장애물을 만나면 때론 장애물을 피해서 모습을 변화시킵니다. 넘을 수 없는 벽을 만나면 다른 꿈으로 바뀔 수 있음을 본능적으로 알고 있습니다. **자녀들은 이미 여러 개의 꿈을 꾸고 있고, 꿈은 자유롭게 바뀔 수 있다고 생각합니다.** 이 사실을 모르고 있는 건 어쩌면 꿈에 이르는 길이 하나밖에 없다고 생각하는 우리 부모들일지 모릅니다.

자녀의 꿈에 대한 자유로운 생각을 막고 있는 것은 고정관념에 갇혀 있는 우리 부모입니다. 꿈은 변할 수 있고 여러 개가 되어도 괜찮다는 것을 인정하세요. 시시각각 모습을 바꾸는 자녀들의 꿈을 격려하고 응원하세요. 아이들의 잠재력과 가능성을 믿고 아이들의 변화를 기다려 보세요. 꿈이 변화하는 만큼 아이들도 성장하고 변할 수 있습니다.

동사형 꿈, 세 번째 이야기:
열정, 가치를 담은 꿈

세계적인 교육학자 마크 프렌스키는 그의 책《미래의 교육을 설계한다》에서 '성취'와 '실현'을 구별해야 한다고 말합니다. '성취'는 오직 자신에게만 이로운 것이지만, '실현'은 나뿐만 아니라 다른 사람과 더 나아가 세상을 이롭게 하는 것이라 말합니다. 그래서 미래 교육은 성취보다 실현에 초점을 맞추어야 한다고 주장합니다.

하지만 우리의 현실은 학습을 통한 성취에 대부분 초점이 맞추어져 있습니다. 사람들은 행동하고 실천하며 사회에 참여하는 아이들의 사회활동을 '쓸데없는 짓'이라 여깁니다. 앞으로는 더 나은 세상을 만드는 일에 참여하게 하고, 그 과정을 통해 개인을 성장시키는 것이 미래에는 교육의 목적이 될 텐데, 우리 부모들은 이를 아직 잘 모르고 있는 듯합니다.

동사형 꿈이 담아야 할 세 번째 이야기는 '열정, 가치'에 대한 것입니다. '열정'은 어떤 일에 열렬한 애정을 가지고 열중하는 마음입니다. 사람이 어떤 일에 몰입하고, 사랑하고, 행복해지기 위해서는 열정이 필요합니다. 이러한 열정은 자신이 중요하다고 생각하는 일이 무엇인지 깨닫는 것부터 시작합니다. 사람들 대부분은 자신이 중요하게 생각하는 가치를 실현하기 위해, 또는 그 가치를 지키는 일에 열정을 쏟으며 살고 있기 때문입니다.

우리는 개인적 가치와 사회적 가치를 구분합니다. 그래서 세계적인 교육학자 마크 프렌스키도 '성취'보다 '실현'을 강조했습니다. 이러한 구분은 개인이 생각하는 중요한 가치와 사회적으로 중요하게 여겨지는 가치 사이에서 충돌과 갈등이 발생하기 때문입니다. 또 개인적 가치가 개인의 이익만을 중시하는 이기주의적인 것으로 여겨지거나 사회적 가치가 개인의 희생을 강요하는 것이라는 인식 때문이기도 합니다.

하지만 **앞으로는 이러한 개인적 가치와 사회적 가치의 구분은 모호해질 수 있습니다.** 점점 더 개인이 추구하는 가치가 사회적으로 도움이 되는 방향으로 갈 것이고, 사회적으로 중요하게 생각하는 가치가 개인에게도 중요해질 것입니다. 사회가 발전함에 따라 사람들은 개인적 가치 추구에서도 공익을 중시하게 되었으며, 사회적 공익 속에서도 개인의 권리를 존중하는 문화가 만들어지고 있습니다. 과거보다 많은 사회적 기업이 생겨나고, 선한 영향력으로 세상을 바꾸길 원하는 사람들의 꿈이 지금보다 더 나은 세상을 만들고, 변화시키기 위한 것으로 바뀌고 있습니다.

'위기지학(爲己之學), 위인지학(爲人之學)'이라는 말을 들어 본 적이 있나요?《논어》에 나오는 한 구절입니다. '위기지학'은 학문을 하는 목적이 개인의 마음 수양과 성장에 있어야 한다는 주장이고, '위인지학'은 다른 사람을 이롭게 하는 데 있어야 한다는 주장입니다. '위기지학'이 옳은 것일까요, 아니면 '위인지학'이 옳은 것일까요?

결론은 '둘 다 옳다'입니다. '위기지학'이든 '위인지학'이든 학문을 하는 데 최선을 다한다면 그 끝은 서로에게 도움이 됩니다. 자신을 위해 수양하고, 공부하며, 배움을 실천하다 보면, 자신의 이룬 성취가 다른 사람에게 도움이 됩니다. 다른 사람을 돕기 위해 열심히 공부하고, 배우며, 노력한 사람은 결국 그 과정을 통해 자신이 성장합니다.

그 시작이 어떻든, 목적이 어떻든, 자신의 삶에 최선을 다해 살아가다 보면 그 끝은 결국 통하게 됩니다. 그러니 개인적 가치와 사회적 가치를 구분하지 말고, 어느 것이 더 중요한지 비교하거나 따져서는 안 됩니다. 자신이 생각하는 가치에 따라 자신의 삶이, 세상이 변할 수 있음을 알아차리는 것이 더욱 중요합니다.

자신의 가치를 추구하는 아이들의 이야기를 해 보려 합니다. 아이들은 어른들의 이야기보다 친구들의 이야기에 더 관심이 많습니다. 열정과 가치에 대해 정의하며 설명하려는 것보다 자신의 가치를 추구하며 살아가는 아이들의 모습을 보여 주는 것이 가치를 실천하는 삶이 무엇인지 이해하는 데 더 큰 도움이 될 수 있습니다. 백마디의 설명보다 가치를 실천하는 삶을 사는 아이들 이야기가 더 큰 울림이 될 수 있기 때문입니다.

'환경을 지키는 어린이 모임'의 12살 대표

최근 가장 주목받고 있는 청소년 환경운동가는 스웨덴의 환경운동가 그레타 툰베리입니다. 그녀는 2019년 16살이라는 어린 나이에도 불구하고, 유엔 본부에서 열린 기후 행동 정상회의에서 연설하여 세계적으로 유명해졌습니다. 2018년 9월부터 기후 변화의 심각성을 느끼고 환경운동을 시작한 그녀는 금요일마다 지구 환경 파괴에 침묵하고 기후 변화 대응에 미온적인 정치인들과 어른들에게 반항하는 의미에서 등교 거부라는 새로운 방식으로 환경 운동을 합니다.

하지만 사실 그녀보다 더 어린 나이에 20년 이상 먼저 환경 운동을 시작한 소녀가 있었습니다. 그녀는 연설은 환경운동가들 사이에서 아직도 이야깃거리로 남을 정도로 유명합니다.

"오존층에 난 구멍을 메우는 방법, 죽어 버린 강에 연어가 돌아오게 하는 방법, 사라져 버린 동물을 되살려 놓는 방법을 알고 있나요? 만약 고칠 방법을 모른다면 제발 파괴하는 것을 멈춰 주세요. 어른들은 자원을 절약하고, 다른 생물을 해치지 말고 보호하며, 자연과 더불어 나누어야 한다고 가르쳤습니다. 그런데 어째서 어른들은 우리에게 하지 말라고 한 바로 그런 행동을 하고 있나요?

잊지 마세요. 여러분이 이 회의에 참석한 이유가 무엇인지, 누구를 위해 이런 회의를 열고 있는지를 말입니다. 우리는 여러분의 아이들입니다. 여러분은 앞으로 우리가 어떤 세상에서 자라날지 결정하고 있는 겁니다."

1992 브라질 리우 UN 환경회의 본회의장에서 '환경을 지키는 어린이 모임'의 대표, 12살 소녀 세번 스즈키가 단상에 올라 전 세계의 정상들에게 한 연설입니다. 환경을 사랑했던 한 소녀는 환경을 파괴하는 어른들의 행동이 이해되지 않았습니다. 학교에서도 가정에서도 환경은 보호해야 한다고 말하며 그러기 위해 노력해야 한다고 배우지만, 정작 어른들은 환경을 파괴했습니다.

어린 나이에도 불구하고 그녀는 '환경을 지키는 어린이 모임'이라는 환경 단체를 만들었습니다. 그리고 환경을 지키기 위해 그 당시 자신이 할 수 있는 다양한 사회 운동에 참여했습니다. 이 모든 것은 어른들이 생각하는 '쓸데없는 짓'이었지만, 그녀는 그 '쓸데없는 짓'으로 인해 UN 환경회의 단상에 올라 세계 정상들 앞에서 연설하게 되었습니다.

그녀는 지금도 자신의 모국 캐나다에서 환경운동가로서 살아가고 있습니다. '환경'이라는 가치는 가슴속에 품고, 가치를 직접 실천하는 삶을 살고 있습니다. 자신이 중요하게 생각하는 가치를 지키기 위해 살아가며, 그것이 살아가는 목적과 행복이 되었습니다. **이렇게 자기 삶의 가치를 찾은 이들은 시간이 흘러도 자신의 삶을 주도적으로 살아갑니다.**

'오션클린업'의 16살 창립자

한반도의 열네 배, 태평양에 존재하는 거대한 섬, 하지만 지도상에는 존재하지 않는 곳, 이 섬의 정체는 무엇일까요? 바로 각종 플라스틱이 모여 만들어진 쓰레기 섬입니다. 태평양 한가운데 거대한 쓰레기 섬을 본 열여섯 살 소년은 이해할 수 없었습니다. 어째서 이 많은 쓰레기가 바다를 뒤덮게 된 건지, 왜 사람의 잘못으로 인해 바다생물이 고통받아야 하는지 도무지 이해할 수 없었습니다. 그래서 소년은 어른에게 물었습니다.

"어떻게 하면 바다의 쓰레기를 다 치울 수 있을까요?"

그러자 돌아온 어른의 답변, '그건 불가능해, 바다 쓰레기는 한곳에 머물러 있지 않고 계속 움직이니까.'

소년은 포기하고 싶지 않았습니다. 오랜 고민 끝에 기발한 아이디어 하나를 떠올렸습니다. 쓰레기 섬이 만들어지는 원리, 해류 소용돌이에 주목한 것입니다. 쓰레기는 해류 소용돌이를 따라 돌고 돌다가 소용돌이가 잠잠해지는 지금의 쓰레기 섬 위치에 멈추게 됩니다. 그래서 쓰레기가 지나가는 경로, 쓰레기가 다니는 길에 큰 쓰레받기를 설치하면 쓰레기를 처리할 수 있지 않을까 생각했습니다.

이 소년은 네덜란드 비영리단체 '오션클린업'의 창립자이자 CEO

인 보안 스랫입니다. 20살이 되자 그는 회사를 차렸고, 클라우드 펀딩을 시도했습니다. 100일 만에 24억 원이 모였고, 이런 그의 활동이 알려지자 2014년 UN 지구환경대상 역대 최연소 수상자가 되었습니다. 만약 그의 아이디어가 실현된다면 약 33분의 1의 비용으로 7,900배나 더 빠르게 바다를 청소할 수 있게 된다고 합니다. 현재이 사업은 다양한 환경 단체와 기업들이 함께 참여하며 여전히 진행 중입니다.

'어린아이가 뭘 알겠어?'라는 어른들의 시선에도 아이는 아랑곳하지 않았고, 결국 어른들이 하지 못한 일을 해냈습니다. **환경을 보호하는 것, 세상을 바꾼다는 것, 그리고 이를 지속하게 하는 힘은 나이도, 지식도, 돈도 아닙니다. 아이가 가진 순수한 호기심과 열정입니다.** 순수한 호기심과 열정은 16살 소년이 하고 싶은 일이 무엇인지 알게 해 주고, 자신의 '가치'를 꾸준히 실천할 수 있게 하는 원동력이 되었습니다.

췌장암 키트 발명자, 15살 소년

미국 메릴랜드에 살던 15살 소년, 잭 안드라카는 어느 날, 가족처럼 여기던 아저씨 테드가 췌장암으로 사망하는 것을 봅니다. "좀 더 빨리 발견했더라면…." 의사들은 안타까워 이렇게 말했습니다. 의

사 옆에서 크게 슬퍼하던 잭은 이 말을 듣고 의문이 들었습니다.

'현대 의학은 이렇게 발전했는데, 왜 췌장암을 발견하지 못한 걸
까?'

이를 이해할 수 없었던 잭은 인터넷을 켜고 정보를 찾기 시작했습
니다. 그리고 현재 사용되는 췌장암 진단법은 무려 60년 전에 개발
된 오래된 기술이었고, 성능 또한 좋지 않다는 충격적인 사실을 발
견하게 됩니다. 정확도는 겨우 30%, 검사 시간은 14시간이 걸렸으
며, 가격은 너무 비쌌습니다. '췌장암을 진단하는 더 좋은 방법이
있지 않을까?'라고 잭은 생각했습니다.

잭은 인터넷으로 암에 대해 찾기 시작했고, 암에 걸리면 특정한
단백질이 혈액에서 증가한다는 사실을 알게 되었습니다. '그렇다면
췌장암에 걸리면 증가하는 단백질을 찾으면 되겠네?' 생각을 증명
하기 위해 잭은 단백질을 연구했습니다.

하지만 생각만큼 간단한 문제는 아니었습니다. 우리 몸에 수많은
단백질 중에서 아주 작은 변화를 찾아내야 하기 때문입니다. 더 큰
문제는 췌장암에 걸렸을 때 혈액에서 발견되는 단백질만 8,000종이
었습니다. 하지만 소년은 포기하지 않고 다짐했습니다.

'내가 더 나은 진단법을 반드시 찾아낼 거야.'

방학 3개월 내내 단백질을 하나하나 분석하기 시작했고, 그 과정은 실패의 무한 반복이었습니다. 잭은 무려 4,000번째 시도 끝에 결국 특정 단백질을 찾아냈습니다. 하지만 그 이후에도 특정 단백질에만 반응하는 키트 재료 선정, 키트를 실험하기 위한 연구실 등이 필요했습니다. 그래서 세계 최고의 의료 대학으로 불리는 존스 홉킨스 대학 200명의 전문가에게 연구 성과를 메일로 보냈습니다. 199명의 전문가에게 거절당하고, 단 1명에게만 조금의 가능성이 있을지도 모른다는 답변을 받았습니다. 500편 이상의 논문을 읽으며 철저히 준비한 잭은 연락한 한 명의 박사를 찾아갔고, 험난한 면접과 설득 끝에 결국 작은 실험 공간을 얻게 되었습니다.

실패와 실패를 거듭하며 실험실에서 쪽잠과 뜬눈으로 밤을 지새운 7개월의 어느 날, 기적처럼 실험이 성공합니다. 검사 시간 5분, 비용은 겨우 3센트, 정확도는 거의 100%였습니다. 세계 최초 췌장암 조기 진단 기술에 전 세계가 주목했습니다. 2012년 세계 최대 청소년 과학경진대회인 인텔 ISEF에서 최종 우승을 하고, CNN, CBS 등 쏟아지는 언론 인터뷰 요청과 백악관의 귀빈으로 초대까지 받았습니다. 2014년엔 서울 디지털 포럼에서 연설하기도 했습니다.

남들이 보기에 이미 충분한 성취와 업적을 이룬 잭 안드라카! 하지만 그의 꿈은 멈추지 않았습니다. 스탠퍼드 대학으로 진학한 잭은 암세포를 죽이는 나노 로봇, 진단 센서 프린터 등을 연구하며 현재 전 세계로 강연을 다니고 있습니다.

"저의 가장 큰 목표는 가능한 한 많은 사람을 살리는 것입니다. 사랑하는 사람의 죽음은 정말 고통스럽거든요. 이제 다른 사람들이 이런 고통을 겪지 않았으면 좋겠어요. 우리의 삼촌, 어머니, 사랑하는 사람들을 질병에서 보호하고 싶어요."

잭은 마음속 목표를 향해 하나하나, 작은 것부터 실행에 옮겼습니다. 그리고 역사에 남을 발명을 해냈습니다. 그런 잭이 우리에게 말합니다.

"저는 그때 15살에 불과했고, 췌장이 몰랐고, 암에 대해서는 완전 문외한이었습니다. 하지만 선입견이 없었고, 무엇이든 시도할 준비가 되어 있었습니다. 그리고 노트북과 인터넷 검색만으로 새로운 발견을 할 수 있었습니다. 모든 문제에는 해답이 있습니다. 열정을 갖고 찾기만 하면 됩니다. 여러분이라고 안 될 이유가 뭐가 있나요? 당신이 할 수 있는 것을 상상해 보세요. 당신도 세상을 바꿀 수 있습니다."

가족처럼 여기던 아저씨의 죽음을 시작으로 새로운 삶을 살게 된 잭 안드라카! 이렇게 인생을 바꾸는 운명적인 사건은 자신의 주변에 있습니다. 삼촌과 어머니와 같이 **자기 주변의 사랑하는 사람을 보호하고 싶다는 마음에서 시작된 잭 안드라카의 그 작은 행동이 새로**

운 선택을 결정하고 유지하며 앞으로 나아가게 만들었고, 세계 최초 췌장암 조기 진단 기술이라는 놀라운 선물을 인류에게 전해 주었습니다.

공통된 성공 법칙 '계획된 우연'

한 청년이 테니스 특기생으로 대학에 합격했습니다. 그 대학의 모든 학생이 그랬듯 2학년이 된 그에게도 전공 선택의 시간이 다가왔습니다. 무엇을 해야 할지 막막했던 그는 마감 시간 한 시간을 남겨 놓고, 자신의 테니스 코치에게 달려가 고민을 털어놓았습니다. 심리학과 교수를 겸하고 있던 테니스 코치는 "심리학과 어때요?"라는 말을 그에게 던졌습니다. 코치의 한마디에 특별한 고민 없이 심리학을 선택하게 되었고 이를 계기로 그의 인생은 바뀌게 됩니다.

그로부터 60년이 흐른 2004년, 그는 미국 상담학회가 선정하는 '상담계의 살아 있는 전설 5인' 중 1명이 되었습니다. 그는 스탠퍼드대 심리학 교수이자 《Good Luck》의 저자인 존 크럼볼츠 교수입니다. '우연히' 심리학을 전공하게 된 존 크럼볼츠 교수는 어떻게 이 분야의 최고 권위자가 될 수 있었을까요? 그에게는 어떤 일이 일어났던 걸까요?

존 크럼볼츠 교수는 자신을 비롯한 수많은 성공한 사람들의 사례를 연구하며 한 가지 흥미로운 사실을 발견했습니다. 사회적인 부와 명예를 가진 성공한 사람들에게 "어떻게 하면 당신처럼 성공할 수 있습니까?"라고 질문하면, "그저 운이 좋았을 뿐입니다."라고 대답한다는 것입니다.

하나같이 운이 좋아 성공했다는 그들을 말을 들으며, 존 크럼볼츠 교수는 그들이 어떻게 행운이라는 성공의 기회를 잡을 수 있었는지 연구하기 시작했습니다. 그리고 오랜 연구 끝에 그는 이 같은 결론을 얻어 냅니다.

> '성공한 사람들은 인생을 계획하고 그에 맞춰 한 단계씩 실천하여 부와 명예를 얻은 것이 아니라, 그때그때 주어진 상황에 맞춰 최선을 다하다 보니 성공하게 되었다.'

이는 목표를 이루기 위해 구체적인 계획을 세워 일하기보다 자신이 지금 하는 일에 최선을 다해 노력하다 보면 성공할 기회가 온다는 말입니다. 이런 행운과 기회는 모든 사람이 잡을 수 있는 것은 아닙니다. 행운과 기회는 자신의 자리에서 묵묵히 최선을 다하는 준비된 사람만이 잡을 수 있습니다.

성공하는 사람은 수동적으로 우연이나 행운을 기다리는 것처럼 보입니다. 하지만 사실은 적극적으로 노력하고 실천하며 기회를 기다리고 있습니다. 이는 우연처럼 보이는 필연을 만들어 내는 방법입니다. 존 크럼볼츠 교수는 이런 연구 결과를 바탕으로 '계획된 우연'이라는 이론을 발표합니다.

그렇다면 성공한 사람들이 '우연'을 '행운'으로 바꾸는 방법은 무엇일까요?

먼저 우연을 기회로 볼 줄 아는 '눈'을 가져야 합니다. 성공한 사람들은 자신에게 주어진 절망적인 상황에서도 기회를 찾습니다. 이를 위해 자기 자신에 대한 이해가 필수로 선행되어야 합니다. 자신의 비전, 삶의 목표, 가치 등이 분명히 정립되어야만 계속하여 변화하는 상황 속에서도 길을 잃지 않을 수 있습니다.

둘째, 자신의 자리에서 최선을 다하는 노력입니다. 아무리 사소한 일이라도 성장하는 기회라 생각하고, 매사에 최선을 다해야 합니다. 그 사소한 차이가 나중에는 수많은 기회의 차이로 나타날 수 있기 때문입니다.

셋째, 삶의 현장에서 적용하는 실천입니다. 가만히 있으면 아무 일도 일어나지 않습니다. 당연한 말이지만 이를 실천하는 사람은 많지 않습니다. 세상 어떤 분야에서도 1% 안에 드는 것은 어렵지만, 0%가 되는 건 쉽습니다. 또 가능성이 1%인 것과 0%인 것은 단지 1%의 차이가 아니라 가능성이 존재하느냐 아니냐의 문제입니다.

넷째, 문제 상황에 대한 유연성입니다. 인생은 언제나 자신이 생각한 대로 흘러가지 않습니다. 따라서 변하는 상황에 따라 계획을 수정할 수 있는 유연한 사고가 필요합니다.

마지막 다섯째는 도전하는 긍정적인 마음입니다. 항상 '할 수 있다, 하면 된다'는 마음가짐으로 인생을 걸어갈 때, 보이지 않던 기회가 보이게 되고, 잡히지 않던 행운을 잡을 수 있습니다.

인생은 항상 뜻하지 않는 방향으로 흘러갑니다. 그래서 앞이 잘 보이지 않습니다. 앞이 보이지 않는 상태에서 기회와 행운이 온다고 확신으로 나아가는 것은 힘들고 어려운 일입니다. 하지만 자녀들의 미래에 기회와 행운이 찾아올 것이라 믿고 우리가 할 수 있는 일을 묵묵히 실천하면 좋겠습니다. 존 크럼볼츠 교수가 이를 증명했고, 수많은 성공한 사람들이 같은 이야기를 하고 있으니 한번 믿어 보죠.

지금 우리에게 필요한 것은 자녀가 자신의 자리에서 최선을 다하는 삶을 살고 있으면 언젠가는 행운이 찾아올 거라는 확신을 심어주는 것입니다. 최선을 다하는 자세를 강조하는 만큼 우연의 기회를 아이들에게 제공해야 합니다. 우연의 빈도는 경험을 많이 할수록 늘어나기에 우리는 아이들에게 다양한 경험을 제공해야 합니다. 가만히 앉아 있으면 자녀들에게 엄청난 행운이 찾아오지 않습니다. 기회와 행운은 만들어지는 것이기에 자녀들에게 다양한 경험을 제공하는 것이 필요합니다.

동사형 꿈 프로젝트

우연이라는 기회를 늘려 주기 위해 동사형 꿈 프로젝트를 시작했습니다. 다양한 일을 직접 해 봄으로써 우연의 기회를 제공하고자 하였습니다. 경험을 통해 자신을 이해할 수 있습니다. 이를 통해 좋아하는 것과 싫어하는 것, 잘하는 것과 힘들어하는 것을 구분할 수 있습니다. 평범한 일상 속에서, 자기 동네 안에서, 기회를 보는 눈을 가지게 하고자 노력했습니다.

자신이 맡은 일은 최선을 다하는 것이 꿈을 이루는 방법이라 말해 주었습니다. 자기 생각대로 살 수 있도록 아이들을 응원하였고, 환경의 변화에 따라 계획을 수정하고 변경할 수 있는 유연한 마음이 길러지도록 노력하였습니다. 긍정적인 마음가짐으로 자기 일에 몰입하고, 꿈을 찾는 과정 자체를 즐길 수 있도록 도왔습니다. 동사형 꿈 프로젝트는 이런 마음으로 시작했습니다.

아이들이 자신의 꿈을 찾기 위해서는 '바로 지금부터' 관심 가는 일에 도전해야 합니다. **이에 동사형 꿈 프로젝트는 지금 관심사가 비슷한 아이들끼리 모여, 관심 있는 분야의 일을 경험하기 위해 목표를 정하고 도전하는 프로젝트입니다.** 꿈을 동사형으로 표현하고, 하고 싶은 일 자체를 경험하게 하며, 이를 통해 자기 자신을 이해하고 자신의 적성을 확인하기 위한 프로젝트입니다. 스스로 성공 기준을 정하고 이를 이루기 위해 도전하는 과정 자체이기도 합니다.

동사형 꿈 프로젝트에 아이들이 중요하게 생각하는 가치도 함께 담으려고 노력했습니다. 아이 개인의 가치를 찾아보고 공유하도록 하고, 서로의 가치를 비교하여 전체의 가치를 결정하게 하였습니다. 자신들의 활동이 내 주변, 우리가 사는 세상에 도움이 될 수 있음을 깨닫고, 삶의 방향성을 스스로 찾기 바라는 마음으로 가치를 담은 프로젝트를 운영하고자 하였습니다.

지금부터 동사형 꿈 프로젝트 운영 방법을 소개하고자 합니다. 내가 운영한 프로젝트는 하나의 예시이며, 여기에 더하거나 빼는 것, 뒤집거나 융합하는 것은 독자들의 몫입니다.

동사형 꿈 프로젝트를 통해 학급 아이들이 꿈을 찾는 과정을 즐거워하고 행복해하는 모습을 보았습니다. 꿈에 대한 고정관념을 버리고 어른의 생각이 아닌 자기 생각으로 꿈을 정의하려고 노력했습니다. 지금, 여기서 자신이 할 수 있는 일에 최선을 다하는 아이들이 대견했습니다. 나와 주변의 사람에게 도움이 되는 사회적 가치 실천을 통해 성취감, 자랑스러움, 신남과 열정과 같은 긍정 감정을 느낀다고 말했습니다.

학교와 가정에서 동사형 꿈 프로젝트를 통해 많은 아이가 자기 안의 가능성을 발견하였습니다. 자신만의 길을 개척하길 바라는 마음으로 열심히 참여했습니다. 아이들의 꿈을 찾기 위해 노력하는 교사와 부모에게 동사형 꿈이 새로운 관점으로 다가가기를 희망합니다. 제가 제시한 동사형 꿈 프로젝트 내용을 바탕으로 저마다의 아이디어와 개성을 결합하여 다채로운 동사형 꿈 프로젝트가 탄생하길 바랍니다.

동사형 꿈 프로젝트의 시작, 흥가실동

동사형 꿈 프로젝트는 '흥가실동'에서 시작합니다. '흥가실동'은 흥미 속에서 가치를 실천하는 동아리의 줄임말입니다. 흥가실동을 운영하는 방법은 아래와 같습니다.

첫째, 비슷한 흥미를 지닌 친구들끼리 모으기

'비슷한 흥미'를 지닌 아이들을 모으는 것이 첫 번째 할 일입니다. 예를 들어 만화 그리기, 종이 공작하기, 프라모델 색칠하기 등 예술 활동을 좋아하는 아이들은 예술 동아리를 만듭니다. 축구, 야구, 농구, 달리기 등 스포츠를 좋아하는 아이들은 체육 동아리를 만듭니다.

저의 경우, 이렇게 같은 흥미를 지닌 아이들이 만든 동아리가 2019년 기준으로 문학, 역사, 예술, 과학, 체육 등 5개였습니다. 그 외 영화 동아리를 하나 더 운영했는데, 이는 반 전체가 모두 참여하고 싶다고 하여 전원 참여했습니다.

　가정에서는 비슷한 관심을 가진 친구들과 함께 모여 프로젝트를 진행해도 좋고, 혼자 해도 좋습니다. 집에서 혼자 할 경우, 한 학기 동안 진행할 프로젝트를 정해 진행 과정 및 결과를 가족과 공유합니다. 가정에서 한 명만을 위한 동사형 꿈 프로젝트를 진행하면 아이의 흥미와 성향에 더 어울리는 프로젝트를 운영할 수 있고, 자신이 하고 싶은 동사형 꿈 선정을 보다 구체적이고 세분화하여 결정할 수 있습니다.

둘째, 피라미드 토론을 통해 핵심 가치 정하기

　동아리가 선정되었다면 동아리의 '핵심 가치'를 정해야 합니다. 이때 동아리원 각자가 중요하게 생각하는 가치를 먼저 하나 정하고 그 이유를 떠올려 보아야 합니다. 그 후 피라미드 토론을 통해 동아리의 핵심 가치 3가지 정하는데, 그중 하나는 사회에 도움이 되는 사회적 가치여야 합니다. 피라미드 토론이란 2명 이상이 모여 대표 의견을 정할 때 사용하는 토론 기법으로 월드컵 토너먼트 방식을 생각하면 이해하기 쉽습니다.

예를 들어 동아리원 전체가 4명인 경우, 2명씩 짝을 지어 서로가 중요하다고 생각하는 가치와 그 이유에 대해 말합니다. 어떤 가치가 좀 더 중요한지 서로를 설득하며 토론한 후, 하나의 가치를 선정합니다. 하나의 가치가 정하면 이전에 서로를 설득하기 위해 토론했던 2명은 한 팀이 됩니다. 한 팀이 된 2명은 자신들이 중요하다 결정했던 가치와 그 이유에 대해 말하고, 다른 팀을 설득하는 토론의 과정을 거친 후, 다시 하나의 가치를 정하게 됩니다. 이렇게 최종 정해진 가치가 동아리의 핵심 가치가 됩니다.

아이들이 가치가 무엇인지, 어떤 종류가 있는지 잘 모른다면 가치 카드를 활용하면 좋습니다. 한국 버츄프로젝트 협회에서 만든 '버츄카드'를 활용하거나 한국직업능력개발원에서 개발한 '반짝반짝 카드'를 활용하면 좋습니다. '버츄카드'[21]는 일상에서 쓰이는 삶의 가치와 미덕을 담은 카드이고, '반짝반짝 카드'[22]는 진로 가치를 담은 카드입니다. 둘 중 무엇을 사용해도 괜찮습니다. 핵심 가치가 정해

---

21 포털 사이트에서 '버츄카드'로 검색하면 쉽게 찾을 수 있고, 일정 비용을 지불해야 한다.

 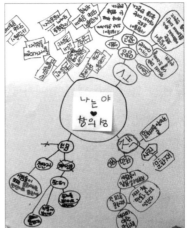

지면, 정해진 흥미와 핵심 가치를 고려하여 동아리 이름을 정합니다.

셋째, 흥미와 핵심 가치에 어울리는 활동 선정하기

흥미와 핵심 가치가 정해졌으면 다음은 '하고 싶은 활동'을 선정합니다. 이를 위해 마인드맵을 활용하면 좋습니다. 동아리원 전체가 각자 아이디어를 냅니다. 자신이 하고 싶은 것이면 무엇이든 상

---

22 포털 사이트에서 '커리어넷'을 검색하여 들어가면, 홈페이지 화면에 '진로카드'가 메뉴가 바로 보인다. 또는 '커리어넷' 사이트 검색창에 '진로카드'를 검색하면 가장 먼저 보이는 링크를 클릭하면 된다. '반짝반짝 카드'는 무료이다.

관없습니다. 다소 엉뚱하거나 이상해도 괜찮습니다. 한 사람이 여러 아이디어를 내도 괜찮고, 친구의 아이디어에 새로운 아이디어를 덧붙여도 괜찮습니다. 이것저것 가리지 말고, 흥미와 관련된 것이면 무엇이든 적습니다. 처음엔 다양한 아이디어를 내고, 이후 의견을 수렴할 때 현실 가능성을 따지면 됩니다. 다다익선과 자유분방이 최고라는 마음가짐으로 마음껏 적을 수 있는 분위기를 만들어 줍니다.

마인드맵이 완성되면 가장 하고 싶은 일을 선정합니다. 투표를 통해 결정해도 좋고, 피라미드 토론으로 다시 한번 토론과 설득의 과정을 가져도 좋습니다. 아이들이 하고 싶은 활동을 정하는 게 중요합니다.

이때 여러 기준에 따른 현실 가능성을 따져 봅니다. 실제 자신들이 할 수 있는 일인지, 자신들의 핵심 가치는 충분히 반영되는지, 운영 비용은 감당할 수 있는 수준인지 등의 기준을 정합니다. 기준에 따라 점수를 매겨 최종 결정합니다. 너무 허무맹랑한 아이디어가 아니라면 최대한 아이들의 의견과 관심을 반영될 수 있도록 합니다. 안 된다는 말보다 어떻게 하면 될 수 있을지 고민하며 아이들의 생각을 받아들여야 합니다. 이를 통해 아이들은 자신이 존중받고 있다 느끼고, 자신들에 대한 어른의 관심과 사랑을 확인합니다.

흥미와 핵심 가치를 바탕으로 이렇게 최종 프로젝트가 결정되면 이제는 한 학기 동안 프로젝트를 진행합니다. 학교에서 운영할 경우, 2주일에 1번, 4시간 정도 아이들에게 프로젝트를 할 시간을 주고, 부족한 부분은 집에서 하도록 합니다. 한 달에 한 번 정도 공유 시간을 가집니다.

가정에서 운영할 경우, 계획에 따라 주말이나 공휴일을 이용해 하루 정도 아이가 하고 싶은 활동을 마음껏 할 수 있도록 돕습니다. 필요에 따라 체험학습도 하고, 영화나 책을 보아도 좋습니다. 자녀가 힘들어하는 부분이 있으면 옆에서 최소한만 도와줍니다. 인터넷 검색하는 법, 활동에 필요한 재료 사기, 체험 학습, 도서 추천 정도만 도와주고 나머지는 자녀 스스로 하도록 유도해야 합니다.

프로젝트 결과가 생각만큼 좋지 않거나 부족해 보여도 아이를 격려하며 응원해야 합니다. **결과를 원하는 것은 어른이지 아이가 아닙니다. 아이들은 활동에 몰입하는 것 자체를 좋아하고 행복해합니다.** 그러니 아이들이 포기하지 않도록 최소한의 필요한 도움만 주고, 자녀들 스스로 프로젝트를 완수할 수 있도록 해야 합니다.

동사형 꿈 프로젝트에서 가장 중요한 것

'흥가실동'을 통해 흥미와 핵심 가치를 정하고, 하고 싶은 활동을 결정하면, 동사형 꿈 프로젝트의 큰 그림과 방향성은 정해집니다.

흥미 영역	문학	영화	과학	역사	체육	예술
동사형 꿈	'쓰다'	'찍다'	'만들다'	'알리다'	'달리다'	'디자인 하다'
개인적 가치	창의성, 감성	끈기, 협동	열정, 호기심	창의성, 협동	책임감, 끈기	열정, 창의성
활동 내용	시집 출간 (ISBN)	영화 찍어 출품하기	적정 기술 만들기	빈 우유갑으로 역사 건축물 만들기	체육으로 도움 되는 일 해 보기	예술 제본
사회적 가치	나눔	관심	공감	책임	봉사	배려
실천	시집 판매 수익으로 나눔의 집 기부	우리 마을 문제를 담은 영화 촬영하기	아프리카의 힘든 상황에 필요한 기술 개발하기	우리 지역 잊힌 역사 사실 들려주기	기부 마라톤 참여	찢어진 도서관 책 제본하기

이제는 세부적인 계획을 세우고 실천할 일만 남았습니다. 반 아이들과 함께한 세부 실천 계획과 활동은 '동사형 꿈 프로젝트의 표'를 참고하시면 좋습니다.

한 학기가 너무 부담스럽다면 한 달만 할 수 있는 작은 프로젝트를 진행해도 좋습니다. 자주 하기 어렵다면 1년에 한 가지만 도전해도 좋습니다. 동시에 여러 가지 프로젝트를 진행하기 버겁다면, 할 수 있는 데까지만 하면 됩니다. 많이 자주 해서 성과를 내는 프로젝트가 아닙니다. 프로젝트 진행 과정 동안 쌓이는 경험만으로 충분합니다.

동사형 꿈 프로젝트는 자신의 흥미와 가치를 실천하는 과정에서 자신이 몰랐던 새로운 모습을 발견할 수 있습니다. 자신이 하고 싶은 일이 세상에 도움이 되는 일이 될 수 있음을 깨달을 것이고, 의미 있게 살아가는 법을 깨우칠 것입니다.

동사형 꿈 프로젝트에는 어른의 노력이 필요합니다. 자녀들과 함께 대화하고 고민하며 아이들이 세상을 살아 나갈 힘을 키울 수 있게 도와주어야 합니다. 동사형 꿈 프로젝트에서 중요한 것은 프로젝트 운영 방식이 아니라 **자신에 대한 진지한 고민 없이 살아온 자녀의 마음을 두드릴 수 있는 우리 부모들의 '따뜻한 관심과 응원'입니다.**

가정에서도 조금 변경해서 하나씩 동사형 프로젝트를 적용할 수 있습니다. 지금 바로 **작은 실천이** 자녀의 꿈을 꽃피우게 합니다. 이제부터 자녀를 세밀하게 오랫동안 **관찰**하고 자녀가 **좋아하는 일**을 함께해 주세요. 자녀를 있는 모습 그대로 사랑하고 옆을 볼 수 있는 자유를 선물해 주세요.

좋아하는 것을 **포트폴리오**로 작성하도록 도와주고 이것이 모여 **프로티언 커리어**가 되도록 해 주세요. 학생으로서 공부하는 것이 가장 중요하겠지만, 그래도 조금씩 시간을 내서 맘껏 **사이드 프로젝트**를 할 수 있도록 지원해 주세요. **현재**를 살아가는 **지혜로운 자녀**를 믿고 응원해 주세요. 밝은 미래가 여러분의 자녀를 기다리고 있습니다.

에필로그

지금까지 자녀들의 꿈을 찾아 주라는 이상적인 얘기를 했습니다. 조금이라도 먼저 공부하고, 조금이라도 먼저 직장을 얻기에도 바쁜 시대에 자녀를 천천히 세밀하게 관찰하라고 했습니다. 지금도 대치동 학원가 앞에는 부모들의 차가 줄지어 서 있고, 여기저기 입시 정보 공청회가 수두룩합니다. 온갖 책들은 성적을 올려 좋은 대학에 가고 부자가 되는 방법에 대해 끊임없이 말합니다. 대부분 사람이 성공과 돈, 명예에 관심이 높기에 이런 내용의 책이 인기가 높습니다.

돈 많은 백수를 꿈꾸는 자녀가 있다면 '남들보다 빨리 공부하고 돈 열심히 벌어서 빨리 은퇴해라.'고 말해 줘야 할지 모릅니다. 정말 남들보다 먼저 공부하고 빨리 은퇴하면 행복할까요? 행복을 조금이라도 진지하게 성찰했다면 미래가 아닌 현재를 살아야 함을 알 수 있습니다. 우리 부모가 현재에 충실하며 살아야 자녀도 현재를 행복하게 살 수 있습니다.

우리 부모의 일부는 과거에 살고 있습니다. 화려한 인생을 살았던 부모는 자신의 화려했던 과거의 모습을 회상하면서 현재의 모습을 부정합니다. 과거에 열심히 살지 않았던 부모는 최선을 다해 살지 않았던 삶을 후회하며 자녀라도 그런 삶을 살기를 바랍니다. 우리 부모의 또 다른 일부는 미래에 살고 있습니다. 장밋빛 미래를 꿈꾸는 부모는 돈을 많이 벌어 세계여행을 꿈꾸고 높은 자리에 올라가면 스트레스가 없을 거라 막연히 기대합니다. 불안한 미래로 걱정이 가득한 부모는 항상 어깨 근육이 뭉쳐 있습니다. 부모 자신의 미래가 불확실하기에 자녀는 좀 더 빠르고 정확하게 미래를 준비하라고 합니다.

자녀들은 현재를 사는 존재입니다. 자녀들은 우리 부모보다 더 현명하기에 현재를 충실하게 살 수 있습니다. 걱정 많은 우리 부모가 지혜로운 자녀에게 엉뚱한 충고를 합니다. 이제 충고를 바꿀 때가 되었습니다. 아니, 충고를 멈추고 자녀들의 지혜에 귀를 기울일 때가 되었습니다. 자녀들이 내면에 집중하며 자신이 좋아하는 일을 맘껏 하도록 응원해야 합니다. 우리 부모들이 응원하고 격려하면 자녀들은 가치 있는 일을 찾아 세상을 바꿀 수 있습니다.

우리 부모들이 변화하여 자녀들의 왜곡된 꿈이 자기 자리를 찾아

가기를 간절히 소망합니다. 왜곡된 꿈이 자기 자리를 찾아가면 왜
곡된 우리 사회도 정의로운 사회로 바뀔 수 있습니다. 함께 아름다
운 꿈을 꾸면 좋겠습니다.